JN082408

新・二十一世紀の大学教育改革

創立者が語る東京福祉大学・大学院の挑戦

東京福祉大学・大学院創立者
教育学博士
中島恒雄 著

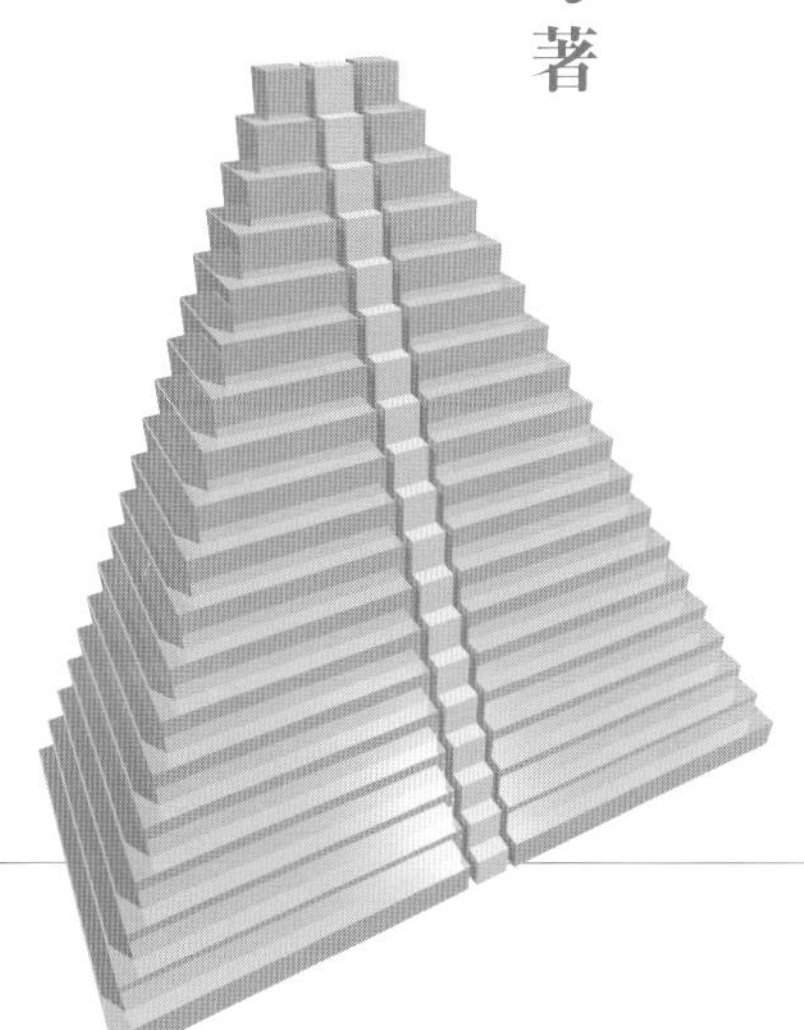

ミネルヴァ書房

まえがき

なぜ私が二十一世紀を支える新しい大学教育を行う大学を創設したのか

私は、平成十二年四月、東京福祉大学を創立しました。二十一世紀の少子高齢社会の問題を発見し解決できる、思考力・創造力のある優秀な福祉・保育人材を育てることを目的とした、それまでの日本には存在しなかったまったく新しいタイプの大学を創立したのです。

二十一世紀に入って、わが国の社会は目まぐるしく変化しています。教育の分野も例外ではなく、私が本書の初版を執筆していた平成十一年頃とは状況が大きく変わりました。そうした新たな変化について、少し述べておく必要があると思います。

近年、少子化の影響で、定員割れになる大学が珍しくありません。学生が集まらないため、募集停止や廃校に追い込まれる大学も現実に存在します。文部科学省の資料によると、平成十二年度の募集停止は一大学のみでしたが、十三年度と十四年度は各四大学、十五年度は八大学と、募集を停止する大学は年々増加しています。これらのうち、二大学は既に廃校、十三大学が、在校生の卒業後に廃校を申請する見込みとのことです。「大学冬の時代」は、まさに現実のことになっています。

これからの時代、日本の大学も、時代の流れに合致（がっち）した、お客様（学生）のニーズを満たせる、効果的で良い授業をするところだけが生き残り、そうでない大学は淘汰（とうた）されていくことになるでしょう。定員割れを起こしている大学とは、従来の日本型の「授業中、教師が何を言っているのかわからない」「何を、何のために学ぶのかはっきりしない」大学です。特に「花嫁養成学校」の短期大学から四年制大学に昇格したところや、地方の「地域おこし」のために誘致した大学などに、このような大学が多いと聞いたことがあります。こうした「何のために学ぶのかはっきりしない」大学、あるいは、都会から離れた交通の便の悪い大学では志願者が激減しているようです。

逆に、少子化の現在でも学生募集が順調に伸びている大学は、卒業と同時に役に立つ国家資格が取れる大学、何を目標に学ぶのかがはっきりしている大学、卒業したらどのような資格が取れて、どのような仕事で活躍できるのかが明確な大学です。アメリカの優良な大学・大学院では、学問とは机上の空論ではなく、実社会ですぐに役に立つ学問です。大学で得た学位、資格、専門知識は、十年〜二十年後にもしかしたら役立つというのではなく、卒業してすぐに役立ち、よい就職、高い収入に結びつくのが当然とされています。日本も不景気になってきたためか、資格・高収入に直接結びつく大学が人気が高くなっています。そういう点では、日本の大学もだんだんアメリカの大学に近づいてきたのかもしれません。

そのよい例が、最近脚光を浴びている法科大学院（日本版ロー・スクール）でしょう。法科大学院は、法律学の高度な実用知識を持つ専門家としての資格を出す大学院として、各方面から注目され、学生募集の切り札として、認可の申請を出す大学も多いようです。他に伸びている分野としては、医療系があります。日本では、大学の医学部・歯学部は飽和状態で、文部科学省から新設が認められていませんが、医療と高齢者福祉の両面に関わる、理学療法士、作業療法士、看護師、薬剤師などは人気のある分野です。また、少子高齢社会の子育て支援を担う保育、幼児教育などの分野も有望と思われます。不景気で就職難の昨今、日本の若者たちは、いつ役に立つのかわからない、はっきりしない学問ではなく、アメリカの大学・大学院と同じような、卒業後すぐに役に立つ実用的な学問や専門知識、高収入に結びつく資格を求めています。単なる名前だけの「大卒資格」はもういらない、ということです。

このように、わが国でも大学教育をめぐる状況は目まぐるしく変化しつつあります。

変化の一例を挙げると、今までは高校を卒業していない人で、いわゆる「大検」（大学入学資格検定）に合格していない人には大学進学の道は閉ざされていましたが、法令の改正により、大学入学資格が大幅に緩和され、こうした人々にも大学進学の道が開かれることになりました。つまり、平成十六年四月入学者からは、大学の個別審査により「高校卒業と同等以上の学力があると認められる者」には、大学入学資格が与えられることとなったのです。これは、さまざまな理由で高校教育を受ける機会のなかった人々に、個人の社会経験や高校以外での学習歴などを審査して、進学機会の拡大を図ろうとするものです。

また、専門学校を卒業してから四年制大学の三年次に編入という道は従来もありましたが、近年の大学設置基準の改正により、学生が専門学校で修得した単位を、六十単位を上限としてそのまま大学の卒業単位として認定できることになりました（平成十二年文部省告示第百八十一号）。通常、大学の卒業には百二十四単位（二十五～三十科目）が必要ですが、その約半分にあたる上限六十単位、つまり約二年間分の学習について、専門学校の授業でとった単位が、そのまま（分野を問わず）大学の単位をとったものとして認められるわけです。このように、わが国の大学教育のシステムも、一昔前には想像もできなかった大きな変化をとげています。

二十一世紀には、情報化・国際化が急速に進展して、社会が急激かつ大幅に変化していきます。

日本社会における重大な変化のひとつは、少子高齢化の急激な進行に伴い、日本の人口構成が大きく変わりつつあることです。二〇一五年には、全人口の四分の一を六十五歳以上の高齢者が占めます。さらに、二〇五〇年には、日本の人口の三割以上が六十五歳以上になり、総人口も急速に減少して一億人程度になると推計されています。このような事態は世界史上に例がなく、日本は、今まで誰も経験したことのない、超高齢社会になります。日本人の平均寿命が延びた背景には、近年の医学の進歩、保健・衛生・栄養の改善等の要因が考えられます。このように国民の寿命が伸びることは、喜ばしいことですが、問題は、高齢者の増加と少子化が同時進行していることです。少子化、つまり若い人が減るということは、労働人口が減り、税金を払う人が減るということを意味し、国全体の経済力、労働生産力もダウンします。若年人口の減少は、数少ない若者が税金を払って、非常に多くのお年寄りを支えていかねばならないということをも意味します。今後ますます増大する高齢者の介護ニーズと、そのための経費の負担も若年層に重くのしかかってくるのです。

また、二十一世紀の日本社会では、少子高齢化とともに、情報化・国際化がますます進行します。このグローバリゼーションは、日本経済と世界経済とを密接に関係・連動させます。日本が、自分の国の内部にだけ目を向け、自国のことだけを考えていればそれで済む時代は過去のものになりました。海外旅行が夢のまた夢だったのは昔の話で、今はジェット機に乗れば、半日で地球の反対側の国へ気軽に、しかも安く行ける時代なのです。また、国際電話、ファックス、インターネットによって、世界の各地が瞬時につながれます。ヒト、モノ、お金、情報、文化……さまざまな価値のあるものが世界中から日本に入り、日本から海外へ出ていきます。家庭の主婦がコンピュータからインターネットを通じて、世界中の情報を引き出すことができ、コンピュータ・ネットワークの上で情報のやりとりや買い物や商取引ができる時代になりました。すでにあらゆる分野で国境は意味のないものになっています。このような時代、日本国内だけでしか通用しない古い価値観や方法にのみ、しがみついていることはできません。かつては、日本は「単一民族国家」と言われ、外国と交流したり、異なった価値観を知らなくてもやっていけました。しかし、今は日本にも多くの外国人が定住し、日本人とは異なる、さまざまな価値観や文化を持った人々が私たちのすぐ隣で暮らしています。また、海外からヒト、モノ、情報が入ってくることによって、私たちの暮らしもさらに変わりつつあります。

従来、日本の消費者は、海外とくらべて値段が高く、品質はそれほどでもない日本製の品物をやむをえず買わされていましたが、貿易の自由化、競争原理の導入により、海外の安くて良い商品を、日本で誰もが簡単に手に入れられるようになってきました。人の面でも海外から優秀な人材を、日本人を雇う場合よりも安く招くことができるようになりました。これからは、国籍、出身、男女、年齢などにこだわらず、誰でも才能のある人にチャンスが与えられる必要があります。世界一の大学であるハーバード大学でも外国人の優れた留学生や教授が多数おり、今では国籍はまったく問題ではありません。

このような視点で見ると、日本の大学はまだまだ閉ざされており、十分に国際化されてはいませんし、国際レベルで考えると、優秀な研究業績のある教授が少ないのです。日本の大学教授について考えると、国立大学では助手、私立大学では専任講師としていったん採用されれば、あとはほとんど新たに論文を書いたり本を出版しなくても、年功序列、終身雇用で定年まで身分が保障されてきました。これに対し、米国の大学教授は、採用された時点では、終身雇用ではなく一定期間の契約制ですし、将来の身分の保障はまったくありません。教授として何年間か頑張って、研究と教育の業績を上げ、終身雇用が認められた後も、プロの教育者としてふさわしい教育効果を上げ、プロの研究者としてふさわしい厳格な審査付きの学会や学術雑誌で、研究業績を上げたかどうか、学部長や教授会により厳しくチェックされます。さらに、自分の教えている学生からも厳しく評価されます。教育効果や業績の上がらない教授には、クビが宣告されます。

一方、日本では、東大を卒業した人でないと東大の教授にはほとんどなれない等、前近代的なシステムが温存されてきました。このような競争的でない、中年になり教授になってからの環境からは、優秀な学者は育ってきません。今までの日本の大学ではそれでも通用してきたかもしれませんが、これからは、能力の低い教授から教わった、能力の低い卒業生を社会に出すわけにはいかなくなります。

日本では大学院を出た人が、就職の面で有利だということはあまりありません。それは、院卒の学歴に見合った、高い給料を払うだけの実践的な問題解決能力が日本の大学院修了者にはないと考えられているからです。海外では、今までより優秀な人間になって、今までより高い地位、高い給料を手にするために大学院へ行きます。学生が真剣なら教授も真剣で、中年になっても絶えず学者としての業績をあげ続けなければ、大学教授としての職を失い、生きていけなくなります。これは考えてみれば当然のことです。実業界では、どんなに有名で伝統のある老舗(しにせ)の会社でも、業績をあげ続けなければつぶれてしまいます。

今までの日本の大学は、大学を簡単に創(つく)らせない国の規制に守られて、また、大学に入学する十八歳人口が多いため、業績をあげなくても学生集めに苦労もなく安住していられました。しかし、これからの大学は、学生を集めるために生き残りを賭(か)けた競争の時代に入りました。そして、日本が二十一世紀も引き続き先進一流国でいるためには、真に学生の能力を伸ばす教育が必要です。そのような教育をめざして、世界中から一流教授を集めて設立されたのが東京福祉大学です。

東京福祉大学の主要な教授陣は、米国、カナダ等の大学・大学院で長年教鞭(きょうべん)を執ってこられた日本人の先生方です。これらの教授陣は、出身大学は日本ですが、海外の大学院で博士号を獲得し、米国、カナダ等の大学において、厳しい競争的環境の中で教授として生き残ってきた、きわめて優秀な教授陣です。

二十一世紀を支える新しい大学は、思考力、創造力、問題発見・解決能力を身に付けた、優秀な人材を育成する必要があります。これらの能力を身に付けるためには、まず「読み、書き」の基礎力を鍛錬する必要があります。「読み、書き、そろばん」という言葉が示すように、まず学術的な文章の「読み、書き」がきちんとできることが必要です。

今の日本では、「読み、書き」の訓練がきちんと行われていないため、大学の先生のなかにさえ、学術的な「読み、書き」の力が十分ではない方がいます。日本の大学の先生の書いた本は、大抵の場合、文章が分かりにくく、ポイントがはっきりせず、専門用語が多くて、専門家であるはずの博士課程の学生でさえも何が書いてあるか分からないと言っているし、ひょっとしたら書いた本人もよく分かっていないのでないかと思う場合もあります。したがって誰も読まない、誰も読まないから講義を受ける学生以外には売れないということになります。

東京福祉大学では、そのようなポイントがはっきりしない、分かりにくい教科書は使わず、また、一方通行の授業は行わないように教員研修をします。授業においては、学生が自ら考え、問題を発見し、意見を発表し、ディスカッションを通じて他の人の異なった意見も聞いたり、それを取り入れていけるよう学生の能力を高めていきます。このような対話型・双方向型の授業で、社会に必要な思考力や問題発見・解決能力を身に付けさせ、社会に貢献していくのです。

このような新しい教育方法を行っていかなければ、これからの日本はだめになると思います。将来の日本を背負っていく優秀な創造力・思考力を持った人材を育成するため、私は東京福祉大学を創立しました。この本は、効果的な教育方法とは何かを検証し提示し、また、東京福祉大学がどのような効果的な教育方法をとっているのかを具体的に紹介したものです。

平成十五年九月

東京福祉大学・大学院 創立者
教育学博士　中島　恒雄

『二十一世紀の大学教育改革』〔最新版〕の刊行にあたって

本書の初版を刊行したのは、二十世紀最後の年である二〇〇〇年の事でした。それから二十二年が経ち、国立大学の法人化など、大学教育の現場にもさまざまな変化が起きています。そして、日本の少子化・若年人口の減少が急激に進むなかで、新たな大学が次々と開設され「大学全入時代」はすでに現実のものとなりました。専門学校や短大だけでなく、四年制大学もこれからは淘汰の時代であり、「教育力」の高い、真に良い教育を提供できる大学のみが生き残ることになるでしょう。

私が創立した東京福祉大学（二〇〇〇年開校）は、幸い順調に発展してきております。本学は卒業生の就職率の点でも文科系大学では日本一となっています。

現在は、できなかった子をできる子にする事に力を注ぎ、高校まであまり勉強が得意でなかった子を、公務員試験・教員採用試験の国家資格に合格できるよう、私が国家試験対策講座の教員を直接指導し、合格者が多数出るようになりました。勿論、対策講座は授業の一環として開講しており、学生から別途料金をいただく事はありません。

私はD〇合教員の資格があり、本学の博士課程の学生に博士論文の書き方を指導し、博士号を取得させております。

東京福祉大学では私の教育学説を実践し、国家試験合格や博士号取得を通し、学生たちが幸せな人生を送れるようにしています。

この本の前に『できなかった子をできる子にするのが教育』を二十五年前に書きました。ここ五～六年前から、この著書で掲げた教育学説（アクティブラーニング）について、文部科学省が日本の小学校・中学校・高校などの生徒・教育関係者に対して推奨実施するようになりました。しかし、学校の先生方の中にはアクティブラーニングに対して正しく理解することが難しいという声が聞こえてきます。

大学・大学院の教育改革にはもう少し大学・大学院に照準をあわせた方が生徒・教員の為になると思い「二十一世紀の大学教育改革」の最新版を刊行いたしました。

この度、『できなかった子をできる子にするのが教育』が、中国の厳しい検閲審査を通り中国で、中国語で発行されることになりました。

十三億人の方々のお役に立てる事は、この上の無い私の喜びでございます。

令和四年四月

東京福祉大学・大学院 創立者
教育学博士　中島　恒雄

『新・二十一世紀の大学教育改革』の刊行にあたって

私が本書の改訂を思い立ったきっかけは、中国やインド、韓国、台湾など三十年ほど前には日本よりも経済的に後れを取っていた国々が近年大発展して豊かとなり日本を追い越すようになったことです。日本では直近の三十年間大した経済発展もなく、現在の日本は三十年前と比べ、平均給与水準は大きく下がっているのです。

平均賃金で日本は韓国に逆転されています。中国も最近は地方に行っても幹線道路は四車線の広い道路が敷かれ、高速道路もどんどん増えてます。高層ビルも立ち並び、既に中国は日本よりも豊かな先進国と言っても過言ではないと思います。台湾も近年半導体などで世界をリードしてます。半導体の世界では二〇二三年一月発表のデータでは、韓国の Samsung Electronics が売り上げ世界一位、日本のメーカーは上位十社に一社も入っていない状態です。一九九〇年代には世界の半導体シェアの五十%以上を日本の企業が占めていたにも関わらず、この三十年で大きく後退する結果となっています。日本は韓国・台湾・中国の後塵を拝することが増えてきています。最近はインドも大きく経済発展し、そう遠くなく世界の上位に入ってくると予想されています。

なぜ三十年前には半導体シェアは世界最上位にあり、アジアでは高所得であった日本が、アジアの中でも後れを取るようになってきたのでしょうか。私はその原因は教育にあると思っています。この三十年間日本の教育制度が世界的に国際化の進んだこの三十年で正しい発展をしてこなかったことが大きな原因となっていると思います。例えば中国では、アメリカの大学院で博士号を取得すると、政府から多額の報奨金（約二千万円）や家賃が支給されたり、仕事も保証されたりといった支援制度を設け、優秀な学生にアメリカで博士号を取得させ、帰国後中国の発展のためにその優秀な人材を活用しています。インドの入試競争率百倍とも言われ世界でも最難関となっているインド工科大学の卒業生はとても優秀で世界中の有名企業から引っ張りだことなっていますし、進学する卒業生の多くはアメリカの有名大学院に進学し、厳しい博士号を取得するなどし、より優秀な人材となり、世界の発展に貢献しています。各国ともその過程は違っているかもしれませんが、教育に力を入れることで大発展してきているのです。

この「喪われた三十年」の間に日本は世界からどんどん取り残されていっています。このまま変わらなければ、日本は益々世界から取り残され、さらに後進国の貧しい国になっていくでしょう。そうした状況を打開するため、私はこの本を著しました。是非多くの皆さまにこの本をお読みいただき、教育の重要性に改めて目を向けていただき、再び世界の中心に羽ばたいていける、そのような日本にしていくための手助けをしていきたいと思っております。末筆ながら本書の再改訂にご協力いただいたミネルヴァ書房の皆様に改めて感謝申し上げます。

令和五年十月

東京福祉大学・大学院 創立者
教育学博士　中島　恒雄

新・二十一世紀の大学教育改革

創立者が語る**東京福祉大学・大学院**の挑戦

目次

第Ⅲ章 日本人の知らないアメリカの教育の特色……73

第Ⅰ章　二十一世紀に望まれる大学教育とは

大学の教員が学生に教えなければならないこと

大学教育を受けるのは何のためでしょうか。

大学の教員が、自分の学生にまず教えなければいけないこと。それは「学生は何のために勉強するのか」ということです。自分はなぜ、この大学に入学したのか、自分はここで何のために学んでいるのか、学び終えて卒業した後、学んだ知識をどう活用するのか。そのことを学生によく考えさせ、理解させなければなりません。具体的な例で説明しましょう。私の運営している系列研究施設の専門学校には、理学療法学科、作業療法学科などの医療系の学科があります。これらの学科の学生は、専門学校の勉強とともに、東京福祉大学社会福祉学部の通信教育課程を併修し、四年後の卒業時には、医療系の国家資格とともに、大学卒業資格（学士）の取得を目ざしています。医療系の学問は、日常使われないむずかしい医学専門用語が大量に使われていることもあって、勉強はとてもハードで、途中で自信をなくす学生も少なからず出てきます。私は、東京福祉大学創立者として、彼ら学生に直接、特別講義を行うことがあるのですが、その際、学生に向かって次のような話をするようにしています。「君たちは、自分がなぜこの学校を選んで入学し、今、何のために勉強しているのか、初心を忘れてはならない」と。学生たちが今、苦しみに耐えながら勉強しているのはなぜかと言えば、それはまず、医療系の国家資格と、大学卒業資格（学士の学位）を取るというはっきりした目標があるからです。その資格取得という目標が達成されたら、その資格と技術とを活かして、理学療法士、作業療法士として就職することが次の目標です。それからは、患者さんの幸福を第一に考え、患者さんにできるだけのサービスをすることが大事です。専門的な技術と知識を活かして、一生懸命患者さんのために尽くす。するとその患者さんはあなたを信用して何度もあなたのところへ来てくれるし、それだけでなく、新しい別の患者さんも次々に紹介してくれる。このように、学生一人ひとりが実用的な学問を身に付けることによって、患者さんも幸せになるし、患者さんが大勢来てくれれば、収入が増えて、自分も専門家として幸福になれるのです。このような話を聞くと、学生は「今、なぜ苦しみに耐えて勉強しなければならないのか」を理解し、「教育が人生を切り開く」のだということを理解してくれます。社会で成功できる人とは、世の中の流れを読み、物事の本質を深く追求できる人です。そして、自分がどうやったら社会に貢献できるか、どうすれば人を幸せにできるかを考えられる人です。最初から「お金もうけがしたい」ということしか考えていない人はかえって成功しないものです。なぜなら「お金もうけがしたい」というあなたの考えは、相手の人にも伝わってしまい、相手は「この人は、ただお金もうけのためだけに私に親切にしてくれるのだ」「私は余分なお金を払わされたくない」と、あなたを警戒するようになってしまうからです。お金もうけのことよりも、まず相手がどうしたら喜んでくれ、幸せになれるかを真剣に考え、お客様に対してサービスをしっかりと十分にすることです。そのために自分の仕事に忠実に励むことです。そうすると、あなたを信頼して仕事をまかせてくれる人や、いざという時に力を貸してくれる人が現れ、そういうことの積み重ねで、結果として仕事もうまくいき、高い収入が得られるのです。

教育とは、本来、そのように実社会の役に立ち、自分や他人を幸せにするために役立つ、実用的なものでなくてはならないはずです。アメリカでは、大学・大学院における教育は、実社会ですぐに応用できるものであるのが当然だと考えられています。一流の大学・大学院を卒業した、専門的知識を生かして活躍できる人が、高収入の優秀な人材として、その知識と経済力とを生かして、社会のシステムを改善することができるわけです。また、得た収入をロータリークラブなどの社会奉仕活動に還元することで、社会に貢献し、より多くの人を幸せにしてあげることもできます。

これからの時代、大学の教員も、学生に「何のために勉強するのか」「この学問を、今学んでいるのは何のためなのか」「この学問は将来、どのように役立つのか」ということを、はっきり伝達しなければならないと思います。教育を受けることによって、あなたたちの人生の幅が広がり、もっと素晴らしい人生を生きられるようになる。あなたの夢が現実のものになる。新たな自分を発見できる、と自信を持って学生に伝えることです。私の学校では、教員が必死になって学生を指導し、レポートや論文を書かせています。高校時代までレポートの書き方を教わったこともなく、ろくに読書をしたこともない、漢字もあまり読めなかった学生が、本学の教員から論文やレポートの書き方の指導を受けたおかげで、一年も経つと、大学レベルの日本語の読み書きがきちんとできるようになります。学生による授業の感想文のなかに「この学校に入ったおかげで、読み書きの力がつき、今まで読んだことのなかった小説を最近は読むようになりました」というのがありました。おそらく、この学生にとっては「小説を読む」などということは今まで無縁のことだったのでしょう。教育を受けることによって、自分自身が変わることができ、今までにない自分を発見できます。これが大事なことなのです。

世界一の大学であるハーバード大学は授業料も当然高く、中でも医学部の授業料は日本円にして一年間で数千万円になります。それだけの授業料を払って入学するのは、卒業後にそれだけの見返りがあるからであり、卒業生の高い能力と専門性が社会で高く評価され、その評価がそのまま収入にも反映するからです。教育というものも、お金（授業料）と時間を投資した分、学生にとってどれだけのメリットや見返りがあるか、どれだけ「もとが取れる」か、学生がその学校で学んだことによって、どれだけ優秀に「変化」したか。そういうことで評価される時代がやってきたのではないでしょうか。私の運営する東京福祉大学は、これからも、教育の成果を目に見える形で出せる、社会に貢献され評価される卒業生を養成できる大学であり続けたいと思っています。

チェック機能が働くアメリカの大学

アメリカの大学には、国や州による一律の基準があるわけではありません。

日本の場合、文部科学省による大学設置認可の際には、教員の資格、財政面、施設面など、非常に厳しい基準が設けられています。ただし、大学創立時の教授の業績は文部科学省がチェックしますが、大学がいったん創立されて完成年度が過ぎてしまえば、教授会でどの先生を教授にするとかしないとか、人事を大学独自で決めることができます。大学ができてしまった後は、人事は大学に全て一任されてしまうのです。基本的には、偉い先生の弟子だから上にあげるとかいうコネクションが働きますし、人間同士の好き嫌いも影響します。

一方、アメリカの場合、文部科学省がないため、大学を創設するにあたっては、各大学間で一定の基準を設けています。大学同士のグループのあいだで、大学はこういうレベルの教科書を使い、このレベルの授業を行い、このレベル以上の業績のある人を教員として雇う、という基準がありま す。全米の大学の全てが入っているという大学グループというものはありませんが、たとえば、大学院の中でトップクラスの大学院ばかりが集まったグループというようなものが存在します。

ハーバード大学が所属しているグループでは、学問の研究を専門的に行う大学院が六十校ぐらいあるそうです。たとえばそこのグループの大学院で、専門的な博士の学位を出すには、博士の基準はこれだとか、学士、修士の基準はこれだというような、大変高い基準を設定します。

このグループには、ハーバード大学のほかに、スタンフォード大学、MIT（マサチューセッツ工科大学）、ミシガン大学、カリフォルニア大学など、いろいろな大学があります。たとえば、ミシガン大学は州立大学ですが、大学運営にかかるお金の全額を州が支出するわけではありません。州が負担するのは、約六十パーセントで、残りの四十パーセントの費用は、大学側が企業から研究費等をもらい、まかなっていかなければなりません。州立大学でありながら、私立大学のようにどこかで収益（しゅうえき）事業を行って稼（かせ）いだり、研究費をどこからかもらうために、いい研究業績を上げなければならない等の、民間の競争原理が働きます。かつての日本の国立大学のように、丸抱えで国民の税金でまかなわれ、研究をやってもやらなくても同じという状況ではありません。そういう意味で日本の国立大学が国立大学法人になったのはよいことだと思います。

アメリカでは、三年あるいは五年ごとに認可のチームが大学に来て、認可の基準が守られているかどうかチェックします。教授が、研究と教育の能力を保っているかどうかもチェックします。

ところが日本では、いったん教授になってしまうと、学生に教えていることが効果的かどうか、教授の教える能力のレベルをチェックしたりはしません。アメリカの場合はチェックされますから、教員の能力が下がらないようになっています。日本の大学の場合、認可されて何年も経ってしまうと、レベルの低い先生で、勉強しない人でも、年功序列で昇進していくことが可能です。レベルを上げるどころか、最初と同じレベルを保つ必要さえもありません。

東京福祉大学では、アメリカの大学のように、教員のレベルを常に高く保ち続けたいと思います。東京福祉大学では、准教授ぐらいまでの若い教員に対しては、年二回程度、私の経営する専門学校ですでに行っているような、論述筆記試験を行います。これは教員にも勉強させるためのものです。また、本学の教員のあいだには学閥（がくばつ）などがないので、その点も日本のほかの大学に比べて良いのではないかと思います。

もし仮に、ほかの大学で教員対象に試験を行うということになれば、教授会等でやりたくないと反対運動が起こり、もめるかもしれません。このような、教員の能力を定期的にチェックする機能がないため、日本の大学の教員というのは、アメリカの教員に比べ思いのほか能力が低いのです。

没個性人間を育てた日本の教育

日本が諸外国に比べて大きく遅れをとっているのは、外国からの圧力や国際競争の中に巻き込まれていない分野です。その典型が福祉と教育です。

特に教育では、明治時代から今まで文部科学省が作ってきた人材というのは、工場や会社で文句を言わずに働き、大量生産をするための労働力として優れた人材でした。そういう人材というのは、共通の知識と技能を持ち、誰もがある程度の読み書き、計算をすることができ、簡単なコンピュータ操作ができ、ある程度の英語ができる。そして新聞・雑誌を読み、買い物の計算ができ、規則どおりに働く習慣があり、時計、電話、テレビが使えて、自動車の運転もすぐに覚えるという人物です。つまり、近代工業社会において生活するのに不便がなく、大量生産の現場で働いてすぐに役立つ人間ということです。このような人たちは、「財産も身分も利権もない勤労者」なのです。このような基礎知識を持たせて、平均的なサラリーマンを作りあげるための近代教育を行ってきたのが、これまでの日本の教育体制でした。

その国の次世代を育てる教育ほど、その国の現世代の期待が表れるものはありません。子どもの世代は、親の世代が願ったようにはならないことが多いのですが、教育には、親の願いが表れています。教育制度を見れば、その国の考え方、傾向がよく分かります。

日本の教育制度の特色は、辛抱強い人間を作るという点にあります。不得意なことであっても、それを行う苦痛に長時間耐えることのできる習慣を身に付けさせるのです。成人になると、その傾向はいっそう強くなります。自分がしたいことや思っていることを他人に言わず、本心を隠し、他人の期待通りに動く方が有利であることを教えられていきます。これを繰り返すことによって、辛抱強い人間になっていくのです。理科が好きで国語の苦手な子どもには国語の宿題をさせ、学校では、子どもたちにとって、不得意で嫌いな科目の時間は増え、得意で好きな科目の時間は減っていきます。そんな苦痛に耐えることが、良い子の必須条件であるというふうに、日本の小・中学校の教育は行われます。社会人になっても、同じようなところがあります。

日本の教育で重要なことは、個性と自己顕示欲をなくし、創造力を抑制することです。誰がやっても同じものができ、製品に個性がありませんから、労働も個性を欠いています。労働に個性がありませんから、労働者にも個性がないと言ってよいでしょう。誰と入れ替えても同じものができますし、個性のない素材で個性のない部品を作り、それを個性なく組み立てれば、個性のない規格品ができあがります。個性を発揮していないのなら、当然、自己顕示欲もありません。逆に、自己顕示欲があると、変わったことをしようという気になりますから、規格大量生産では危険です。ですから、全員が同じことを発想し、同じように行動をします。各人が同じような動作をするしかありません。個性のない機械のような人間を作って、創造力を否定します。個性のある人間が、創造性のない仕事をするのは苦痛です。

今までの日本の教育では、自分の意見や発想を持たずに、言われたとおりにする者が優れているとされていました。したがって教育の場は、大学でさえも、教えられたことを丸暗記する者こそが優秀なのだと徹底的に教えます。実際、今日の日本の受験システムがそれなのです。受験では、自分で考えたことは正解にならず、先生の言ったとおり、教科書に書いてあるとおりに覚えて答えを書けば正解であり、教科書に疑問を持ってはいけないのです。異なった別の答えを求めずに生きることが有利であると、徹底的に教えるのが受験教育です。

私が経験したアメリカの教育は、個人の個性を育成すること、つまり長所を伸ばすことに熱心です。これからは日本でも教育の多様化が進むことでしょう。

個性を伸ばす教育を行うと、学校の方針に合わない子どもたちがたくさん出てきます。それはやはり困ると、日本人は考えがちです。ですから、皆とだいたい同じようにやる子、まんまる人間を作ってしまいます。

ひどいところは、校則で生徒を拘束して、髪は金髪にしてはいけない、スカートはこうしろ、髪の毛は何センチ、上着はこうしろ、というように細かく指導します。個性的な格好をしてくる生徒を、不良であるとみなします。いじめの根本の原因は、子どもが自分に適した好きな学校を選べない、いやな学校をやめられないという点にあります。これは教育官僚の権限として、学校間・教師間の競争を避けるためにも、手を付けたくない問題なのです。

二十一世紀に入った今はすでに、これまでとは世界の方向性が変わってきています。コンピュータやインターネットを使い、一人ひとりの個性や知性、能力が重視される時代です。

大学のランキングは入試ではなく卒業論述試験で

中央教育審議会は、大学全入時代を控え、大学は、いわゆる受験生をふるいにかけるのではなく、それぞれの大学の教育理念に合った学生を見いだし入学させるために、各大学がどういう学生を求めているのかということをはっきり明示した方が良いと指摘していきます。そして、学生の側は、それを入学する大学を選ぶための基準とするわけです。今までは、大学に入るとき、偏差値で、「できる子」と「できない子」をふるいわけて入学させていましたが、これからは、入学後に、大学がどれだけの教育効果を上げることができるかということに重点が置かれるようになっていきます。そして、大学が、学生の能力を在学中にどれだけ伸ばすことができたかを判断するために、入学時とは別に、卒業時に、学生に対して論述式の全国共通テストを実施すると良いでしょう。その結果で大学のランキング付けをすれば、大学はもっといい教育を目指すように変わっていくと思います。大学の卒業時に、入学してからどれだけ優秀な人間に変化しているかを確認する、出口管理を行っていくわけです。

学生を優秀な人間に変えるためには、まずは、今まで大学の先生方が使っていたような教科書や参考書を全部変えなくてはいけません。専門家である大学院の博士課程の学生が読んでも、何が書いてあるか分からないものではなく、読んだら誰にでもすぐ分かり、内容も濃い、しっかりしたものにするのです。授業では、そのような参考書や教科書を使って、たとえば、現実の問題をいかに解いていくかを、ギリシャの哲学者ソクラテスが行ったように対話をしながら、学生とともに教師も考えていきます。いろいろな情報や資料を集めて、問題の解決方法の過程をひとつの論文にまとめるというような事例研究（ケーススタディ）を、教育の場で行っていくのです。そして、卒業のときの共通試験では、ある事例（ケース）を提示して、それに対する学生の読解力、文章力、問題解決のための分析力、思考力などを確認します。

試験の内容は、具体的には、全学生にある程度共通に行う一般教養の科目の試験と、法学部なら法学部だけで、文学部なら文学部だけで、経済学部なら経済学部だけでというように、各学部ごとに行う専門科目の試験にわけると良いでしょう。専門科目に関しては、たとえば法学部であれば、ひとつの法律に照らして解けないような事件が起きたときに、どういうふうにして、その問題を解決するかというような問題解決方法の試験を、論述式で行います。また、試験の際には、資料や参考書等の持ち込みを可能にします。従来、日本で行われてきた試験は、暗記力を試すことを前提にしているため、持ち込み不可となっていますが、この試験は暗記力を試すものではないのです。したがって、教科書や参考書に書いてあることではなく、現実の社会問題を試験問題として出します。すると、それは、ひとつの法律やひとつの方法では解決できませんし、また、解決へのいろいろな理論や学説も必要です。そのような理論や学説を応用して、複雑な現実の問題をどう解決するかについて学士及び修士レベルぐらいで、出口管理のための試験を行い、その学生が学んで成長した結果を、今までの大学入試の偏差値のように大学別のランキングにして明らかにしていくわけです。

そして、試験問題の事例は、国際性を広げるという意味で、日本国内のものだけではなく、国際関係の事例をあげてもいいでしょう。また、問題もひとつだけではなく、いくつか出して選択できるようにすれば、ある程度、客観性も出てくると考えられます。さらに、卒業時だけではなくて、学年ごと、あるいは二年ごと、あるいは二年生から三年生になるときに、一般教養試験を行い、それから四年生のときに専門科目試験を受けさせるというのも良いかもしれません。共通の試験で、その大学の教育の成果をはかるようなシステムを作り、今までと違って、入試ではなくて卒業時までの教育の成果のレベルを確保するようにすれば、もっと大学教育が充実し、良くなると思います。

競争力の高い世界

アメリカの大学は世界的に見て、とても高いレベルにあります。その要因として競争が激しいことが挙げられます。大学の数は日本の七八八校（旺文社）に対し、アメリカ三九八二校（全米教育統計センター　二〇二一―二〇二二）あり、非常に大学間の競争が激しくなっています。また、アメリカの大学には日本の入試のようなものはありません。アメリカの大学は出願者を評価する際に、主に“The Significant Six”といわれる6つの要素を考慮します。①学校の成績、②エッセイ（自己紹介文）、③推薦状、④課外活動、⑤テスト（ＳＡＴ、ＡＣＴ等、民間の大学進学標準試験の結果）、⑥面接、です。日本の一発勝負の入試ではなく、主に上の六つの要素を考慮して、総合的に合否を判断します。勉強以外の部分でも努力し、結果を出さなければ、名門大学へ進学することが出来ないのです。アメリカでは受験生の潜在能力も含めた総合的な力で合否が判定されるのです。大学入学後、アクティブ・ラーニング（能動的な学習）によって、徹底的に鍛え上げ、更に高い学力を身に付けさせ、より優秀な人材として、ビジネス界などに送り出し、三年以上の実務経験がないと大学院には進学できません、といった教育システムによって教育成果を長年挙げ続けることで、高いレベルを維持してきたのです。学位による収入差も明確に存在します。博士の学位取得者の収入は二〇八三ドル／週、修士は一六六一ドル／週、学士一四三二ドル／週、高卒八五三ドル／週（米国労働統計局　二〇二二）となっており、学位によってはっきりと収入に格差が出ています。

近年発展してきている中国や韓国も大学入試は日本よりも厳しく、それを勝ち抜いた優秀な人材は大学を卒業した後、三年以上の実務経験を経てからアメリカの大学院に進学し、修士・博士の学位を取得し、さらに優秀な人材となり、自国の経済発展に大きく寄与しています。特に中国ではアメリカで博士号を取得すると、二〇〇〇万円程度支給されたり、住居・就職など様々な支援を受けられるため、優秀な人材は世界一優秀なアメリカでの博士号取得を目指します。

日本では社会で役に立つ優秀な人材を育てる教育は大学や大学院ではなく、企業が担ってきたのですが、せっかく育てた優秀な日本の技術者は定年後、中国・韓国等の企業に高い給与で再び雇われ、その知識や技術により、白物家電などで日本に負けない製品を既に開発し、成功を修めています。

日本では企業が実践教育を担ってきた

日本は教育も規格大量生産主義で、大学受験の段階までは教育システムが完全に作られています。そして、大学に入学してしまうと、受験の疲れをとるためいったん休憩となる仕組みです。日本の繁栄を今まで支えてきたものは大学ではなく企業だったのです。そして企業の中での研修や再教育こそが、実践的知識を与えて日本を支えてきたのです。

日本の会社の多くは終身雇用制であるため、企業、特に大企業は、社員教育にお金をかけています。ですから、大企業に入れば、いろいろな仕事の基本を教育してもらえるが、中小企業や零細企業では社員教育をできる人材が手薄であるため、効果的な仕事の進め方やシステムを教えられず、仕事の基礎を知らない、いいかげんな人間に育ってしまう場合がほとんどである、という調査結果を聞いたことがあります。

日本の場合は、大学に入るまでは、基礎的な能力を試験で判断します。しかし、人間として社会に役に立つように、本当に訓練をされるのは、企業に入ってからなのです。自営業の人であれば、自分の再教育のために大学院に入学するアメリカのような機会がありません。しかし、大企業や国の省庁等は、内部に教育人材がおり、大きな組織であればあるほど、仕事の基礎能力を備え、会社や各省の方針に染まった人間が養成される仕組みになっています。

商売をやる、ということだけに限って言えば、一流大学卒の人間よりも、中学校を卒業して、すぐに商売のイロハを習いはじめた人間の方が、商売が早く上手になります。一流大学を卒業した人は、大企業に入社し、職業人としての訓練を受け、自分も努力することで次第に会社人間としての能力が上がっていくのです。

しかし、大学卒業後、すぐに大学院に進んでしまい、社会人としての基礎訓練を受けないでいると、世間知らずで視野（しや）が狭（せま）く、頑固（がんこ）で、プライドのみ高い困った仙人（せんにん）のようになってしまう人が多いのです。特に、理系よりも文系の大学院生に、そのような傾向の人が多く見受けられます。そのような人は、年をとって就職しても企業社会になかなか適応することができません。日本では、社会に適応する基礎訓練を行うのは、企業という場なのです。大学院の修士課程を出た、社会常識に欠けたような人間が大学の教員になりますから、日本の教育の質はますます低くなってしまいます。今までの日本式の教育は、個性を欠いた、一般的なまんまる人間を企業向けに作ることには向いていますが、優れた学者を作ることには向いていません。小学校や中学校から勉強ができ、偏差値の高い大学を卒業しているような、企業の上澄（うわず）みの人たちは、大企業に入って訓練を受け、社会をリードしていくことができます。しかし、中小企業に入った人たちは、一般的にはそれらの人々よりは基礎研修を十分に受けられず、能力的にかなり劣（おと）ります。それが現実です。

企業は人を採用したときに、大企業であればあるほど、採用した社員をしっかりと教育します。どんなに一流の大学を出た人であっても、大企業に進まなかった人は、充実した企業内教育を受けることができないために、一般的には大企業に進んだ人よりも職業人としては劣るところが出てきます。

終身雇用制は過去のものに

これからの時代は、進歩拡大することが絶対的ではなく、経済も必ずしも常に伸びて行くわけではありません。安定志向で成長が止まったり、むしろ下降線をたどるようになると、企業の雇用形態は、終身雇用ではなくなってしまいます。最近の調査によると、四十代ぐらいでも肩叩きでリストラされてしまう男性社員がいますし、女性は三十代でも退職を迫られてしまうそうです。今後、一部の大手商社においては、女子社員は全て、契約社員の待遇になるという話も耳にします。

終身雇用制度が果たして幸せなのかどうか、という問題も出てきます。また、終身雇用制度がなくなったときに、社員教育として企業が仕事を教えるというよりは、アメリカ式に、自分の教育費は自分で払うかたちに変わっていく可能性があります。アメリカの企業における社員教育は、基本的なことだけを教育します。幹部になるための資格というのは、大学院で勉強しＭＢＡ（経営学修士）を取得するなどです。アメリカでは、社会福祉士も、弁護士・税理士等も、大学院に入学しないとなれないようになっています。

日本の終身雇用制度は、一九五五年、つまり昭和三十年代頃に完成した戦後体制、いわゆる五五年体制から始まります。それ以前は、終身雇用という制度も言葉も、日本にはありませんでした。経済が復興した一九五〇年代には、定年までひとつの組織に所属し、給与がもらえることは非常に幸せなことであると企業側から宣伝されていました。このことは、農山村から若者を都会へと連れだし、忠誠実直な企業の従業員とするのに大きな効果がありました。その後日本では、終身雇用こそ勤労者の天国であり、失業の危険がある流動的な雇用は良くない、という考えが定着したのです。しかし十八歳か二十二歳ぐらいの若さで、一生涯の職業選択に責任を持つのは、大変難しいことです。

日本以外の国では、転職は一般的であり、転職によってその人の経歴に傷が付くということはありません。実は、戦前の日本もそうでした。そして今後の日本においても、企業社会のビジネス戦線で生きてきた人が、ひとつの会社だけを生きる道としていくことはなくなるでしょう。平成十二年から介護保険法も施行され、新たな人材を必要とする福祉の世界に、長年企業で働いてビジネス感覚を持った人が、どんどん参入することが望まれます。そして、東京福祉大学・大学院との併修を行っている、専門学校の、夜間通学課程（週四日間）やウィークエンド通学課程（土・日二日間）で最新の社会福祉を身に付けていただきたいと考えています。そのような方々には、社会福祉学の修士・学士、小・中・高校の教諭や特別支援学校教諭、養護教諭の免許状、社会福祉士や精神保健福祉士の国家資格も取っていただき、さらに公立の保育園、小学校、中学校、高校の教諭の採用試験にも合格して、福祉や教育の世界でリーダーシップを発揮してほしいと考えています。

一人ひとりの個性にあった教育を

ビジネス界では、損得勘定で損になることはやらないものなのですから、企業は、従業員を性格や人柄で選ぶのではなく、むしろその人の能力や職業への適性や取得資格で評価するのが普通です。ある人を選んで、賃金を払ってその人の労働時間を買いとるのですから、個人の能力や資格を見るというふうにした方が良いのです。同じ職場に一生ずっといるということになると、同僚や上司に嫌われたくないから、みんなに好かれる人間になりたい、八方美人的な人間がいいということになりがちです。しかし、二十一世紀にはそうではなくて、能力で自分を買ってもらうような職場になっていくべきですし、そのためには、自分の職業人としての能力を伸ばすような勉強をしていった方が良いのです。今後は、会社のやり方があまり良くないと思ったら、平社員でも、自分はこうした方がいいと思うとか、自分の意見を職場でもっと出せるようにした方が良いでしょう。上から言われたことを、何でもはいはいと言ってロボットのように働く時代は終わったのです。

アメリカの若者たちは、学校を卒業したら、自分で企業を興し、自分で商売をやって、自分を試そうとします。それに対して、日本人は「寄らば大樹の陰」という考え方が根強いのです。

なぜなら、日本の教育制度が、自分で独立して専門的な仕事をする人のために対応できる内容ではないからです。法律の知識、OA化など、独立・起業するのに必要な諸々の知識を基本から教えないから、東大を出ても、早稲田や慶應を出ても、いざ自分で商売をやろうとしたときに、中卒で商売をやってきている人にはかなわないのです。大学での勉強は、先生の言った模範解答のとおりに解答を書けば良い、という教育方法ですから、自ら商売をするような人に必要とされる独創性は、全く身に付きません。商売というものは、ただ学校で習ったとおりにやっているだけでは、うまくいかずにつぶれてしまうのです。

これからの会社組織は、そして学校組織も同様ですが、絶えず「こうしたらいいのではないか」「ああしたらもっといいのではないか」というようにいろいろ新たに考え、組織内の人々に緊張と刺激を与え続けていかなければなりません。皆が現状に満足しきって、努力をしないようになってしまうと、次第に会社組織も発展しなくなり、悪い方向に向かうでしょう。

ですから教育というのは、学生が自ら学んで「いい学校だ」と思ってくれるような、あるいは勉強は大変だけれど卒業したら価値がある、能力がついたと実感できるようなものであってほしいと、私は考えています。日本の教育の世界にも市場原理を導入し、グローバルスタンダードに近づいていくべきです。

これまでは、文部科学省の基準で、どの地域の、どの大学に行っても、大学名が異なるだけで同じような教育が行われているような状況でした。今後は、東京福祉大学のような、特色のある大学が増えていくでしょう。企業にしても商品にしても、市場でいい評価を得られ、安くて満足のいくものがよく売れるようになります。また、個人は自分の好き嫌いの評価によって動くようになります。

これからは、企業も一人ひとりの異なった好みに合わせたものを作ることができるようになるでしょう。たとえば宝石は、天然のものですから、一つとして同じものはありません。しかし、コンピュータを用いて、細かくデザインができるようになり、それぞれの好みにあったものを選べるようになります。こうして、個人がそれぞれの価値観で幸せを追求できるようになっていくでしょう。そのことは必然的に、会社人間からの離脱を意味します。会社は市場の評価、個人は自分の好みの評価で動くようになります。市場の評価とは、競争原理で良いものが売れるということを意味します。

東京福祉大学に加え、サンシャイン学園、たちばな学園では、それまでエリートではなかった人たちや、エリートであったのに、企業でリストラにあった人たちに、新たに勉強できるチャンスを提供し、社会福祉、教育、心理の世界で資格をとってもらって、新しい人材として生かしていこうとしています。いつでも、どこでも、誰でも、大学・大学院レベルの資格の勉強ができ、良いレポートを書くために資料を探して分析する力を養ったり、皆でディスカッションして異なった情報を交換したりすることができます。

これまでの日本人には、会社の同僚や外部の人の意見を聞いて、それをもとに考えることなどは、求められてきませんでした。ただ上司から言われたとおり、考えないでものごとを進めればよかったのです。しかし、このような古い考え方を変えていくことはかなり困難です。大学の先生にしても、一度大学で教える側に立つと、教えるばかりで自分が学ぶことをやめてしまいます。つまり国立大学では助手、私立大学では専任教師となるとたんに論文を書かなくなるのです。人は新しい知識を常に取り入れ、学び続けていかなければならないのですが、楽をする習慣を一度身に付けてしまうと、なかなか変えることができないのです。

中高年になってから頑張る人、あきらめる人

これまでの日本の労働環境においては、勤続年数を重ねていくにつれて、徐々に給与が上がっていくという仕組みになっていました。しかしこれからは、たとえ若くても、能力次第で高い給与をもらうことができるような仕組みを求める若い人が、増えていくのではないでしょうか。これまでのように、長く勤めていれば、将来高い給与や退職金がもらえる、という飴玉があったとしても、今後はそれが確約される保障はなくなりつつあります。それよりも、今、全力投球して、今、価値のある仕事をして、高い給与を得ることを求めるのです。そして、能力が高まってきたら、さらに価値のある仕事ができるように自分を鍛え続けていけば、年をとってからも、さらに高い給与を期待することができます。

これまでの日本は、年功序列によって、生涯賃金も最初からある程度決まってしまっていました。若い頃には、低い給与でコツコツ努力をして、勤務年数を重ね、中高年になるにつれて給与が増えていくという仕組みでした。年功序列ですから、仕事を一生懸命にやらなくても、ある程度の給料をもらうことができますが、逆に一生懸命にやったとしても、給料はさほど上がりません。そういう点では結果平等主義的ですから、中年になってからさらに努力する人は、意外と少ないのです。若いうちはエネルギーがありますが、中年になってからでは、あまり収入が高まらないと、さらなる努力をあきらめてしまうのでしょうか。

日本は平均寿命も八十歳以上と高くなっていますから、がむしゃらにサラリーマン生活を送ってきたあとの、定年後の生活をどう過ごすべきか、考えあぐねる人が増えています。ところが、日本には、そのような社会人たちを受け入れるような、実践的な生涯学習ができる大学院等の場がないのが現状です。ですから、中高年になって努力をする以前に、あきらめてしまう人が多いのではないでしょうか。

これから、年金支給開始年齢が、さらに高くなると言われています。そのことが、定年を迎える人々の不安をさらにかきたてています。ですから、何か資格を取得して、働けるうちに働きたいという欲求も高まっているのです。日本人には、若いときにもベストを尽くしてもらいたいし、年をとってからも、その人のベストの能力の上に、さらに高い能力を身に付けてほしい、それで評価してもらえるように努力してほしいと私は考えています。日本でもアメリカのように競争原理によって、優れた人は高い報酬を得て、幸せになり、もっと多くのいろいろなものを手に入れることができますし、そしてお金がたまったら、大学に寄付して校舎に自分の名前を付けてもらったり、それを名誉に感じてさらに努力したり、人前で表彰されたり、というようであっても良いと思うのです。

私は、決まりきった人間の枠に入っていないものですから、五十九歳という年齢を迎える今でも、まだまだ頑張ろうという気持ちでおります。もっと多くの著書を世に出し、私の考えを多くの方々に知っていただくことにより、私の学校へ寄せられる期待は大きく広がり、入学を志願する学生数がもっと増えると思いますから、私は努力を続けます。日本の大学の先生方のなかには、若いうちに一定のポジションにつくまでは努力しますが、そのあとはだらだらとして本もあまり書かない人もみられます。定年までの年数を数えるばかりで、頭を使おうとしないから、ぼけてしまうのかもしれません。若いうちに頑張ったからもう良いと考えてしまう人と、チャンスさえあれば自分で努力して、定年を迎えてからもまだまだ人生先が長いので、頑張って成果を手に入れようと考える人と、日本人には二つのパターンがあるのかもしれません。

　私の母は現在百三歳ですが、若い頃はずいぶん苦労してきたようです。母は、昭和の経済恐慌でつぶれはしましたが、京都にあった銀行（旧三和銀行系）の頭取の娘で、昔風に言うお嬢さん育ちです。東京にある女子大学、つまり当時の専門学校から現在の大学院にあたる専攻科を卒業しましたが、なかなか母の人生は花開きませんでした。結婚後も、家族が多かったため生活の不安もあり、苦労を重ね、戦争が激しくなり田舎に疎開するまで、当時の女子教員のはしりとして、名古屋の某女子大で家政科の教員をしておりました。

　性格的にむずかしい子でもあった私も含め、三人の子どもの子育てにも苦労しましたが、世間で特に成功しなくても、五体満足で他人に迷惑をかけない子になってくれればよいのだという考えで、母は一生懸命厳しく子育てをしてきました。

　一方、私の家には、代々の系図や由緒書や絵巻物など、歴史的な価値のあるものは今でもありますが、家に残っていた金銀の小判・刀剣・屏風などの、すぐに金にかかわるようなものは、戦争の時に大部分空襲で燃えてしまったと、母が言っておりました。

　両親とも家名に対するプライドは高かったので、「先見の明」をもって財を成した戦後新興の成金を心の中ではばかにしつつも、戦前・戦後と変わりゆく社会の状況に適応し、世渡り上手に力強く生き抜く賢い生活力はなく、ただ苦労して働きましたが、生活はあまり豊かにはなりませんでした。

しかし、息子である私が学校を起こし、教育界で成功したことによって、母にも教育界での活躍の場が与えられたのです。学校法人茶屋四郎次郎記念学園（東京福祉大学）及び学校法人たちばな学園（名古屋）の理事長の立場にある今でも、何か心配にかられるのか、数多くの老人ホームを訪問し、在校生の実習施設や卒業生の就職先の開拓に力を入れています。九十歳台になった今も努力をし続けなければいけないと、若い頃の生活に対する不安感を引きずっているのかもしれません。東京福祉大学ができたと言われても、本当に順調に運営されている大学になるまでは不安だと思い、心配しながら生きています。それが母の元気につながっているのです。

ある意味、心配の種になるような親不孝の子どもを持つと、親は長生きするものなのかもしれません。だから私は、ある意味で親不孝であり、ある意味で親孝行であると思います。何歳になっても目標意識を維持し、自分は社会に必要とされているという実感を持ち、まだまだ自分はいたらなくてだめだという意識を持ち続けると、年をとっても人は頑張っていられるものなのです。ところが安心しきってしまうと、気力も、体力もなくなってしまう場合があります。

私は、生きているあいだは少しでも希望を持って頑張りたいと考えています。これからは、少子化の影響によって生徒数も減っていく時代ですが、その中で、いかに多くの方々に私の学校を選んで入学していただくか、努力と工夫を重ねていきたいと考えています。

私の学校の教職員の労働環境は、女性でも努力次第で認められ、上を目指すことができるものです。男女分け隔てなく仕事のチャンスを与え、それによって、やり甲斐を見つけていただくことのできる職場環境であると、自負しています。また、今まで多くの方々に、私の学校を選んでいただき、平成十二年四月には大学を創設、平成十五年四月には大学院も開設し、実践的な生涯教育も他に先んじて行っていきます。学校の経営面での安定性も、より確実なものにしていきたいと思います。

他校と異なる東京福祉大学の独自性

日本の学校は、どこの学校に行っても、平等主義で同じことを教育しています。情報収集という点でも、どこにいても一律の狭い範囲の情報しか入手することができません。それを暗記し、先生の指示通りに書くことさえできれば全てが済む、という状況です。自分の考えを内容に盛り込み、こういう情報をもとに、こういうふうだからこのように工夫し、こういった結果が導かれる、というように、筋道立てて自分で考えて解決するような勉強方法は、今までの日本では行われていません。

固定観念でものを見る癖が、日本人にはあります。まんまる人間にされてしまっているからです。自分の考えはどうですか、あなたならどう創造しますか、と尋ねても、何も答えが出てこないのが日本人です。

外国で学んだ私は、日本では得られないような珍しい教育手法も知っています。私が実践している新しい教育方法や、高校を卒業していない多くの方々に学ぶ機会を提供するための特修生コースは、日本のほかの学校ではほとんど行われていませんし、頭のかたい学校経営者には、これからもできないと思われます。日本の教育に対するこれまでの考え方を変革しようとしても、それは日本人の考え方の根幹に関わるものですから、文化論にまで議論が発展してしまい、なかなか変革させることができないのです。日本人の基本的な考え方そのものを全て変えていかなければ、真の教育改革はできません。

　アメリカのやり方を見て、それをひとつの例として、良いところは取り入れて、良くないと思うところは取り入れずに、日本の教育を良い方向に進めていけば良いのです。ところが日本人は、情報をいったん与えられると、それを全てそのまま鵜呑みにし、全員が均一に同じことをやるものだと思いこんでしまいます。

　私は、アメリカの大学院で学んだことを応用し、日本では入手できない新たな情報をも手に入れて、どうしたら自分が良い教育を行えるか、ということを考えながら、日本の教育システムの足りないところを埋めようとしています。そこで、今までと異なった、実践的でより高い資格を新たに取得したい人、転職したい人たちに、私の学校へやってきてほしいのです。

　東京福祉大学社会福祉学部通信教育では社会福祉士（国家資格）や精神保健福祉士（国家資格）の受験資格取得のための通信教育課程だけでなく、さまざまな事情で高校卒業資格を持っていない人が入学できる特修生コースも、創設しました。また、文部科学省基準によって設置される東京福祉大学または大学院の通信教育に入学すれば、厚生労働省指定の社会福祉士一般養成施設に入らなくても社会福祉士受験資格取得に向けた勉強ができますし、社会福祉学の学士・修士が得られ、さらに高校の教科「福祉」や養護学校教諭、養護教諭の免許状も取得できるでしょう。福祉とは全く異なる分野の出身者も、新たに福祉の仕事に就くことができます。

そういった需要があったとしても、ほかの大学では、記憶力重視の入試があったりして、学びたい人全てに門戸が開かれているわけではありません。しかし、東京福祉大学の通信教育では、もっと学びたいと考えている人たちを、無試験で、できるだけ多く受け入れていこうと考えています。このようなやり方は、日本では変わった考え方と捉えられるかもしれませんが、私は率先して推進していきたいと考えています。今までと同じ古いやり方では、二十一世紀の時代の変化と流れについていくことはできなくなるからです。

情報を公開しない日本の体質

日本は個人の所得も減少し、次第に貧しい国へと変わりつつあります。若年人口も減少傾向にあります。それに対して、アメリカは人口は増加傾向にあり、いずれ国土も不足するのではないかと考えられています。また、アメリカでは、コンピュータを利用した合理的な事務処理もますます推進されていきます。日本ではコンピュータを十分に合理的に使用しないで、上司に言われたとおりに行う単純作業がいまだに多くを占めています。使用しているのは、せいぜいワープロ機能程度です。コンピュータで情報を分析しようにも、政府が縦割り行政を行っていて、自分の役所にある情報はほかに提供しないという方針でいるため、有益な情報が生かされないままになっています。全ての情報を提供してしまうと、役人の権威がなくなり、天下り先が減ってしまうというのが、官僚たちの考え方なのではないでしょうか。

こうやったらいいとか、こうやったらより儲かる、といった情報は全て隠されています。本当の大事な情報は他人に教えない、というのが、日本人全般に見られる傾向です。どうでもよい瑣末な事柄は表に出して話していても、本音は内緒にして、決して表に出さないのです。役所の体質にも、それが現れています。そういった点では、日本を良くしていきたいと考えても、なかなか困難なところがあります。政府や官庁は情報をもっと公開すべきだという考えを持つ私のような人間は、今まで、日本にだけ住んできた人々にはあまり見られませんでした。私にとっては、至極あたりまえの考え方なのですが、このような考えを話すと、衝撃的だとおっしゃる方が少なくありません。

教育の世界にも競争原理を

産業界のリストラで、四十歳代で会社から放り出されてしまう人がいたり、会社に残ることのできる人がいたり、会社の中での競争があります。こういった競争原理が、日本の教育の世界にも導入されることが期待されます。日本では、大学でも大学院でも、競争原理は全くと言っていいほど根付いていません。専任講師になるにはごますりとコネ、いったんなったら年功序列で地位が上がっていきます。その後の研究業績はあまり重視されていないのが現実です。

私はつねづね、教育の世界にも競争原理を導入することを主張していますが、教員のあいだに競争原理を導入するに際して、教育実績・研究業績をあげさせる方法にしても、効果的な授業のやり方にしても、私が著書の中で主張しているようなことは、かなりユニークだと、大学の教授陣に言われます。

おもしろい授業をやるといっても、漫談（まんだん）をやれば生徒が聴（き）くということではありません。おもしろおかしい授業をやっていると、そのときは生徒は楽しいと感じるかもしれませんが、それが実力養成に直結するとは考えられません。

最近は少子化の影響で、塾や予備校も生徒が集まらず、ガラガラの状態です。小学校、中学校も、一クラスあたりの人数が非常に少なくなってきています。しかし公立学校の教員は公務員であり、終身雇用になっているため、教員同士でより良い教え方ができるように競争させ、多くの人の中から優れた教員を選び出し、それ以外を淘汰（とうた）するということができません。ですから文部科学省も、同じような学校を作り、同じような能力を持つ教員を養成し、教員間に競争という摩擦（まさつ）が起きないようにしたとのことです。そのため生徒のあいだには受験での競争がありますが、教員のあいだには、いったん専任教員に採用されてしまえば、競争がないのです。

このような、競争のない平等主義のなかでは、競争力、体力があり、学問業績もあり、さらに教え方が上手で熱心な教員が出てくるはずがありません。

東京福祉大学は、ほかの大学にはない優れた教育を打ち出して、競争に勝ちたいという考えでいます。私自身は、自分の教え方は効果的であると自信を持っています。その結果は、社会福祉士、精神保健福祉士、臨床心理士等の合格者数、教員採用試験の合格者数に現われています。

東京福祉大学は、入学試験による競争で不合格者を落とすことで終わってしまう大学ではありません。合格者が大学に入ってから、教室でどれだけ実力を磨いて活躍していくか、という点を重視しているのです。これが、東京福祉大学の最大の課題なのです。

その課題のために、アメリカやカナダの大学で教えていた日本人の優れた教授陣も多数迎えました。そして、それらの教授陣による最先端の講義が空回りすることなく、学生たちがそれにしっかりとついてくるように、「できなかった子（生徒）をできる子（学生）にする」教育を、東京福祉大学では実践していきます。難しい専門知識を一方的に講義で伝達するのではなく、教室で学生を当てて立たせて発言させながら、分からない点をはっきりさせ、「ここはこうだよ」というように、学生のレベルに合わせて分かりやすく指導していきます。学生を当てず、立たせて質問もしないで、一方通行の講義を行っていると、学生が本当に分かっているのか分かっていないのかが把握できません。学生にただ「寝るな」と言ったところで、限界があります。そこで、おもしろい授業とは、いったいどんな授業なんだ？　と学生に尋ねてみたい気持ちにかられます。「漫才をやったらおもしろいのかい？」と。しかし、私が教壇に立って教えると、学生はみな目を覚まします。それはなぜでしょうか。緊張感が、ほかの先生に教わるときとは違うからかもしれません。

大学に入ってしまえば、大学名だけが大切で、勉強してもしなくても済んでしまい、どこの大学の授業であっても大差ないという今までの状況が、学生を勉強から遠ざける原因でした。就職する際に、大学で実力が付いたか付かなかったかは関係がなく、大学名でしか社会で評価されないのが、日本の大学のシステムだったのです。

しかし、東京福祉大学に入学すると、教科書を丸写しにしたら零点であり、独創性のあるレポートを書かなければだめだ、と強制して多くの本を読ませ、しっかり勉強をさせます。毎日努力をさせ、それだけが大学の卒業証書へと結び付くのだということを、教え続けていきます。

また、教授をはじめ専任教員に対しては、優れた教え方と研究業績を人事評価の項目にして、良い教え方で教育効果をあげる教授、研究業績をあげる教授なら、給料が上がるようにします。逆に、だめな先生には退職していただきます。先生方の雇用形態は、アメリカ式に当初の六年間は、全員一年ごとの期間を区切った契約とし、その中でいちばん上の層にいる人を、専任としてフルタイムの終身雇用の教授待遇にします。これに該当しない教員は、能力が不足しているから契約の更新はいたしません。しかし、社会福祉の分野では、教員不足という現状がありますから、退職した教員は、またすぐに次の職場へと流れて行くでしょう。社会福祉以外の分野であれば、教員の需要もあまり多くありませんから、教師は退職勧告されないように、今いる職場でできるだけ頑張ろうとするでしょう。

日本人は教育界においても平等主義ですが、実力主義の予備校のように、「何人合格させたら昇給させる」とか「あまり合格者が出なかったら解雇する」というような指標をはっきりさせれば、教員のあいだに緊張感も生まれ、授業方法も改善され、効果が上がるように教え方も向上するでしょう。

東京福祉大学の教員に応募してきた、ある先生は、このようなことを言っていました。「自分はいろいろな本や論文を出し、東京福祉大学をもっと有名にさせます。教え方も上手だし、いい教育をします。だからほかの平凡な教員の給与をカットして、その分を自分の給与に足してほしい」と。

　このぐらいのことを言えるような教員がいなければ、日本の教育は良くなっていかないと、私は考えています。

　よく頑張っても頑張らなくても、昇給もしなければ生活も向上しないというシステムや、給料をたくさんもらうと、累進課税によって、所得税がその分多くとられてしまうという日本の税制が、日本で優秀な人材を養成することを妨げています。もちろんそれだけでなく、大学や大学院において、教授が空理空論を一方的にぺらぺらとしゃべり、現実社会の問題を解くような授業を行っていないことにも問題があります。授業の効果を高めるためには、現実社会のことを知っていて、どこかで働いた経験のある人が再び学校へ学びに来て、授業中に社会のいろいろな問題を教授やほかの学生に質問したりすると良いでしょう。日本の既存の大学では、そういう課題が全く投げかけられないため、直接的で現実的な問題を考えることなく、ただ一方的に丸暗記をするために理解をしているだけだから、思考力を育てるための教育効果が上がらないし、学生が真剣に勉強しません。真剣に勉強するのは入試のときだけです。

　大学を開学するのは、私にとって初めての経験ですから、いったいどれだけの入学希望者からの出願があるかは未知数でした。しかし、東京福祉大学への、各方面からの反応を見ていますと、まさにこのような大学を待っていた高校生や社会人が多いのだということを感じます。そういう意味では、現在すでに福祉の現場にいる方々や、転職を考えている方々、リストラされそうな方々、定年退職している方々にとっては、まさにうってつけの新しい型の大学でしょう。

現在、四年制大学へ進学しなかった高卒者の割合は、全体の約半数に及びます。高等学校卒業の方々の立場というのは、大学卒業者に比べ、やはり社会的に不利であると想像されます。専門学校卒業者というのは、採用したときに即戦力になるものの、時間が経つと能力が枯渇(こかつ)してくると言われます。それに対して、四年制大学卒業者は、入社したての頃はもたつくものの、時間が経つにつれて能力を発揮しはじめると言われます。もっとも、大卒にもいろいろなレベルの人がいますが。

高卒と大卒を比較した際に、大卒の方が、より長期的に将来を見る視点が備わっていると思われます。進学を考える際にも、卒業した後の人生設計までも考慮に入れており、最初から四年間という長い学習期間を要することを分かった上で大学進学を志す人と、短い期間に少しだけ勉強したいと考える人の違いというのも、その時点から出てくると思われます。

社会福祉の資格といっても、カルチャーセンターでの単なる習いごとのような資格ではなく、社会福祉学の「学士」、さらには国家資格の「社会福祉士」を取得すれば、社会での信用も違ってきます。東京福祉大学のやり方は、私たちが若い頃、大学に入ったときの入学選考方法とは多少違うかもしれません。これまで勉強する機会のなかった方々が、読み書きもさんざんやらされ、私の著書を教材に勉強させられて大変だと思いますが、社会福祉学の学士をとると、将来が大きく違ってくると思います。

私も最初アメリカに留学したときに、学位というものの価値が分かりませんでした。大学院(だいがくいん)を出て資格を取ったからといって、どうなるのかが分かりませんでした。しかし、日本の大学を出ている以上、ただ単にアメリカに留学して英語を勉強してくるよりは、修士をとり、修士をとった以上は博士もとろうと考えました。それでも、その博士とはいかなるものか、それがどう応用できるかは、卒業したそのときには、まだ分かりませんでした。ところが、今になってみると、こうして論文や文章も書けますし、理屈をこねて自分の教育論も述べられますし、また、社会福祉についての意見も述べて、それが生活の糧になっているのですから、やはりアメリカの大学院博士課程を卒業してよかったと感じています。

日本の人には、アメリカで取得する博士号が、どれだけ価値のあるものなのかが分からないかもしれません。しかし、私がこうやって本を執筆してきたり、こうして実際に大学を創り、国家試験に多くの合格者を出しているということで、「日本の博士号とは違う高度で実践的な学位である」ということが、分かっていただけるのではないかと考えています。

日本の官僚主導体制の限界

アメリカ在住の労働者は、単純労働者でさえも、非常に高い賃金を得ているのだそうです。彼らの賃金はメキシコ在住労働者の数倍、中国内陸部やロシア在住労働者の何十倍にも及ぶ高賃金であると言われています。それを可能にする秘訣は、アメリカの工場施設や会社組織、技術者や経営者の水準の高さにあります。アメリカには、単純労働者であっても、高い生産性を上げられるような会社組織や工場施設、そして優れた経営者や技術者が存在し、生産性が高いため、賃金の水準も高くなっているのです。

優れた人たちが高所得を得るのは当然のことですし、そのことによって、より優れた組織や施設ができるのであれば、それは全国民にとって良いことであると言えます。優れた人たちに対して高い収入を認め、その影響を受けての結果として、一般労働者も高賃金を得られれば、世界の人々の幸せ、福祉は向上するという、絶対水準向上の議論が広がっています。

これに関連するもうひとつの考え方は、ニューエコノミーというものです。すなわち、高額の所得を得ることができる人々が、効率的な組織や技術を生み出すので、その結果、低所得者にも利益が及ぶということです。そして、高額の所得を得る人たちが、そのお金をさらに効率のいい投資に回すことが、社会全体の福祉に役立つという考えです。社会における所得格差の拡大は必ずしも悪いことではなく、効率的に生産性を上げられ、高額の所得を得られる人々が存在することこそが、競争社会における、能力主義という現実の好ましい結果だという考えです。このような考え方が存在するということは、アメリカを中心とする世界が「結果の平等」を指向する社会主義や、全体主義、官僚主導体制を否定しきったことを示しているといえるでしょう。

これまでの日本にも、確かに良いところがたくさんありました。つまり、官僚主導体制と呼ばれるものによって、戦後の日本は成功を手にすることができたのです。子どもの頃から記憶力や理解力に優れ、頭が良く、良く勉強ができる人物が官僚になり、彼らの指導にしたがって、国民が一定の方向に動いてくれれば良い。そうして、皆で幸せになっていこうというのが、今までの日本の体制でした。日本はこれまで繁栄してきたのだからと、頭の良い人が「こうやったらいい」と言った方法に従い、皆にとっていちばん良いと思われる、つまり、最大公約数的なやり方でやってきたのです。

教育においても、官僚主導主義の影響がありました。子どもたちは、小学校、中学校で決められた全ての科目を勉強します。全科目を勉強して、不得意な科目のない子を作るのが良い教育方法だという考え方だったのです。

これまでは小学校、中学校と、文部科学省が決めた学校に通学する仕組みになっていました。決められた科目をまんべんなく勉強させられ、角のない丸い人間、組織や会社に適応しやすい人間へと作られていきます。いやなことであっても、きちんとこなすような企業人を作るシステムなのです。会社に入って、企業の中でいやなことがあっても我慢し、自分の得意なことを勉強するよりも、不得意なことをなくすために勉強をします。

日本人は優秀で、勤勉に規則正しく働き、清潔好きという、優れた特性を持っています。工業製品についても、日本の製品は非常にきめ細かく正確に作られており、故障が少ないという定評を得ています。

企業内においては、日本人のサラリーマンは会社に対する忠誠心が高く、このような労働者を雇う経営者側にとっては、大変良い労働者であるといわれます。また所得水準についても、ドルになおせば日本人の所得は世界一とも言われています。

しかし、日本人にはあまり選択の自由がありません。学校や職業を選択する場面においては、意外に自由がきかないのが現状なのです。

明治の官僚たちは、欧米に渡って学び、帰国してから「殖産興業」を提唱しました。外交等の近代的な技能と知識をよく知る者が国をリードするということが、すなわち官僚主導でした。公的資金によって、海外へ行って新知識、新技能を学ぶことができるのは、当時は官僚に限られていたのです。出身、身分、良い官僚になるための人格、そして創造力も問題ではありませんでした。ただ、新知識や技能を正確に記憶して、運用できることが、明治時代の官僚の必須条件だったのです。

そして明治以降は、日本の官僚主導体制は、専門的な技能と知識に優れたテクノクラートによる主導となりました。西欧の進んだ技術や知識を学ぶために、熱心で辛抱強く、記憶力の優れた人材を選び、外国の知識や技能を覚えさせ、外国の制度や組織をそっくりそのまま真似ることをさせました。そして、その真似たものを行政指導により国民に実行させることで、今までの日本はめざましく発展してきました。

「創造」が苦手な日本人

教育制度においても、日本は大昔からどちらかというと、外国の技術や制度を、そっくりそのまま学ぶことを得意としています。しかし、学ぶことは得意ですが、それを応用し、新たなシステムや物を創ることが苦手なのです。日本人は、独創性を身に付ける教育を学校では受けておりません。

おもしろいことに日本は、聖徳太子の時代にも、仏教の文化を組織的に取り入れながら、日本古来の神道の思想と風習は捨てることなく、神道と仏教の両者の良いところをとっていくという特性を持っていました。日本人というのは、文化的には外国のいいところを取り入れ、自分たちにとって得になるように活用することができましたし、その能力も高いのです。場合によっては、いいところを取り入れて、そのもととなった国よりも、技術的にさらに優れたものを作る能力もあります。その代わり、その技術の背景にある、外国の精神、文化、思想、倫理観、美意識というものには、あまり深く入っていくことがありませんでした。学んだ技術を応用して、発展させるのは得意であっても、それを出発点として新たに全く別の物を創ることは、どちらかというと苦手なのです。日本人は昔から創造することは苦手だったのです。

江戸時代にも、火縄銃を作っていながら、それについているネジ釘を、ほかに応用することができなかったため、江戸時代を通して、ネジ釘を船舶や建築に応用して使った形跡がないのです。ですから、船舶はネジ釘を使わずに鎹だけで建造したため、船がゆれるとすぐに船体が崩れてしまったということです。そのため、大きな船は造れなかったのです。建築や、橋を造る際に、ネジ釘の効用は大きいのですが、鉄砲の筒止めのネジを造船や建築に応用するという新たな発想は、ついぞ江戸時代を通じて起こりませんでした。

このようなことを、デッドコピーと言うのです。デッドコピーとは、コピー機のように、そのままを真似するけれど、その背景にある外国の文化やその成り立ちを理解していないことを言います。

日本は、江戸時代や明治維新の頃には、優れた教育大国でした。男性の四十パーセント、女性の二十五パーセントが、寺子屋などの教育機関に通い、読み書きそろばんの基礎を学んだ経験があったと言われます。石門心学などの修養塾もありましたが、明治政府は、これら江戸時代からの教育制度を全く否定しました。そして、全国に普及させたのはドイツ式の小学校・中学校教育でした。江戸時代の安定志向の概念（がいねん）が否定され、そこで育った武士の文化は嫌悪（けんお）されました。江戸時代からあった柔術も否定され、柔道として一部だけが残りました。

明治の日本には官僚機構もできましたが、その内容は縦割り（たてわ）式で、欧米の知識・技能を熱心に習得し、習ったことを間違いなく繰り（く）返す人材を育てる上では、優れた方式でした。日本は、暗記させて、同じことを繰り返すという、コピーをとるような教育方法には優れていたのですが、その反面、学ぶ人自らの創造力を否定してしまったのです。学ぶ人たちの、新しいものを創る創造力を否定して、真似だけをさせる、日本の大学教授が「試験では自分の教えた学説だけを暗記して書け」と言う場合のような教育は得意だったのです。江戸時代からの「何々流」という流派制のように、自分の先生が言ったことは全て正しく、Aという先生が言ったことはこれ、Bという先生が言ったことはこれ、というように、そのままを真似することには長（た）けているのです。しかし、アメリカの大学の授業のように、学んだ知識を組み合わせ、今までとは全く別の、創造的な新しいものを生み出すことは非常に苦手としています。

しかし、最近のように世界中の社会変動が激しいときには、それがかえって大きな失敗を引き起こすことになります。時代が変わって、これからは必要な知識、技術が変わっていくにもかかわらず、前と同じことを繰り返していては、結局は大失敗をしてしまいます。柳（やなぎ）の下（した）に、ドジョウは二匹いないのです。

戦術を学んで戦略は学ばなかった日本

なぜ日本の海軍は、イギリスの艦隊を真似したにもかかわらず、戦争に負けてしまったのでしょうか。日本海軍は、第二次世界大戦のときも、何十年も昔の日露戦争に勝利したときと、全く同じやり方で戦おうとしていたからなのです。単純に深く考えずに先輩が日露戦争で勝ったから、それを繰り返せば失敗がないと考えたわけです。日本海軍が想定していたのは、日露戦争での日本海海戦のように、軍港から軍艦に食料と弾薬を積んでいき、海戦を行ってから、また軍港に帰るということだったのです。それと同じやり方を、第二次大戦が終わるまで変わらずに行っていました。明治のはじめのイギリス海軍を、そっくりそのまま真似した際に、戦術は学びましたが、戦略までは学ばなかったのです。イギリスは、植民地支配の戦略を持っていたため、軍艦が世界戦争で遠くまで行く際には、当然、途中の補給路のことも念頭においていました。一方、日本海軍は補給路を考えないで、軍艦で海外に戦争に出ていき、戦闘が終わったら帰ってこようという考えです。補給路の確保を考えずにあまり遠くまで行った際に、軍艦は帰ってこられなくなってしまいます。それで、結局は敗戦してしまったのです。これもすなわち、先ほど述べたデッドコピーであり、問題を発見し、解決するための思考力が欠如している例なのです。

戦争で、予想戦闘海域がはるかに遠くなったにもかかわらず、日本海軍は戦術しか知らない組織だったため、世界戦略という点では失敗して敗戦してしまいました。

日本人は、一般的には自分自身で深く物事を考えないようです。思考力という点では少しずつ進歩は見られるかもしれませんが、今でも論理的思考が苦手である人が多いことには変わりありません。

ハーバード大学で、あるアメリカ人の教授が日本式の講義をし、教壇の上でベラベラとしゃべっていました。これを見た私は、最初、「これでは日本の大学と同じではないか」と感じました。ところが、周りを見ると、その教授の講義を聴きながら、ノートをとっている人ととっていない人がいることに気づきました。ノートは、とってもとらなくても良いものだと言うのです。講義で聴いている話というのは、あくまでも教授一人の意見であり、ひとつの参考としての学説であって、学生がその教授の学説通りに解答を書いてはいけないのだそうです。講義を聴くことは、参考書を読むようなものであり、学生も、さまざまな参考書を読むのと同様、さまざまな講義を聴いてそれらを参考にして、レポート試験では問題解決をするための自分の独自の考えを論文として書けば良いのだそうです。

日本人の場合、講義を聴くときは必ずノートをとるものだという意識がありますし、試験においては、ノートに書いたことをそのまま丸暗記して書き写します。それは、二十一世紀の学問の世界では全く通用しないのです。

英語聴解力は幼稚園から始めると自然に身に付く

幼稚園からLL（ランゲージラボ）で英語を聴かせ始めたらいいと思います。幼稚園ぐらいから、学校教育の中でLLを義務化するのです。そうすると、だいぶ自然の英語に慣れて、英語が無理なく分かるようになります。最先端の学問をはじめ、世界中の情報は英語ではいってきます。さらに、学問の分野でも、ほとんどの論文が日本語にまだ訳されていないので、英語教育を早くから行い、大学に英語の図書をもっと入れていかないと、学問が発達しませんし、日本が先進国になれないのです。また、アメリカの大学では、たとえ日本人でも、いつも英語で話します。ディスカッションや、発表など、全て英語で行うのです。したがって、そのようなことに耐えられるには、やはり幼稚園や小学校の頃からLLを聴いて、英語にある程度慣れておく必要があると思います。まずは幼少の頃から、英語の音に慣れることが大切ですので、幼稚園や小学校から、わざわざ外国人の教師を雇う必要はないと思います。幼稚園、そして小学校の六年間を、LL（英語のテープ）で学習し、日本人教師が簡単な英語の基礎を教え、小学校の高学年か中学校に入った頃から、外国人と会話を始めればいいと思います。

幼い頃からLLを聴いていると、英語の音に対して違和感がなくなってきますから、次第に英語の本も日本語のように読めるようになります。耳で聴いた英語を文章でも表現するようになりますので、簡単な英語の文章は読めるようになりますし、だんだん複雑な英語も読めるようになります。

というのも日本語の専門書は、専門用語を多く使って分かりにくいものが多いのですが、それと比較すると、英語の教科書や学術書は、非常に分かりやすく書かれているからです。

とにかく英語に慣れさせるためにも、幼稚園からの学校教育で、英語のテープを聴くＬＬ学習をさせると、英会話力はもっと良くなると思います。早いうちから始めないと、言語をつかさどっている脳が英語の音に慣れないのです。言ってみれば、子どもの脳に、英語の音の刷り込みをするわけです。中学校、高校からＬＬを始めても、日本語にしか脳細胞が反応しなくなっているので手遅れなのです。幼稚園の頃から英語を聴かせ始め、小学校六年間も毎日、一時間なら一時間、ＬＬの授業で、その年齢における日本語のレベルくらいの英語を聴かせていきます。そして、日本人の英語教師が簡単な英語の基礎を教えれば、日本人の英語への苦手意識はしだいになくなると思います。

ただし、そのようにして英語を幼稚園や小学校から学ぶと、日本の文化を失うのではないかという心配もあるかもしれません。それも分からないではないですが、もう日本の文化も国際的な基準のもっと合理性のある文化に近づける必要があると思います。また、日本語がおかしくなるかもしれないという声もあるかもしれませんが、言葉とは常に変化していくものだと考えれば、それもさほど気にする必要はないと思います。江戸時代の日本語と今の日本語は違いますし、平安時代の日本語と今の日本語もまるで外国語のように違います。言葉は変わっていいのですから、今の日本語がおかしくなるからといって、現在の日本語にあまり固執しなくてもいいのではないでしょうか。大事なことは、日本人の頭の中に国際的に通用するような偏見のない合理的な賢さを養成し、日本人の幸福を追求することです。日本人が幸福になるために、やはり、教育システムや社会システムを、ある程度合理的に変えていく必要があります。さもないと、少子化、高齢化の中で日本の発達は止まってしまうでしょう。

規格大量生産の時代は終わった

日本は明治時代に、外国に負けない国になろうと、富国強兵政策を掲げていました。一定の品質のものを大量生産方式で言われたままに作ることが、近代工業を発達させることであると考えていました。実際、その当時はその方式によって成功をおさめましたし、今まではそれでよかったのです。しかし、いつまでも同じ方法を続けていくと、財務省の行政指導に従って不良債権を抱え込んだ、かつての日本の銀行のような状況を招いてしまいます。

日本は今まで、国民所得が非常に高く、経済が高度成長を遂げると同時に、国民の貧富の差も小さくなりました。人口が都市に集中したにもかかわらず、海外と違って犯罪は減少し、離婚も増えませんでした。終身雇用によって、失業の恐れを感じないで済んでいますし、健康保険によって病気の恐怖からも解放されました。勤勉であるという長所は失われず、企業であれ勤労者であれ、日本は良い状況にあるように見えました。これは、過去の官僚主導の体制がうまくいった成功体験です。そして同じような財政運営を繰り返して、バブル経済が生まれ、バブルの崩壊によって不良債権が増えて、日本の経済はおかしくなってしまったのです。

一九八〇年代頃から、過去の日本の社会体制が、次第にだめになってきています。日本の危機は忍び寄ってきています。経済の面を見ると、当時、世界では規格大量生産の近代工業社会が、頂点を過ぎようとしていました。その変化に日本の官僚は気づくことなく、つい最近まで過去の成功体験を引きずったまま続けていたため、経済運営の失敗を招いたのです。

近年の経済の大きな変化のひとつは、コンピュータなどの技術の進歩が、多様な商品の生産、インターネット取り引き等の多様な流通形態を比較的安価に実現できるようにしたことです。これによって、同じ商品を大量に作る規格大量生産の効果が従来ほどはなくなったのです。それに加えて、人々の要求が物質的量の充足から、ほかと差別化された優れたデザイン、高級な雰囲気、趣味娯楽など、感覚的な満足を求める方向へと変化しました。感覚的なものは人によって千差万別ですから、客観的にこれが優れているとは断定できませんし、来年はこれが当たるという確証もありません。

私はつねづね、人によって正解は違うし、正解というものはいろいろあるものだと言っています。それは、問題は、自分が良いと思い満足できる方法によって解決できれば良い、ということなのです。アメリカの大学院博士課程では、「これが絶対だ」とは、決して言いません。それはひとつの意見ですよ、考え方ですよという言い方をします。自分が満足して、大きく間違っていなければ、それがすべて正解、という考えなのです。

社会主義国も、官僚主導による規格大量生産を行っており、官僚主導の体制が大変しっかりしていました。ところが、社会主義国においても、西側の情報が大量に入ってくることによって、人々の欲求の方向性が多様化し、異なってきたため、生活必需品など一定の型にはまったものしか作らなかった社会主義体制も崩壊してしまったのです。

現在では、社会主義体制は完全に崩壊しましたし、北欧型福祉社会も行き詰まっています。日本型官僚主導体制も方向性を見失いましたし、アジアの独裁体制もだめになりました。これまで続いてきた体制の中で、今でもうまくいっていると言えるのは、イギリス・アメリカ型の自由経済民主主義です。この自由経済民主主義というのは、自由競争の世界なのです。これもリーマン・ショック以来疑問視され始めました。

自由に競争する場合には、政府や会社が情報を公開していく必要があります。私たちはこういうものを作り、こういうものを売っているんだ、という具合にです。ただし、個人の秘密、つまりプライバシーは守られねばなりません。政府や役所が、たとえば、この学校はいい学校であるとか、東大は絶対にいい、ということを言うような時代ではなくなりました。ひとつの正解が必ずあるような入試の難しい東大も影が薄れてきています。政府が「この品物が良い」と言ったことを国民が信じて購入する、といったことも、昔は良かったかもしれません。しかし、これからの時代は、政府が指導し、圧力をかけて消費者に買わせるのではなく、消費者が自由に情報を得て、自分で選ぶ時代なのです。その代わり、選択の結果責任は自分で負うのです。そして、消費者が何を購入するかは消費者の自由ですから、何を購入するのかを政府に報告する必要もありません。しかし、国民から選挙によって選ばれる政治家は公人ですから、個人的なことまでも全て公開すべきです。

大学院での実用知識の獲得がカギ

学問というのは、さまざまな情報（じょうほう）を調査し、分析し、自ら問題を発見し、それをいかに解決していくかという過程です。私の専門は教育ですが、教育学という、ひとつの分野をとっても、そこには非常に膨大（ぼうだい）な情報があり、膨大な研究業績、膨大な知識の集成があるわけです。私がアメリカの大学院に留学して教育学の研究をしていたとき、教授からこう言われました。「君がこの大学で学ぶときにいちばん大事なことは、いろんな科目（かもく）を手当たり次第に履修（りしゅう）することではなくて、君が日本に帰ってから君自身の役に立つ研究をすることだ。君の日本での立場は学校の経営者だろう。だったら、日本で学校を経営するために有利になる知識をこの大学で学んでいけ」と。アメリカの大学院での学問とはこういうものです。社会人として、自らの仕事や問題解決に応用できる学問をやりなさい、アメリカ人のほかのクラスメートの真似をするのではなく、自分自身の計画に沿って、自分の仕事のプラスになるように研究を進めなさいというわけです。ですから、私のような学校経営者なら、自分の学校をより良い学校にするための知識や技術を学んでいくべきなのです。良い学校とは、何よりも、学生が実社会での問題を発見し解決できる、良い授業を提供する学校です。私の考える「良い授業」とは、できない子（生徒）をできるように、できる子（生徒）はよりできるように、どの学生も向上させ、学力を付ける授業です。そうやってお客さま（この場合は学生）のニーズに応え、満足してもらえる学校、学生が卒業したあとで「あの学校に行ってよかった」と感謝される学校を目指さねばなりません。

アメリカでの教育学大学院留学生としての私は、今述べたような授業を実践するための具体的な教え方、授業の方法論などの学べる科目を履修するようにしました。日本の大学院では博士課程になるとコースワーク（科目履修）がありませんが、アメリカでは博士課程でも十五科目以上のコースワークが必須で、より高いレベルで問題解決をするための研究をする科目がたくさん用意されています。研究方法、論文の執筆方法、資料の調査・分析方法などを教える科目もありますし、合理的な調査分析研究を進めるために必要な統計学の科目もあります。さまざまな研究方法の中から、「自分はこれならやれる」という方法を選びます。論文のテーマ・内容も自分の利益になるもの、私の場合で言えば、自分の経営する学校をより良い学校にするにはどうしたら良いかという課題を選べば良いのです。また、博士論文執筆、課題解決のプラスになるような科目を履修します。たとえば、学生を効率的に教えるにはどうしたら良いか、学生にモチベーションを持たせる（やる気にさせる）授業を行うには、といったことを研究する科目をとっていくわけです。自分に直接関係のない科目の勉強をする必要はありません。いろいろあるテーマや研究方法の中で、自分の直面する問題を解決するようなテーマや研究方法を自分の好みと必要性から選びます。

このようにして、自分の仕事上、高度な専門家になるための論文を書き上げます。良い博士論文を書くには、実社会での職場経験が必要です。ですから大学院の修士課程に入るのは、学部を出てから現場で三年くらいの経験を積んでから、博士課程に入るのは修士を出てからさらに何年か社会経験を積んでから、ということになります。そうして最終的には現場の問題を解決できるような博士論文、現場の問題を高度に、アカデミックに分析できる博士論文を書き上げます。

今後の教育で大事なことは、学校で学んだことが、卒業してから実社会で役に立つということです。現場で問題にぶつかったときに、問題が何であるかを知るための分析力、問題解決に役立つ情報を得るための読解力、読んだことの大意を理解し、まとめることができる作文力などを養うことが大事です。成長する学校は、成長する企業と同じで、競争原理とビジネスの原理を取り入れ、顧客(こきゃく)（学生）を満足させる商品（教育）を提供しなければなりません。

社会が変化し、外国の影響も大きく受ける現代日本の大学で学生を満足させる授業を行うには、画一的(かくいつてき)な日本の教育を受けてきた教授陣だけでは無理です。東京福祉大学では、日本の社会福祉政策や事情に詳しい、日本国内の教授とともに、アメリカやカナダの大学で博士の学位を取得し、現地の大学や大学院で長年教えてきた日本人の教授、韓国や中国出身で、日本語で教えることのできる教授等、いろいろな異なったバックグラウンドを持った教授陣が教育と研究を行います。異なった考え、発想、バックグラウンドを持つ人々が互いにディスカッションをし、教え合い、ともに研究することに意味があります。教室の中も日本人だけ、あるいは若年者だけではなく、一度社会に出てさまざまな経験をした人、海外からの留学生など、さまざまな異なったバックグラウンドを持つ人が同じ教室で学び、互いに教え合います。教室の中で、若い人も年輩の人も、社会経験のある人もない人も、いろいろな学生が互いに授業の中で教え合い、また、教授も学生から教えてもらうのです。「これだけが正しい」「これを覚えるように」「これが絶対だ」という教育ではなく、Aという考えもあるけれど、Bもある、さらにCもある、その中で個人個人が自分に合った好みのものを題材としてまとめるというアメリカ式の教育です。

また、コンピュータ教育も行います。これは、コンピュータを道具として、大量の情報を蓄積、加工、分析し、ソフト面での高度情報化を達成するためです。社会が変化し、卒業してから学生が働く場が変化しています。ですから、卒業した学生が実社会で当面する問題を解決するためには、ひとつの正解だけではなく、変化に合わせて必要な情報を得て、自分なりの正解を作っていける、そういう柔軟な思考を身に付けねばなりません。

これからは日本的な教育を受けて、日本的な雇用慣行の中だけで生きていくのではなく、世界のどこに行ってもその国の基準に自分を合わせて生きていける、自分がますます専門家になるような教育を受けるべきです。そのためには、学士をとったら次は修士、その次は博士と、アメリカ方式で次々にレベルの高い学位を目指すべきです。いろいろな経験を積み、多くの本を読み、さまざまな人とディスカッションをして意見を聞き、いろいろなアイディアを身に付けながら自分の専門性を磨き、問題を、より核心をついた高いレベルで解決できる人材になっていくべきです。従来の教育方法だけでは、財務省の言うことを聞いていてつぶれた日本の銀行のようになってしまいます。

東京福祉大学の教育方法は、アメリカ方式を取り入れた、他校にない特色のあるものです。そして東京福祉大学は、学生とともに成長していきます。お客さま（学生）が優秀になって、卒業してから実社会で活躍して評価されることによってのみ、大学も高い評価を受け、さらに良くなっていきます。教員も絶えず勉強し、書物を読み、ディスカッションを行います。先生が学生のニーズに応えるように努力しなければ、古い知識だけに固執するのではなく、学生が新しい時代に何を欲しているか、何を学びたがっているかを分析しなければ、学生を満足させる教育はできません。優秀な人材を養成することが学校の目的で、それができないような学校は本当の学校ではないと考えます。

本当の良い授業というのは、「できる子」ばかりを集めた授業ではありません。そもそも「できる子」とはどういう人のことでしょうか、と私は問いたいのです。暗記が強い子のことでしょうか。そうではなく、目の前の問題が自分なりに解決できれば良いのではないでしょうか。それも自分のレベルに合わせて学び、前より良くできるようになればよいのです。先生が学生に一方的に教えるというものではなく、学生同士が教え合い、先生も学生から教えてもらいます。先生だけが何でも知っているという教え方は古いのです。ひとつのことをやらせて、一定の点数を出すのではなくて、その人独自のテーマを授業中に探求させます。同じ科目でも学生によってテーマが違うわけです。学校で学んだ知識を応用して、自分のベストを尽くした解答を作ります。ですから、答えも人によって全部違います。しかし、教授が読んで筋が通っていれば合格です。私がアメリカの大学院を卒業し、博士を取得できたのも、自分にとって切実な問題をテーマにし、自分の問題をこうやって解決するんだということを研究し、論文に書いたからです。大事なことはベストを尽くして自分の問題を解決することです。暗記の強い人に良い点をあげるわけではありません。クラスの中で順番を決めるのではなくて、その人なりに努力して良くできていれば、合格点を与えるわけです。相対評価ではなく、絶対評価です。そういう積み重ねで、今日よりも明日学力が伸びていくことが、学習者にとっては大事なのです。

資料①

東京福祉大学に教育学部教育学科を設置

平成19年４月新設の東京福祉大学「教育学部教育学科」では，「小学校教諭」，小・中・高校の保健室の先生になるための「養護教諭」，中学・高校の「英語教諭」「保健教諭」，高校の「情報教諭」等の教員を養成します。入学後は，以下の６コースに分かれますが，どのコースに所属しても他のコースの教員免許状も科目履修により取得可能です。

《将来の目的に合わせ入学後に自由に選べる６コース》

- 小学校教諭コース
- 小・中・高　養護教諭コース
- 中・高「英語」教諭コース
- 中・高「保健」教諭コース
- 高校教諭「情報」コース
- 教育心理（認定心理士）コース

《卒業時に取得できる教員免許状》

- 小学校教諭１種免許状
- 養護教諭１種免許状
- 中学校・高等学校教諭１種免許状〔英語〕
- 中学校・高等学校教諭１種免許状〔保健〕
- 高等学校教諭１種免許状〔情報〕

＊希望者は本学社会福祉学部の科目を履修しても教育学部教育学科の卒業に必要な124単位に認められ，以下の教員免許状も取得できます。

- 幼稚園教諭１種免許状
- 養護学校教諭１種免許状
- 高等学校教諭１種免許状〔公民・福祉〕

東京福祉大学の優れた教育メソッドで「教員採用試験」受験希望者の全員合格をめざします。

第Ⅱ章　アメリカの教育者の考え

教師の喜び

　教師はいつでも、それぞれの子どもがどのような成長の過程にあるのか、また、その子どもが今、何に興味があり何をしているのかを知る必要があります。従来の教育では、教師はその必要上、学習内容をクラスの中程度の生徒のレベルに合わせがちなため、結果的に優秀な生徒を退屈させ、遅れた生徒を脱落させることになっています。しかし、教師が仕事を続けるうえで最も重要であると考えている教える喜びは、他の何よりも、「生徒と本当にふれ合ったときに、そして、彼らが学んでいるということを実感し、知ったとき」に感じるものなのです。実際、教師たちは、同僚である他の教師たちの評判よりも、生徒たちの反応に対してより敏感で、気にしているかもしれません。それは、自分の教え方に対して良い反応を示すのも、否定するのも生徒たちだからです。そのため多くの教師たちは、生徒たちに自分の無知をさらけだすことによって、教師の権威(けんい)が失われるのではないかと恐れているのです。しかし、「自分の権威が失われることの恐ろしさを知ったとき、人は教師になる」とも言われています。

ところで、一般の教師と同様、校長の仕事は、子どもたちを知ることであり、そのための最も良い方法は、彼らを直接教え、教室の内外で一緒(いっしょ)に過ごすことです。優れた校長は、子どもたちに絶えず刺激(しげき)を与え、教職員を励(はげ)まし、学校全体の教育方針を一本化し、それを全ての教職員に理解させ、彼らの協力を得て真に価値あるものにします。

教えることは、また、校長が権威を維持する手段でもあります。教職員に対して指導力を発揮するために最も効果的なことは、校長が教室内でその手腕(しゅわん)を示すことであり、校長が教え続けることは、教育活動（teaching）全体の地位を高めることにもつながります。

教育目標は地域社会や国の方針を反映する

教育のシステムは常にその地域社会に根ざしたものですし、またその本質上、そうあるべきです。全ての学校は子どもの育て方や教育の方法、そして学校と社会との関係などについてその国や地域社会の考え方を反映しています。さらに学校の編成、運営、財政など制度上の相違や、文化の相違、特に家族の役割やおとなの権威一般に関する相違があるために、一つの国の教員のやり方を、そっくりそのまま他の国に移すことには危険が伴うのです。しかし、特にカリキュラムや授業方法、組織などが急速に変化している現在において、一つの学校内だけで通用する考え方や教職員による教育や援助だけでは不十分です。担任の教師が自ら生徒たちに自由に対処し、また校長が学校全体を自由に運営するためには、他の地域や外国にある学校の成功例や失敗例を知ることも重要なのです。

アメリカの有名一流大学の実態

アメリカの優れた私立、州立大学には、たとえば、ハーバード、コロンビア、シカゴ、コーネルという大学や、フォーダムやジョージタウン、ボストンカレッジ等のローマカトリックのイエズス会系の大学、バークレー、ミシガン、ウィスコンシン大学などがあります。これらの総合大学の多くでは、学部の四年間の教育は、大学院の教育と研究に従属(じゅうぞく)するものとされ、教授の出世も、教えるということよりも、研究業績の成果によって定められています。もし、そうした優秀な大学の大半において、授業の方法が良くないとしたら、それは、教授たちが研究に比べて、教育を軽視(けいし)しているからではなく、彼らが、教え方を知らないからなのです。これらの有名大学では、アメリカの大学教授の大部分を生み出しています。毎年、単科大学、または、総合大学の教授となる博士号の持ち主のうち、九十パーセントが、たった五十程度の総合大学の出身者で占められています。そしてきた、これらの総合大学は、他の大学の目標ともなっています。一流大学、大学院の価値観が、しだいに高等教育全体の価値観となりつつあります。その結果、大学間には、公式のものではありませんが、誰もが認める階級制度(かいきゅうせいど)が確立されており、そのなかで、各々の大学が、今よりも上の段階の大学になろうと必死になっているのです。

たとえば二流大学（その中には多くの教授を生み出しているものもあります）は、一流大学になろうと努力し、州立の単科大学は、総合大学になろうと試み、短期大学は四年制の大学になることを望むといった具合です。そして、いずれの場合にせよ、大学の性格または、その名声、地位を高めるために、あるいは研究業績をあげるために、多大なるエネルギーと思考力が費やされ、実際に大学の学士課程で直接学生を教えているのは、主に博士課程在学生であるティーチングアシスタント等であり、結果として在学中の学生の教育向上がおろそかにされているのです。

最近の教育革命の成功の結果、アメリカ国内全体に、各々の大学が一段高い階級に昇れるだろうという期待が見られるようになりました。そして今日では、自動車業界第二位のホンダのような存在の約百五十の大学が、第一位のトヨタのようになりたいと望んでいます。もちろん、その大学が一流になるためには、大学ではなく大学院が、優れた教育と研究実績をあげているとして、世間から認められなくてはなりません。

そして、アメリカでは、増加しつつある大学院の教授と、大学院の学生に予算が注ぎ込まれるため、大学の学士課程がしばしば犠牲（ぎせい）になり、大学生から集めた授業料は、主に大学院博士課程の大学院生の研究や養成のために使われる場合もあります。そのうえ、学生の質を変えようとする傾向も見られます。つまり、学生の質の向上のために、優秀でない生徒の入学を断り、他の名門高校からの生徒を引きつけようとする努力が見られるのです。名声のある学者を呼び寄せれば、それだけ、優秀な学生を集めやすくなります。そして、優秀な学生が増えるということは、名声のある学者を引き寄せやすくなるということなので、こうして事態はますます好転していくのです。この結果、あらゆる学士課程のカリキュラムを、学生の個性に合わせるような特色をなくして統一し、決まった形にしてしまうことに非常な圧力がかけられるようになりました。

博士号は教員の必要資格

アメリカでは博士号を持っていない人間は、資格がないものとして大学の教員として雇わないという傾向が、ますます強くなっています。けれども、博士号さえ持っていれば、教師としての成功を約束されるのかというと、その保証はありません。それはまったくの誤解といえるのではないでしょうか。博士号の所有者の道徳観（どうとくかん）、社会的、個人的性格が良くなければ、彼は教室で、教師として成功を収める資格はまったくないかもしれないのです。それなのに、博士号取得試験の際にこういった人間の性格を考慮（こうりょ）に入れることはなかなか難しいのです。

大学や大学院等の高等教育界において、博士号取得者による教員独占は、アメリカの社会習慣の中に深く根を下ろしてしまっています。国の習慣というものは、いったん根を下ろしてしまうと、それを打ち破るには、何世代もかかります。またある意味では、アメリカの博士課程のカリキュラムが、階段を一段ずつ登りつめていくようにシステマティックになっていて、忍耐力が必要であり、たいへん取得が困難であるからこそ、アメリカの大学院教育課程は世界一に躍（おど）り出ることができたのです。

今日では、博士号を持つ学者の半分が、学究生活以外の専門職に就（つ）いていますが、もちろんこういった変化を、学者の利己主義のせいにするのは少し不公平で、単純すぎるでしょう。学者や科学者といえども、個人的野心を捨て去るということはきわめて難しいのです。私欲のない、ただ知識の発展のみに関心を持つ科学者の姿は、いつの時代にも、神がかり的に目に写ります。

人間の日常の行動と同じように、科学の探究も、いろいろな動機によって生じます。新しい知識を生み出そうとする熱意は、他の教授仲間や学界から認められたいという気持ちや、大学や大学院で高い地位を獲得するための競争意識により支えられていることも事実です。アメリカでは大学教授の需給（じゅきゅう）が、全国的に売り手市場に転じて以後、学問上の功績が認められやすくなり、地位を獲得するための競争が非常に激しくなり、学界での風潮が変化しました。つまり、教授の職業上の役割が、知識を伝達し、学生を教育することよりも、知識そのものの発展に貢献すること、つまり自分の研究業績をあげることのみへと移ってしまったのです。

しかし、ある推計によると、アメリカの単科大学や総合大学の専任教授、三十五万人のなかの実に八十五パーセントは、学説も発表せず、研究も継続していないことが明らかにされています。一流の大学院では、やる気のない教員を雇い、自らの研究業績を無理に出版させることはしません。そんなことをするより、最初から研究に向いた優秀な頭脳の持ち主を募（つの）るのです。そして、彼らを研究のために雇ったのであるから、大学側は彼らの研究に対して報酬（ほうしゅう）を与えます。このようにして、彼らの仕事をよりいっそうレベルの高い研究業績をあげさせることへと偏向（へんこう）させてしまうのです。大学ほど自らのことについては保守的でありながら、他人のことに関しては革新的であるという組織は他に類を見ないでしょう。そしてまた、ひとつのことに関しては最も革新的な教授が、他のことになると、最も保守的になるということもあり得るのです。

大学教育を有意義にするには

教育と研究を統合するための解決策は、「教えること」と、「研究」の統一をはかり、研究者を教育者としても育成することによって、研究を、教えることに対して従の関係におくことです。教師に、創造性を求めるならば、研究を奨励することです。研究者に創造性を求めるならば、若者たちとふれ合うことを、生涯で最も熱の入った想像力のたくましい時期に、しかも彼らの知性がちょうど円熟し始めているときに、若者たちと知的にふれ合うことを奨励することです。研究者（教授）が、発展段階にあり、しかも現実の世界に密着している若者たち（学生）の活発な頭脳に、双方向の討論形式の授業で語りかけることです。これこそ、大学の存在を有意義にするものです。

大学は教育のための学校であり、研究のための学校でもあります。しかし、その存在理由は、学生に伝達される知識のみにあるのでもなければ、教授陣に提供されている研究の機会のみにあるのでもないのです。これら二つの機能だけを果たせばいいのならば、こんなに学費の高くつく大学制度をやめて、もっと安くすませることができます。本だけを買った方が安いですし、学生個人が直接教師に弟子入りする見習い制度も考えられます。単に情報を分かち合うだけならば、大学の存在は有意義ではありません。なぜなら、十五世紀以来、印刷技術というものが発展しているからです。大学を有意義にするものは、学習し、想像力豊かに思考することによって若者（学生）とおとな

（教授）とを結びつけていくこと、そして、知識と人生のつながりを保っていくということなのです。

学生たちは、プロの芸人(げいにん)まがいの教授による派手な講義や、答えられないような難しい質問に対する一時逃(のが)れ的な答えなどを求めているのではありません。彼らは、理論と実践との間、そして、教室で行われる教授による講義と、実社会での問題解決方法との間には、具体的な関連性があるべきだとの主張を持っているのです。

このような学生の要望に応えるためにも、教える気持ちは全然ないが、博士号を取得している者（現在、博士号取得者のうち、約半分が大学等で教えないで研究所や企業などで学究生活に入っています）、および、研究に興味を持っているから将来学者を志したいという者の双方に、少なくとも、教師になるのと同じ程度の、学生を教えるための教授法を身につける訓練をする必要があります。なぜなら、実際にその科目の内容を知らない限り、それを教えることはできないというのが真実であるとすれば、その科目を実際に他人に教えようとしない限り、本当にその科目を知ることができないということも、同じくまた真実なのですから。

このようなわけで、教育者として教育された大学院博士課程の学生（教育を人間的成長過程としてとらえて勉強し、知識を他人に伝達できたか否かということで、自分の知識を試してきた人、すなわち、人間同士のコミュニケーションを重視した人）は、結局、より優秀な学者、より優秀な科学者、より優秀な経済学者になり、同時により優秀な教授ともなれるのです。“Doctor”（博士）という語は、「師」という意味なのです。ゆえに、博士という言葉に何か意味があるとすれば、それは、博士号を持っている人たちは、教える能力、つまり、その人が身に付けた知識、さらにこれから発展させるであろう知識を、分かりやすく他人に伝達していく教育能力を保証されているということなのです。

さらに付け加えるならば、教育学の研究では、教師は、最低六種類の学問に十分に精通していなければならないと言われています。すなわち教育者には心理学、哲学（特に教育の目的を論じる知識を養うための）、倫理学、歴史（人類思想史と教育史の双方）、そして社会学と経済学（学校と社会との複雑で常に変化する関係を理解するため）の深い知識が大学院博士課程の科目履修のカリキュラムに必要とされています。

一般教養は人を賢明にする

職業人になる人間が、大学を卒業するときに身につけていなければならないのは、その職業の専門知識だけではなく、専門知識を駆使（くし）できるよう導（みちび）き、また、専門分野における特殊な探求に光を投げかけてくれるような一般教養の知識です。一般教養なしで弁護士や医師になることもできます。しかし、彼が賢明な弁護士や医師になるかどうかは一般教養にかかっています。そこで、一言付け加えましょう。賢明な弁護士、医師、税理士、ソーシャルワーカー、技術者、建築家、そしてビジネスマンになるには、まさにこの一般教養の教育課程が最も大切なのです。

黒人は博士号を取得すれば、白人の博士より高い人気と収入

現在、アメリカの政府・企業・非営利組織などは、技能を要求される技術的な専門分野、また管理職などに、高い教育を受けた黒人を活発に雇用し増員しています。その理由は、現実に黒人も人口の多くの割合を占めており、有能な黒人を雇用してその組織の中に入れておかなければ、一般の黒人からの協力が得られなかったり、自分たち黒人には関係がないからといって、その会社の品物を買ってもらえなかったりするからです。このため今度は白人労働者が、逆の偏見だと不平をいい始めたほどです。他の人種、特に日系アメリカ人、ユダヤ人等の例を見ると、学校で学んだ教育学的学識が、社会での収入や職業的地位の獲得に実際に影響を及ぼすようになるまでには、学校を卒業してから十年から二十年の年月がかかっています。たとえば一九二〇年代から一九三〇年代の間、ユダヤ人は、実質的には彼らの低い地位に対して、教育を受けすぎた傾向がないわけではなかったのですが、第二次世界大戦中、また、戦後彼らに対する宗教的な迫害が弱められると、急速に、彼らの受けた教育の成果を良い職業や高収入へと置き換えていくことができるようになりました。

それと同じ現象が現在、黒人の間にも起こりつつあるように思われます。黒人の場合は、過去に多くの分野において、大学卒であっても、中学までの八年間の教育しか受けていない白人と同程度の賃金しか与えられていませんでした。しかし現在では、白人に与えられている賃金と同等、あるいはそれ以上のものを受けています。実際のところアメリカにおいては、博士号、特に社会科学の

博士号を持っている黒人は数が少なく売り手市場であり、彼らほど、高い給料を要求できる有利な地位にあるものはめったにいません。ですから、「教育投資の効果」に関する不均衡はせばめられてきていると言えます。

それは、過去に労働力の過剰が長期間続いた頃、雇い主が応募者をふるいにかけ、面接すべき人数を減らす手段として、「より程度の高い労働力」を確保するために、採用の必要条件に、「大学の卒業証書」を要求したことに端を発しているのです。そして、過剰労働力の時代が終わる頃には、ふるいにかけるこの「大学の卒業証書」が、良い職業に就くための伝統的必要条件となってしまっていたのです。

アメリカは資格を重んずる社会

アメリカはますます「資格を重んずる社会」となっています。すなわち、職場での実務経験によってというより、むしろ資格証明書、つまり有名大学の卒業証書、あるいは有名大学院の修了証書によってその人が判断される、ある種の学歴偏重社会になりつつあります。これらの傾向は、若者たちに大学を卒業することを奨励するいろいろなキャンペーンで、ますます助長されています。そして、良い職業に就くには、少なくとも大学の卒業証書が必要であると言われるようになり、優良企業側は、大学中途退学者はまったく「採用不可」であると信じ込むようになってしまったのです。

その人が、どの程度の教育を受けたか、また、学校でどの程度の成績をあげたかということは、職場での実践力とはほとんど相関性がないということが事実であったとしても、十分な教育を受けていないという理由で、その仕事に関する能力を示したり、あるいは能力を伸ばす機会さえも与えられず、就職することを断られた若者を助けることができないのです。見せかけであろうと、真実であろうと、結果は実質的には同じです。せいぜい大学、そして今では現在までの日本とは異なり、だんだんと修士、博士の修了証書が、専門的な職業への必要条件になりつつあります。

このようにして教育は、社会の中流、上流社会へ到達するための入り口になってしまっており、大学や大学院は、そのための社会の門番になっています。

学校の成績の本当の意味

よくいわれることですが、社会のさまざまな分野において、学校の成績が良いことのみがその人にとってのきわめて重要な要素であるということはほとんどありません。たとえば、もし雇い主に、なぜ中途退学した人間を雇わないのか、あるいは、なぜある種の人々を昇進させ、他の人をそうしないのかと尋ねたとすると、中途退学者は基礎的な読解力や文章力がないからだとの返事はめったにしません。それより、彼らは時間どおりに仕事につかないし、集中力を必要とする仕事ではあてにならないし、工場や職場などで、他の人と協調できないし、また、他人の金銭に手をつけないとは断定できないなどの不平を雇い主は述べるでしょう。

ある批評家たちは、学校で勉強をしなかった生徒が社会経済的なはしごを登って出世していくことが難しい理由は、学力の不足のみではなく、時間厳守や信頼性などという社会でのあたりまえの習慣をうまく身に付けられなかったり、自制心や自尊心を十分に育むことができなかったからだと言っています。ですから、学校で勉強をしなかった生徒が、日本では普通であたりまえの中流階級の特性である自制心や自尊心等を育んでいくことができなかったのは、学校側の落ち度であるけれども、小学校、中学校の基本的な科目を教えそこなったからなのではないと力説しています。

しかし、学校が毎日の授業の中で教えようとする読み、書き、他人の前で話すこと、計算力などの基礎を身に付けることができない生徒に、自尊心が育つとは思えません。子どもたちが自分を価値ある人間だと思うためには、自分は優秀であるという意識を持たなければなりません。たとえば学校で教える読み書きの点数は、いかに生徒の真の目的を実現するかということの、単なる一つの方法（非常に重要であるにしても）にすぎません。が、真の目的は、自分たち自身に、また自分たちの学校に対して誇りを感じる生徒たちを育てることにあります。読み書きはこの目的にとって、重要な手段です。読み書きの基礎能力なくしては、どんな子どもも自分に対してさえ誇りを感じることはできそうもありません。

また、子どもたちは、自分の所属する学校で、成績が悪いこと等で蔑視され、さらに社会で偏見と差別を受けて自己嫌悪を強めていくことで、自分たちの学校に誇りを感じることができなくなっているのです。つまり、長い間の学校での良くない成績の連続が、彼ら自身に自分が価値のない人間であるという意識をいろいろな形で持たせ、自分に対して誇りを感じさせなくなり、自制心を身に付けることを難しくしているのです。

私の経営する大学と系列研究施設である専門学校では、入学すると勉強することが自然と強制されます。学生はこの学校の教育システムで読み書きから学び、授業中勉強する努力を続けると、少しずつ勉強がわかるようになり、その小さな成功体験の繰り返しで、自分もできる学生になれるということを実感し、理解します。このようにして、自己嫌悪におちいっていた学生も、自信と誇りを取り戻し、自分たちの学校に対しても誇りを感じるようになるのです。

先祖の出身地の文化を、親から影響を受けて継承するアメリカ社会では、ある人種の人々にとって、特に日系人、アジア人、ギリシャ人、また、東ヨーロッパ系のユダヤ人にとって、学校の卒業証書は社会的地位の獲得や向上のための決定的な手段になっていますし、社会の民族主義的基礎を拡大するのに役立っています。しかし、これらは例外であり、ここにあげた民族の場合は、彼らの先祖の出身地の文化そのものに、教育を受けることで社会で立身出世できるという考え方があり、結果として社会における個人の成功を非常に重視するのです。

ある目標を持ち、一生懸命努力をしたにもかかわらず、入りたい大学に合格できなかったとき、橋が渡せないとき、飛行機が飛ばせないとき、機械が動かないとき、治療が効果を現さないとき等のように、思ったように問題が解決できない場合に、人は努力の基盤となった推定、原理、理論、仮説などを疑い始めるものです。果たして、教育においてもそのようなことがあるのでしょうか。

結論として、この「自分たちの学校に対して誇りを感じることが大切」という見解は、下層階級の子どもたちには、学校で成功するために決定的に必要であり、普通の中流階級の子どもなら、多かれ少なかれ、自然にその環境から獲得できているはずです。しかし、下層階級の家庭でよくみられるような、子どもの頃、父や母から虐待等を受けてつらい環境に育ったとか、両親からの愛情が薄かった家庭に育った人間は、「他人に優しくしてあげたり親切にしてあげれば、他人が喜んでくれるし、同じように自分にも他人が優しくしてくれる」とか、「自分が一歩一歩努力をつみあげていけば成功できるから、今、自分はこうして努力していけば良い方向になっていくのだ」というような他人の気持ちを理解しようとする多種多様な心的態度（attitude）、あるいは、人間関係でどう振るまえば他人が安心するのか等、他人とうまくやっていくための方法や、他人の気持ちを理解する認識能力、さらに、自分の喜びや悲しみを率直に表す感情表現の方法を十分に身に付けずに学校に入学してきているということがいえます。

また、別の研究では、そのような愛情に恵まれない子どもたちは、学問的（社会的、経済的と同様に）成果に必要な複雑な心的態度――将来の方向づけや、集団の動きより各個人を重視すること、個人としての成果の強調、自己の運命を切り開くコントロール能力を十分に獲得することは不可能であると強く主張しています。

こうした研究の蓄積により、なぜ、恵まれない立場にある子どもたちが失敗するのかということは、社会で理解されるようになりました。しかし、いくつかの例外を除いて、なぜ学校で失敗するのか、またはこうした環境の子どもたちの学習を成功させるためには学校の教育方法をどのように変えればよいのか、といったことにはまったくといってよいほど触れていません。ほとんどの研究文献は、このことに疑問すら投げかけてはいないのです。子どもたちの学習がうまくいかない場合、その失敗の原因は学校にあるのではなく、彼ら自身にあるとするのが世間では当然のこととされています。しかし、生徒の失敗を責め、その失敗の原因を、「貧弱な家庭環境」や「動機づけの欠如」においた学校も、ひとたびその同じ生徒たちが社会的に成功すれば、ためらわずにそれは学校の教育の功績であるとしてしまいます。

予言自己実現説

「予言自己実現説」はきわめて簡単にいうと、人間は多くの場合、自分に期待されていることを行う傾向があり、実際、その傾向が非常に強いので、過大な期待さえもが、それにふさわしい行動を起こさせるということです。たとえば教室でも、教師の期待は生徒の成績に絶大な影響を与えることができますし、事実与えています。自分の教えている生徒たちが勉強がよくできないのではないかと最初から決めつける教師は、実際に勉強ができない生徒たちを教えているということになってしまうでしょう。別の教師がこういう先入観をまったく持たずに同じクラスを教えると、その教師は学習意欲に燃えた生徒たちであると思うかもしれません。

同じことが行動についてもいえます。生徒たちがめちゃくちゃをするのではないかと思っている教師のもとでは、往々にして生徒たちはめちゃくちゃをするものです。よく言われることですが、淑女と花売り娘との違いは、誰もがすぐ分かる身なりや言葉遣いなどを除いたら、彼女たちがどうふるまうかではなく、彼女たちがどう扱われるかにあるということです。

一方、アメリカでは、低所得者を両親に持つ学校の子どもたちを教える教師たちには、選択の余地がないということにもうなずけます。すなわち、そこでは学級崩壊を防ぐため、教室の秩序を保つのに多くの時間を費やさなければならないので、教えることに時間をかけられなくなるのです。たとえば、教師が来ると生徒が教室から出ていってしまう例もあります。そのような学校における授業展開について、ある研究報告では、教師が授業時間の七十五パーセントをも生徒を静かに座らせて教室の秩序を保つこと、あるいは保とうとすることに費やし、残りのわずか二十五パーセントを実際の授業にあてていると述べています。

問題は、いうまでもなく、なぜそのように多くの時間を生徒を静かに座らせて教室の秩序を保つために使わなければならないのかということにあります。確かに一つの理由として、アメリカの大都市の貧民街の病状が、学校の中にまで漏れ出していることがあげられるでしょう。暴力をくいとめ、何人かの生徒たちが彼らより年少で力の弱い子どもたちから金を強奪するのをやめさせ、麻薬を服用したり売買するのを監視するため、学級崩壊を防ぐため、またその他もろもろのため、教師は見張っていなければならないのです。

しかし、ほとんどの場合、特に学校では、教師が授業に集中できず、正常な教室運営ができないのは、生徒のもっと小さなありふれた問題行動が理由です。すなわち、静かにしていなければならないときにしゃべるとか、きちんと座っていなければならないときに教室の中を動き回るとか、教師が一生懸命教えているとき、他の子どもが発表しているときや注意して聴いていなければならないときに、教室の中で生徒たちがうわの空であるなどというものです。

資料②

東京福祉大学への私立学校等経常費補助金不交付決定に対する意見書（令和五年四月一日）

愛知県犬山市大字羽黒字向浦六一番地一八
犬山法律事務所
憲法学者　弁護士　松本　昌悦
TEL　〇五六八―六五―二六六二
FAX　〇五六八―六五―二六六三
元中京大学法学部・大学院教授
元鹿児島大学大学院兼担教授

文部科学大臣
永岡　桂子　殿

私立学校等経常費補助金の趣旨乃至目的は、大学経営者であれば、大学の教育環境整備を図り、継続的な維持管理を行うための補助であり、大学在学生にとっては、より充実した学習研究環境の享受を得ることであります。さらに、具体的には、大学経営者は、大学の施設整備や学生の管理や人事については大学の自治権（憲法二三条）が認められております。私立学校等経常費補助金は、国が大学経営者に、この様な膨大な費用負担の一部を、経常費一部負担することとして、補助する制度として、毎年度実施されているものとして一般には理解されております。

東京福祉大学・大学院を運営する学校法人茶屋四郎次郎記念学園（以下「本法人」と言います。）の令和四年度私立学校等経常費補助金が、「改善努力を十分に行っているとは認められない」との理由で、昨年に続いて全額不交付と決定されました。この決定を行ったのは、文部科学省所管の「日本私立学校振興・共済事業団」（私学事業団）でありますが、誠に残念ですが私学事業団のこの不交付の判断は間違っており、大学運営を危うくする憲法違反であります。その理由ですが、本法人は、新理事会で過去に決定された旧改善計画をすべて否定しており、外国人留学生の問題も含めて、着実に改善計画を進めてきたものであります。

本法人の日々努力の成果として、東京福祉大学・大学院の直近の成果として、二〇二二年度卒業生は、公務員一次試験合格者は、一一九名であり、教員試験一次試験合格者は、一四七名、社会福祉士国家試験合格者は、四一九名であった。その他の国家試験合格者は、数百名におよびました。このことは、本法人および大学・大学院の理事、教職員の一丸となった真摯な努力の成果と言わざるを得ません。

日本国憲法第九九条では、「憲法尊重擁護の義務」が置かれており、「この憲法を尊重し、擁護する義務を負ふ。」と言う文言が置かれております。この文言の主体は、公務員であります。本条は、憲法第十一章の補則を除いて、最終条文です。つまりは、日本国民が、全ての基本的人権の享受主体（憲法前文）でありますが、すべての人権条項を公務員は、遵守しなければならない義務が課せられているわけです。本件の補助金の交付は、大学経営の任務を国家は法人に全面的に委ねているわけです。

そのことの趣旨は、国は本法人の大学経営にあたって、その教育研究環境をより確実に維持するために補助金交付を実行し、続行する責務を負っていると考えます。

以上の理由から、本法人の東京福祉大学・大学院の運営成果をご理解いただき、今後も更に成果の続行を果たす目的からも、文部科学省、私学事業団におかれましては、東京福祉大学・大学院の経常費補助金の全額交付を決定存続することを祈念申し上げるものであります。

第Ⅲ章　日本人の知らないアメリカの教育の特色

アメリカでは人生につまずいても大学教授になれる道がある

私の二十数年来の旧友で、カリフォルニア州立大学教授のジョン・A・マッキンストリー博士（はくし）はイギリスのスコットランド系のアメリカ人で、高校卒業後、東部のオハイオ州から、プロ野球選手になるため裸（はだか）一貫で西部のロスアンゼルスに出てきました。けれども、肩（かた）を痛めて選手生命（せんしゅせいめい）を失い、失意（しつい）のどん底でしたが、そこから立ち直り、当時、授業料がただで、無試験で誰でも入学できたカリフォルニア州立のジュニアカレッジ（短大）へ入る決心をしました。ガソリンスタンドやレストラン等でアルバイトをしながら大変な苦労をして、その短大で全部Aという良い成績をとり、それでカリフォルニア州立で最もランクの高いＵＣＬＡ（カリフォルニア州立大学ロスアンゼルス校）の三年次へ編入学（へんにゅうがく）したのです。最初の頃の一番の苦労は、大学の教科書を何回読んでも、なかなか文章の意味を理解できなかったことと、レポートが満足に書けなかったことだそうです。そこでも、苦労に苦労を重ねて彼は各科目とも優秀な成績をとり続け、ＵＣＬＡの大学院修士課程に進学することができました。しかし、大学ではトップクラスで成績が良かった彼も、他大学から優秀な学生の集まる修士課程の基準では不十分な成績しかとれなかったらしく、自信もなくしたようで、ＵＣＬＡは退学して、私立なので州立と違って学生の面倒をよくみる、南カリフォルニア大学（ＵＳＣ）の修士課程に再入学したのです。そこでも奨学金をもらうために他のアメリカ人がとらない日本語を第二外国語として履修するなど、良い成績を保持するためたいへん苦労をしたそうです。

アメリカでは、より良い生活をするには専門家になることが重要なことで、それにはより高い学位が必要です。そのため、彼は、そこで歯をくいしばって努力を続け、修士をとり、さらに社会学（アジア研究）の博士号まで取得したのです。そのことによって、彼は、第一の人生で目指した野球選手にはなりそこなったものの、第二の人生で大学教授になることができ、知的にはもちろん上流階級であり、経済的にも中流の上ぐらいの生活を手に入れることができました。アメリカのカリフォルニアでは中の上ぐらいですが日本人の目には豪邸とも見える、海の見える豪華で美しい家に家族四人で住んでいます。今では、家を二軒持ち、一軒は貸して家賃収入も得ているそうです。

日本流に考えてみれば、たとえば、高卒後、誰でも入れる専門学校を出て、早稲田大学の三年次に編入学ができて、その後大学を卒業して、早稲田の大学院の修士課程に入ったようなものです。そして、そこでは早稲田レベルの大学院の良い成績が十分にとれなかったため、他の大学院の修士課程に入り直して、奨学金とアルバイトで生活費をまかない、がんばりとおして博士号まで取得し、現在では県立大学の正教授をやっているような感覚でしょうか。

これは、アメリカの豊かな自由競争社会だからこそ実現できることです。アメリカでは常にそれぞれの道の過程に、アメリカの授業のシラバスと同じように、努力目標、その達成方法等の基準が確立されており、絶えず競争原理が働き、努力すればチャンスが得られ、成功に結びつくシステムに、いつでも参加でき、そうしたシステムは人生のどの段階ででも用意されているのです。それと同時に、努力して小さな成功をし続け、その成功を重ねて、大きく確かなものにしていかなければ、いつでも転落する社会システムになっていることも事実です。

日本の社会では、このように努力をしたら成功し報われるという機会が制限されており、男女差別や偏見があり、加えて、他人の成功をねたんで、いわゆる足を引っぱる人がたくさんみられ、努力をする者が必ずしも報われない社会であることは、みなさんがよくご承知でしょう。

日本では、一度大学へ入学してしまえば、教授は良い成績を簡単にくれるため、学生の能力を判定するのに成績表は信用できません。日本では、大学や大学院に合格すれば、授業中の学習活動や試験で学生を厳格に評価して、基準に達しなければ落第させるというシステムがありません。仮にシステムはあったとしても、現実の日本の大学では、このようなシステムは十分に機能していないのです。授業にきちんと出席させて参加させ、毎回の授業で学力を伸ばしていくという、厳格で体系的な教育訓練システムがないから、学生は入学してから努力もしないし、学力も伸びないのです。

ＵＣＬＡ（カリフォルニア州立大学ロスアンゼルス校）では、一年生から入学しても、毎日の授業についていけずに落第する人がいます。その一方で、誰でも入れる州立の短大を優秀な成績で卒業してから、カリフォルニア州立大学で最もレベルの高いＵＣＬＡの三年に編入学して卒業する人がいます。つまり、ここでは、競争による知的なグループの再編成、つまり知的な階級の入れ換えが起こっているわけです。

ところで、アメリカでは、三年次編入学のための筆記試験はなく、自分が通う短大等での毎日の授業などによる成績評価で、その学生の能力を判断します。つまり、毎日の授業そのものが入学試験と同じで、編入学を判断する基準になっており、カリフォルニア州立大学では、最初の二年間の教養課程が、大学生としての学問の適性をみる日本の大学入学試験日の一日と同じであると理解してほしいと、マッキンストリー博士は言っております。だから、学生も教授も責任が重く、毎日が緊張の連続なのです。毎日の授業が入学試験と同じなのですから、一回の入試よりもより正確に学生の基本的な学力、能力を判定できるわけです。

日本でもそのようにすれば、教育機関としての大学の教育内容がもっと信頼されるようになるのではないでしょうか。

早稲田大学でも東大でも、厳格な基準に基づき、十分な努力をせずに成績が悪い学生は落第させて、どんどん短大や専門学校から逆に優秀な編入学者を受け入れたらよいのです。

近年は、日本では十八歳人口の減少に伴い、短大・大学の学部や学科によっては定員割れを起こし始めています。聞くところによると、一般的に大学の編入学は、定員に対して編入学希望者が集まらず、一部の大学を除いて大変入りやすくなっているようです。しかし、短大を卒業し、勉強して試験を受け四年制大学に編入学するには、やはり大変な努力が必要です。そして、他の学生と肩を並べて卒業すれば、かなり能力があるのではと期待するのが普通です。しかしながら、残念なことに、彼らを私の学校の職員として採用してみると、日本の大学の場合、一年から入った学生と、短大を出て同じ大学の三年に編入学した学生が卒業した時に、短大から編入学した学生の能力が他の一般学生より質が低いという場合も多く見受けられます。それは、せっかく本人が努力して四年制の大学に編入学したのに、本来、学生の能力を伸ばす教育機関であるべきはずの大学が、その機能を発揮せず、学生の能力は短大卒業時と同じでそのままだったということではないでしょうか。これは教育システムが悪いからで、つまり、このように日本には学生を鍛えて学力を伸ばし、成功できるチャンスを与える教育システムが体系的に確立されていないのです。アメリカでは毎日の授業で鍛えて、一科目終了した三か月後には、はっきりとこういう学力が伸びたと証明できなければ、その責任は学生や教授のみにあるのではなく、経営主体である大学にもあるので、大学が信用をなくし、学生募集が難しくなるのです。ですから、どの大学もそのレベルにあわせて、同じレベルにある大学間で生き残りの競争が激しいのです。

マッキンストリー博士は現在七十五歳を超えていますが、自分はこれからも大学教授として働き続けるのだと先日言っておられました。アメリカでは年齢による定年制度がなくなったそうです。それはアメリカという国が、性別・人種・年齢等による差別が許されない国で、当然、高齢者への差別につながる定年制はいけないということなのです。

しかし、それはただ単にずっとそのまま働けるということではありません。カリフォルニア州の大学の場合、通常、三年ごとに一回、州から大学に審査員がきて、大学教授の授業で学生を教える能力なども含め、厳しいチェックが行なわれています。が、その教授が七十歳を超えると、その審査が一年ごとに行われるように変わります。これは人間七十歳を超えれば体力も衰えるので、大学教授としての基準を満たす授業が行えるかどうか、細かく審査することがさらに厳しく必要になるからです。当然、基準を満たさなければ教授の職は失います。もちろん基準をクリアしていれば続けられるわけです。ですから、中にはその審査がいやになったり、自ら衰えを感じて辞める人もでてくるそうです。

日本は、今まで、十代、二十代で良いと言われる大学へ行かなかったら、もう取り返しのつかない社会でした。自分の最終学歴の学校名で、就職する会社もおのずと決まってくるし、また、一度就職したら年功序列で、よほどのことがない限り、給料も上がっていきました。これは日本の社会が未成熟な社会であるため、型にはまった人生しか選べなかったからです。

アメリカを例にとれば、高卒の人が何歳になっても、大学に行って卒業すれば、次のもっと高いランクの仕事を得る資格が得られます。また、大学教授のように一度博士の学位をとり資格を得て教授の地位についても、必ず繰り返し能力が試され、基準を満たしたうえにさらに成功して業績をあげ続けなければ、競争社会に生き残れずに、すぐに職を失ってしまいます。給料は、その基準より良ければ上がり、悪ければ下がってしまいます。日本のように、年功とともにずっと上がり続けるということはありません。アメリカ社会は、常にベストを要求し、いつでもベストの人材をベストの位置へ配置するのです。アメリカ社会は成熟して良くなっており、最も優秀な人材がトップに異動できるから、組織全体が機能的になり全体的に利益率が上がり、底辺の労働者まで含めて給料が上がり、社会全体が豊かになるのです。

これからは、日本の社会も変化させ、システムを整備することが急務です。まず、自分のできる無理のない可能なレベルで教育を受け、また、いつでも思いたったら次のレベルへ挑戦できるチャンスが得られる、開かれた成熟した社会でありたいのです。それには、それが正しい社会なのだということが、国民の意識のなかで定着される、従来とは異なった国民意識の変化が必要なのかもしれません。

アメリカでは大学の認可も再チェックされる

問い：アメリカの大学についても、日本の大学と同じような「認可」制度があるのでしょうか。

答え：

大学の認可について考える前に、日米比較という意味で、次のことを考えてみましょう。日本でもアメリカでも、医師や弁護士として、開業するためには一定の資格が必要です。では、日米でどこが違うかと言うと、日本では、これらの資格は一度試験に合格すれば一生有効ですが、アメリカではそうではない、ということです。日本でも、医師や弁護士の資格を取ることはむずかしく、試験に受かるのも大変ですが、いったん資格を取得してしまえば、その資格は一生有効な死ぬまでの「永遠の資格」になります。資格を取得するまでは勉強が必要ですが、いったん資格を取って開業してしまえば、一生安泰です。あとは専門家としての勉強を継続しようとするまいと、その専門の技術や能力を向上させてもさせなくても、いっさい影響がありません。資格取得後の

「チェック機能」がないのです。国立大学の先生になる場合も、いったんどこかの大学の助手におさまってしまえば、あとは定年まで「クビ」になる心配はなく、年功序列によって、教授か、少なくとも助教授まで一歩一歩上がっていくことができるのです。「もっと勉強して教員としての質やレベルを上げるように」などとは、誰も口出しができません。

一方、アメリカの場合は、資格取得後も三年おきぐらいに、その人が自分の持つ資格に見合った能力を維持しているかどうか、非常に厳しいチェックが行われています。人々は、資格にふさわしい能力を維持するために、勉強会や学会にも行きますし、大学院の単位も取得します。

たとえば、医者の場合ですが、アメリカでは、医者同士が互いにチェックし合います。良い医療を提供できるだけの技術や知識を持っているかどうか、医師としてのレベルを維持しているかどうかチェックするのです。医師という職業は、単に医学の専門的技術や知識を持っているだけでは足りません。目の前の患者が抱えている問題点や悩みを的確に迅速に把握し、患者と対話しつつ相互理解を深め、問題を発見し、解決していく能力、患者の抱えている悩みを自身も一体となって感じとる能力も必要とされます。これらの能力が不足している医者には再教育が行われます。そして、能力が足りず、再教育しても無理だと思われる問題のある医者の場合、医師免許が取り消しになることもあります。このような方法を相互批評と言います。医者というのは、人命を左右する責任の重い仕事です。また、医者の専門的能力の判定というのは、同じ医者仲間にしかできません。それで、医療の質を確保し、社会からの信頼を得るために、日本のように同業者同士でかばいあうのではなく、チェックしあう相互批評システムが重要になってくるのです。看護師も同様で、人命を預かる専門職には、このような相互チェックシステムが適用されるべきだと思います。

今言ったような相互チェックシステムは、アメリカの大学や大学院間でも同様に機能しています。アメリカでは、すでに認可された大学であっても、大学としての必要条件を満たしているかどうか、大学同士でお互いにチェックし合います。認可を受けた後も、その大学が認可の基準を満たしているかどうか、三年なら三年ごとにチェックしあうのです。

私がフォーダム大学教育学大学院に留学していたときもそうでした。他大学から選ばれた評価チームが来て、在籍する学生の能力、使用している教材、そして教え方に至るまで、大学の全てのシステムをチェックしていました。認可の基準を下回っていれば、その大学は認可取り消しになるというケースもあります。認可取り消しとまで行かなくとも、指導改善が行われます。ちょうど学生の教授評価と同じで、詳しく、厳しく行われます。

ですから、教授は絶えず教育効果を上げ、かつ研究業績をあげ続けなければなりません。教授が自分の学問分野の専門誌に論文を発表する際にも、論文がその専門誌の要求するレベルに合ったものかどうか、他大学の教授がレフェリー（審判）として判定し、その判定をパスした論文しか掲載されません。その際、同じ大学の教授がレフェリーになることはありません。これは私情を交えず、公正に判断するためです。教授の教え方や研究業績は外部の人が判定し、大学そのものについても、外部のチームが判定するということもあって、アメリカでは大学間の競争、教授間の競争も、日本とは比べものにならないほど激しいのです。だから国際的に認められる良い大学院も多くあるのです。アメリカのベスト百番くらいの大学は日本のどの大学よりも優れた大学だと世界的には評価されております。

アメリカの大学の多様性

問い：私が卒業した日本の大学では、教員と学生のつながりは非常に希薄でしたが、アメリカの大学ではそのようなことはないのでしょうか。

答え：

それは、大学によって異なります。アメリカでも、大規模な州立大学・市立大学などでは、日本の大学と同様に、学生と教員との関わり合いが希薄なところもあります。ただ、理解していただきたいのは、アメリカには、日本のような文部科学省主導による全国均一でワンパターンの大学システムはない、ということです。日本の大学は、今までは校名と住所が違うだけで入学してしまえば中味はどこでも似たり寄ったりであるのに対し、アメリカでは各大学は、それぞれの大学独自の特色を打ち出しています。

アメリカには、「良い教育をする」大学、「研究面で優れた」大学、「普通の教育をする」大学、「落ちこぼれた学生を引き受けている」大学、特定の分野にだけ強い大学、さらには大学院だけの大学、夜間や週末だけが強い大学、というように、さまざまな特色を持った、いろいろな種類の大学があります。日本の場合は、従来は文部科学省の指導のもとで、大学も基本的に全国一律にパターン化されており、大学の価値というのも、入試の際の偏差値だけで判断されてきました。ですから、研究体制や教え方などは問題になりませんでした。アメリカではそれぞれの大学に個性や特色があり、先に言ったように、それぞれの大学が大学としての要件を満たしているか三年ごとぐらいに定期的に訪問調査が行われますし、いろいろな点で、日本の大学とは大きく異なって、基準を保つために工夫がなされていると言えるでしょう。

教室で黙っていてはいけない

問い：私の通っていた日本の大学では、授業中に教授と対話するという機会がほとんどなかったのですが……。

答え：

アメリカの大学・大学院というのは、それと全く逆です。学生は、教室で黙っていてはいけません。その授業の内容について深く掘り下げて知るため、何か発言しなければならないということが、日本の大学と違う大きな特徴だと言えるでしょう。教授やクラスメートから何か一言質問されたら、それに答えるため五分でも十分でも続けて理論的に話ができるようでなければなりません。

日本の教育関係者の中には「学生が少数精鋭でなければ、いい授業はできない」、という人もいます。その意見にも一理あるのですが、極端な場合、学生と教員が一対一で授業をしたらどうなるでしょう。他の学生の異なった意見や考え方を知ることは全くできません。私は、多くの異なった意見を聞くには、学生の数があまり少ないのはかえって良くないと考えます。アメリカの良い大学の授業というものは、学生と学生との、そして、教授と学生との「対話方式」で行われています。

私は以前、自分の経営する学校で、特別授業として、大教室で三百人の学生を相手に教えたことがあります。たくさんの学生たちの間を回り、学生に当てて立たせて意見を発表させながらの授業を行ったのですが、大変有意義な授業でした。学生の数が多いから授業効果が上がらないとは言えません。繰り返しになりますが、良い教育というのは、先生が一方的にしゃべるのではなく、学生が自分の考えを、留学生も含めて皆の前で披露し、それを他の学生たちが聞く。それが勉強になるのです。

ただ、単に授業に毎回出席する、ノートをとる、という受動的学習ではなく、能動的学習が大切です。日本では、明治以来、講義形式の受動的学習が「勉強」だと思われてきました。これは、一定レベルの知識を効率的に伝達するのには適していましたが、それでは目の前にある現実の問題を適切に捉えて対処し、解決することはできません。自ら積極的に問題点を捉えて、分析し、他の人の異なった意見を聞き、また別の問題点を発見して解決し、適切な判断を下せるような問題探求能力を養成することが肝心です。これは、どのような分野の専門職にも当てはまります。たとえば、社会福祉士、介護福祉士等のような福祉の専門家の場合、利用者やその家族と対話しながら、個人個人の抱える問題点、福祉ニーズ等を的確に把握し、利用可能な福祉サービスや制度などの社会資源を活用して、問題を解決していくということが仕事です。「対話」がなければ、福祉の専門職はつとまりません。そういう専門職を育てるには、双方向型の能動的学習が必要です。

上から下への一方的な知識の伝達ではなく、教授と学生が、あるいは学生同士が、相互に討論をする、情報が双方向に行き交うことが大切なのです。

ですから、大学の教室の中は学生の質が均一であってはなりません。違った意見を聞くためには、いろいろな異なった考えやバックグラウンドを持った学生を入学させるのが良いのです。たとえば、アメリカの大学ならば、アメリカ人の学生だけを入学させるのではなく、アジア、アフリカ、南米など、さまざまな国や地域から学生を迎えることです。また、アメリカ国内でも、東海岸なら東海岸だけとか一定地域に偏(かたよ)ることなく、さまざまな地域から来た、さまざまな年齢、民族の学生が在籍していることが望ましいのです。また、単に学問の面で優れた学生ばかりでなく、いろいろな特色を持った学生を入学させることです。

ただ、さまざまな個性を持った学生を迎え入れるとはいっても、共通する条件があります。それは、「授業中は教師の指示どおりに、授業のテーマに沿(そ)って、よくしゃべる学生でなければならない」ということです。「しゃべる」というのは、親しい友だち同士の間だけで私語を交わすのではなく、教室の全員に聞こえるような大きな声で話をするのです。つまり、「対話する」ということです。「どう思う?」と問いかけ、問われた者は必ず答えなければなりません。答えなくては、大学での成績も上がっていきません。

アメリカの大学では、アジア系だろうが、アフリカ系だろうが、国籍を問わず、たとえ下手な英語であっても、とにかく話して自己主張(じこしゅちょう)します。それが、学生に望(のぞ)まれる態度だ、"Participation"(＝「参加」)が大事だ、ということです。これはシラバスにも明記(めいき)されています。私はもともと恥ずかしがり屋でしたが、このようにアメリカの大学の教室で話す訓練をしたことにより、人の前で話すことがうまくできるようになりました。

質問されたら答えなければいけない、と言いましたが、その答えというのは、何をどのような根拠に基づいて述べようと、学生の自由です。日本人であれば、「私は日本人だから」という立場に基づいて答えれば良いのです。私がフォーダム大学に留学していたときもそうでした。私は東洋人ですから、アメリカ人の立場は本当の意味では分かりません。あくまでも、東洋人、日本人としての立場で自分の意見を述べます。一方、アメリカ人は、アメリカ人としての立場で答えます。その「アメリカ人としての立場」さえも、各人によって異なります。こうすることによって、アメリカ人は日本人の考えていることを学ぶことができますし、日本人はアメリカ人のことを理解することができます。これは、教授、学生のどちらにとっても、互いに大きなメリットだと言えるでしょう。教授も学生から学ぶことに価値があるのです。

フォーダム大学は上智(じょうち)大学と同じ、ローマカトリックのイエズス会系の学校ですから、アジアから来た学生は少数です。私が留学していたときは、教育学の大学院では私が唯一の日本人留学生でした。ですから、フォーダムの教授や学生たちにとっては、私を通してアジアや日本のことを聞ける、他の学生とは異なった意見を聞ける、というメリットがあったわけです。

アメリカにもある大教室での講義

問い：私は、アメリカの大学の仕組みについては、よく分からないのですが、たとえば、学生数何人に対して教員が何人とか、そういう決まりはあるのでしょうか。

答え：
　決まりが全くないわけではありませんが、アメリカの大学では、大学の学生数に対する教員の人数ということについては、少なくとも、日本の文部科学省が設けているような全国一律の基準はありません。学校によって、また科目や教授の人気度によっても違うようです。

問い：アメリカの大学でも、日本の大学のような、大教室に先生が一人ポツンといて、一方通行式の講義をやっている、ということはあるのでしょうか。

答え：
　日本の大学では、特にマンモス大学と呼ばれるような大学において、大教室での一方通行型の、分かりにくい講義が多いと言われますが、アメリカの大学においてもそのような講義はあります。ハーバード大学教育学大学院の修士課程では、比較的そのような一方通行の講義が多かったのですが、日本と異なるのは、学生が皆しっかり講義を聞いているということでしょう。科目レポートなどの評価が厳格なので、学生たちの姿勢も真剣です。
　もうひとつ、日本の大学と違うのは、科目レポートに教授の言った説をそのまま書いてはいけない、ということです。教授が授業中に言ったことは、あくまでひとつの意見に過ぎず、それをそのままレポートに書き写したのでは「零点（れいてん）」です。教授の講義の内容を多少参考にしつつ他の文献を読み、自分の意見や教授の意見を少しずつとり入れて書けば、良い点のとれるレポートになります。
　ハーバード大学の学部では、実際に教室で学部の学生に教えるのは、大部分が大学院博士課程の学生であるティーチング・アシスタントです。ティーチング・アシスタントが教えている間、教授は自分の専門的研究に没頭していて、直接学生に教えることは週一回ぐらいしかありません。ハーバードの教授は十人のうち、八人ぐらいが、二、三年教えただけで「研究業績不足」という理由で「クビ」になってしまいます。ですから、授業よりも研究に没頭せざるをえないのです。ただし、いったんハーバードをクビになっても、他の大学へ移って、そこで世界的な研究業績をあげれば、再びハーバードに教授としていつでも迎えられる可能性もあります。

アメリカと日本の大学入試の違い

問い：アメリカと日本の大学入試の違いについて教えてください。

答え：

日本の大学では、ペーパーテストで一点でも点数が不足すれば、入学試験は不合格になってしまいます。なぜなら、点数不足の人を入学させることは、不正行為と見なされるからです。

しかし、アメリカでは点数不足の人を入学させてもいいのです。つまり、ペーパーテストの点数もひとつの基準ですけれども、それだけではなくて、いろいろな基準があるわけです。入学試験の選考基準の中でどれかひとつの基準、たとえば、ペーパーテストの点数が低い場合であっても、大学側が他の要素を考慮して、その人を入学させたいと思ったら合格になるのです。入学選考の基準が、偏差値だけではないのがアメリカの大学なのです。

問い：では、偏差値が低くても、何か傑出した能力があれば、合格できるのですね。

答え：

いいえ、必ずしも「傑出」した人物でなければ、ということはありません。たとえば、私自身は、アメリカに留学する前は、全然傑出した人物ではありませんでした。ただ、先ほども申し上げたように、フォーダム大学教育学大学院にとっては、アジア人の専門学校を経営している学生は珍しいから、入学させれば大学と学生にメリットがあると考えて入れたのでしょう。要するに、合格にするための決まった基準というものはないのです。全くないわけではないのですが、少なくとも、日本の偏差値のような一律の基準はありません。

たとえば、私を含めて十人の受験生がいて、そのうち三人だけ合格させるとしましょう。つまり、七人を落とさなければならないわけです。このとき、私よりも成績優秀なアメリカ人が七人いたとしても、彼らを落として私を合格させる、ということがアメリカの大学ではあり得るのです。なぜか。それは、私が日本人だからです。日本人を、それも専門学校の校長をしている日本人を入学させる、ということに意味があるのです。それは、日本人の学校経営者を迎え入れることによって、日本の教育事情がクラスの皆に分かり、授業を豊かにして、互いにより多くのことが学べるようになるからです。

大学が、そういう人間を入学させることに価値があると思えば入れるし、価値がないと思えば入れないのです。また、学生の方も、ひとつの大学にだけこだわるということはありません。

教授は、いろいろ異なった意見を学生から聞いてみたいと考えます。学生も、教室以外の場においても、国籍や立場の違う学生から異なった考え方を学ぶことができます。だから、いろいろな民族、いろいろな考え方の人を入学させるのです。異なった考えの人がクラスに存在するのは、とても良いことです。ただし、いくら「いろいろな人を入れる」と言っても、読み書きができる、本を読んでレポートが書ける、といったことについてはきちんとトレーニングを受け、基準を満たしている必要があります。暗記力はあまり重視しません。

ハーバード大学では、入学許可を出す際に、教授も入学許可の委員会のメンバーに入ります。教授のみならず、事務職員も、そして在校生代表も入学の審査に加わって意見を述べます。それは、ペーパーテスト以外の判断要素をとり入れることで、ハーバードをバラエティに富んだ大学にするためなのです。ハーバードでは、ペーパーテストで一番、二番をとった人を入学させた後で、三番目を落とし、次は八番目をとるかもしれないし、十番目をとることもあり得ます。日本だったら、このようなことは不公平だとされてしまうでしょう。

一芸推薦入試

問い：今のお話からすると、かつて話題になった、タレントの広末涼子さんが、一芸推薦入試で早稲田大学教育学部に入学したということはどうでしょう。だいぶ賛否両論あったようですが……。

答え：

賛否両論あるのは結構なことですが、広末さんを一芸推薦入試で入学させたのを、不公平だとか言うのは、まだ日本人の入試に関する考え方が古いからですね。アメリカの大学では始終行われていることです。広末さんを入学させたことは早稲田大学にとっては大変メリットのある、良いことです。おそらく、ハーバードでもフォーダムでも同じことをするでしょう。（注：広末涼子さんはその後早稲田大学を中退しました。）

問い：しかし、亜細亜大学に入った女優の松たか子さんは休学して芸能活動に専念していて、大学では全く勉強していないそうですが……。

答え：

日本の芸能人の中には、大学に入学しても、全く授業に参加せず、休学してしまう人もいます。日本の大学ではこのように、いったん入学させてしまえば、芸能人としての仕事が忙しいからと大学を休むことも許容（きょよう）されてしまいます。しかし、アメリカではこれは絶対に許されないことです。一芸推薦入試であろうと何入試であろうと、いったん大学に入ったからには、「勉強して賢（かしこ）くならねばならない」という学校のルールに従うべし、何が何でも全クラスに必ず出席し勉強し、学力が向上したことを示すべし、と言うのがアメリカの大学です。全ての科目の教授は、学生がいったん自分の科目を履修するために教室に入ったら、強制的にでも勉強させるのが教育だという考え方です。なぜかといえば、本人は、自分で選んで、好きで大学に入ったのですから、これは学生が大学と自ら進んで「契約」したということです。大学案内を見てもシラバスを見ても、あなたは入学した以上、こういうことをしなければならない、こういうことをしたら落第ですよ、という契約条件（けいやくじょうけん）がはっきり示されていますし、学生はその契約条件を満たし守らなければならないのです。

問い：アメリカの大学教授は、「不可」をどんどん出すということですが、あまり「不可」の学生が多いと、教授の指導能力や教育体制などの問題になりませんか。

答え：

日本の大学では成績評価が甘く、「不可」の判定を受ける学生はあまりいないようですが、アメリカの場合だと、「不可」をとる学生は授業料の安い州立大学や市立大学に多いようです。授業料の高い私立大学の学生たちは、成績が不可になることのないよう、自分で自分をコントロールして努力します。また、勉強について、教授が学生にアドバイスする制度も良く整っています。一方、州立大学や市立大学の場合、ほとんどの人が入学できますし、また授業料も安いが基礎学力に欠けた学生がたくさん入学してきており、学習意欲も欠如している傾向にあるようです。

アメリカの大学では、〝requirements〟（卒業の必要条件）はこれこれであるということが、シラバスに明記されていますし、その条件を満たさない学生は、絶対に落とします。授業中には、理解させるために学生を当てますし、教授と対話させて、授業に参加させて能力を開発していきます。いくらペーパーの点数が良くても、授業中発言しないで黙っている学生は点数が下がります。発言しなければいけない、とはっきり科目履修案内その他に書いてあるんです。

ところが、日本では、大学に「入る」ということに最大の価値が置かれており、入学した後は、大学に来なくても、授業を聞いていようといまいと同じなのです。アメリカでは、入学した以上は、一流のスポーツ選手でも有名歌手でも有名女優でも、授業にきちんと全部出て、良い成績をとらなければなりませんし、そうしない限りは卒業させません。

アメリカでも、スポーツなどの一芸に秀でて大学に進学する人はたくさんいますが、その中で本当にスポーツで名をあげ、大学を有名にする人は「百人に一人」と言われています。結局のところスポーツもだめ、勉強もだめだったという人がかなりの数います。

有名大学に入るには入ったが、勉強ができなくて落とされてしまった人は、もう一度、格の低い大学に行くより他に方法がありません。もちろん、格の低い大学では、卒業証書の世間的な価値もそれだけ下がってしまうのですが。

良い大学とは

問い：アメリカの大学が、日本の大学のようにワンパターンではなくて、それぞれ個性を持っている、ということは分かりましたが、では、アメリカで「良い大学」というのは、どういう大学なのでしょうか。

答え：

アメリカで良い大学、つまり、教育効果の高い大学というのは、ほとんどの場合、同時に授業料の高い大学、つまり私立学校であると言えます。授業料が安い大学は内容もいまひとつの大学だと言ってよいでしょう。

経済的にゆとりがなくて、授業料の高い大学に行けない人の場合はどうするかと言うと、最初はまずジュニア・カレッジ（短期大学）に進学します。そして、そこで優秀な成績を修め、それから四年制の大きな州立大学の三年生に編入学します。そして、そこでもまた優秀な成績をあげて、その後は、スカラシップ（奨学金）で学費を無料にしてもらって、私立の良い大学院に入学し、修士や博士をとることができます。ただし、今話した例は、お金はないけれどもよく努力をする「天才的に優秀な学生」のケースです。

ハーバード大学は学費が高いのですが、その授業料の何パーセントかは、「お金はないけれど天才的に優秀な」学生のための奨学金として、充当されます。国家が支給する奨学金というのもありますが、大学側も、お金持ちの子女からとった授業料の一部を、「貧しいけれども能力のある優秀な学生」の費用に当てるのです。そういう天才的に優秀な学生がハーバードの肩書きを背負って実社会で活躍し、そしてハーバードの名をますます高めていくのです。

では、天才的に優秀ではなく、中途半端に優秀な人の場合はどうするか。そういう人の場合は、州立大学の大学院に進学します。ただし、州立大学というのは、裕福ではない一般大衆向けのものなので、専門家を養成するための大学院の定員がとても少なく、入学も困難ですし、教授から親身の指導を受けて能力を伸ばすことも困難で、良い博士論文を書いて卒業することも難しいのです。

アメリカ東部の、私立の大学院の場合は、学部と同じくらい定員も多いのですが、その中でトップにならなければスカラシップ（奨学金）をもらうことはできません。結局、お金はないが天才的に優秀な人がスカラシップ（奨学金）をもらうか、または、お金のある人が高い授業料を支払わなければ良い教育が受けられないのが、アメリカという国の特色なのです。

アメリカという国は、良い大学を卒業し、修士や、有名大学の博士等の高い学位を取得すれば、その人にはそれに見合った能力が備わり、そして、それに見合ったより高い給料が支払われるというシステムになっています。アメリカの場合、専門家としての学位、つまり、修士さらには博士を取得していないと、人生において致命的に不利になります。一方、どの年齢になっても、中年になってからでも、自分でこつこつと努力して、博士の学位をとるか、医師や弁護士になれれば、誰もが金持ちになる可能性のある国だと言えます。その点は、ヨーロッパとは異なっています。

アメリカの大学とヨーロッパの大学の相違点

問い：「ヨーロッパと異なる」と言いますと……。

答え：

ヨーロッパでは、たとえ一生懸命努力したとしても、長い歴史と厳格な階級制度が存在するため、おのずと限界があるのです。このような身分制度が残っているという点においては、日本よりも古い体質だと言えるでしょう。封建的な身分格差がはっきりしているため、農民の子は農民、運転手の子は運転手、そしてドアマンの子はドアマンのままで、頑張(がんば)ったから職業的地位が上がっていくということは、あまりありません。

たとえば、有名なパリ大学ソルボンヌ大学でさえも非常に閉鎖的であり、一般庶民は入学することができません。そのためにヨーロッパでは、アメリカに比較して大学を重視し、大学院のレベルが低くなってしまっています。大学院進学への門戸が広く開かれておらず、限られた人々にしかチャンスが与えられていないので、そのような現象が起きてしまうのです。

そのような階級制度を嫌って、ヨーロッパの人々はアメリカに移民していったのです。努力さえすれば恵まれる、金持ちは努力の結果だ、という思想がアメリカにはあります。

アメリカの大学は、ヨーロッパと異なって、非常にオープンです。学生は、広くどこからでも迎えます。優秀な学生に対しては、スカラシップ（奨学金）によって授業料を免除するのみならず、研究者には給料まで支給します。その学生が天才的な能力を持っていれば、どんなに貧しい家庭の出身であろうと、どんなバックグラウンドを持っていようと、偏見を持たずに入学させるのです。将来ノーベル賞をとってもらい、その大学をさらに有名にしていくためです。

学生の書いた論文も徹底指導

問い：私は日本の大学を卒業しましたが、自分が大学の先生に提出した論文で、コメントを添えて返却されたのは、卒業論文だけでした。他の一生懸命書いた論文は全て、「受けとって終わり」でした。この点、アメリカではどうなのでしょうか。

答え：

アメリカの有名私立大学の教授は、学生の書いた論文を徹底的に直します。

私がフォーダム大学教育学大学院で論文を書いていたときも、担当教授に何度も何度も書き直しを命じられました。教授が「ここの論理展開が悪い」と言うので直して持っていくと、今度はさっきとは別のところを指摘されて「ここがだめ」「あそこも悪い」と言われ、またまた書き直しです。そうやって何回も何回も書き直しをさせられると、さすがに腹が立ってきますが、留学生ですからそうも言えません。「はい、先生、分かりました」と言って、また直すわけです。そのうちに次第に教授の直しが入らなくなります。そこで、おそるおそる先生に聞きます。

「先生のご指導のとおり、全て毎回書き直しました。私の成績はどうなりますか」

そこで、“The first letter of the alphabet.”（アルファベットの最初の字だ）という答えが返ってくればしめたものです。すなわち、A判定が出たということになります。

何度書き直しを命ぜられようと、粘り強く論文に取り組んでいけば、良い成績へと結びつくのです。大学院の修士課程を修了するには、成績の平均値がBでなければなりません。博士課程ではB^{+}です。C判定ではいけません。私の場合は、何度も論文を書き直してやってきたので、成績はほとんどAでした。このような努力によって、私は書くことがとても上達しました。コメントをいただくときの教授の英語も、最初のうちはなかなか理解ができませんでしたが、次第に理解することができるようになりました。

アメリカの教授は、特にフォーダム大学のようなローマカトリックのイエズス会系の大学教授は、このように、学生を徹底的に鍛え、能力を伸ばし、レベルを引き上げようとするのです。学生が教授に出す論文だけでなく、教授が専門誌に投稿する論文も同じです。

友人のアメリカ人の教授からこのような話を聞きました。ある東大の教授が、アメリカの一流専門学術誌に、自分の研究論文を投稿しました。この専門誌のレフェリー（論文審査委員）をしていたある教授は、投稿された東大教授の論文を見て、「これは、掲載する価値がない」と判断し、却下しました。アメリカでは、提出した論文が、一度却下されたとしても、「どこが悪いか教えてくれ」と指示を仰ぎ、論文を書き直します。コメントをもらい、それに沿って訂正、そしてまた提出、という具合に、一度提出したものは、徹底的に何度も書き直しを行います。そして、やっとのことで掲載へとたどり着くことができるのです。

ところが、先ほどの東大教授の論文は、そのようなコメントさえなく、ただ単純に却下されました。つまり、書き直して向上させる余地もないほど、レベルの低い論文と見なされたのです。却下された東大の教授は、大変激怒し、論文は掲載されずじまいでした。日本でトップと言われる東大の教授でさえ、世界的レベルの学術論文の基準に合わせては書けなかったのです。

このように、何度も提出された論文にコメントを加え、内容を検証するような専門誌はレベルが高いですし、そこに掲載されるために必死で頑張ることには大きな価値があります。アメリカの専門学術誌の中には、一度論文が掲載されるやいなや、それまでは専門学校の教師に過ぎなかった人でも、明日からはハーバードの教授という地位に就くことができるほどの権威ある学術誌もあります。日本ではこのように、雑誌に一度論文が載っただけで、その人の研究者としての評価ががらりと変わるということは考えられません。

アメリカでは、論文を書くことだけではなく、授業の中で「話す」「対話する」ということもまた、成績評価の対象となります。人間は、一人ひとり価値観も、ものの見方も全く異なっています。ですから、一人ひとりの考えや意見も違うし、何がその人にとって正しいことであるのかもまた異なってくるのは当然です。ひとつの問題に対して、ただひとつの正解しかない、ということはありえません。たとえば、私が今、ここでこうしてお話ししている内容でさえ、これだけが本当に全て正しいことかどうかは分かりません。しかし、授業の中では自分自身が正しいと思う意見を、主張しなければなりません。教室を一歩出たら、いくら回りの人に主張しても、それは成績評価の対象にはなりません。授業という与えられた場所で最大限の努力をすることが、アメリカで「良い成績」をとる秘訣だと言えるでしょう。

アメリカのキリスト教思想

問い：私は、日本人というのは世界一勤勉な民族だと思っていましたが、お話をうかがっていると、アメリカ人の方がよほど勤勉に思えてきました。アメリカが世界一の大国であり続けることができるのは、アメリカ人が勤勉だからでしょうか。

答え：

たしかに、アメリカという国は、世界一豊かな国、金持ちの国だと言われています。では、アメリカはなぜ豊かな国になったのでしょうか。

アメリカの文化の基盤にあるのは何かと言うと、ヨーロッパの文化、つまりキリスト教の文化です。キリスト教の伝統的な考え方では、人間は、神のために奉仕しなければならない、そして、そのために勤勉でなければならない、とされています。奉仕するということは、すなわち「労働」を意味します。しかし、実際には頑張って労働したから、死ぬときに魂が救われるのかと言えば、その保証は全くありません。ですから、人はもっともっと労働し、その結果、お金がたまって富が築かれます。それを見て、神に正しく仕えることができたと満足することができます。働くことは正義であり、その結果お金が残ることは神の御心にかなうことだと考えられているからです。

このようなヨーロッパのキリスト教思想がアメリカに持ち込まれて、現在のアメリカ人のものの考え方にも影響を与えているのです。ヨーロッパからアメリカに自由を求めて移民してきた人々は、ヨーロッパ社会の根強い身分制度――「農民の子は農民、職人の子は職人、貴族の子は貴族」というような階級差――から逃れ、自由の天地を求めてやってきたわけですが、同時に「労働することによって魂が救われる」という思想はヨーロッパから受け継いでいるわけです。

ですから、キリスト教を信じるアメリカ人は一生懸命働きますし、働いた結果金持ちになることは、彼らにとって正義なのです。逆に働かないことは悪であり、そのような人は怠け者だと見なされます。日本人のように、お金を持っていることは、何か裏で悪いことをして蓄財した結果だと疑ってかかるのではなく、むしろ、お金持ちほど、社会の成功者であればあるほど、まじめに努力する人格の高潔な人だと評価されるのです。

専門家になるということ

問い：アメリカ社会で専門家になるには、どうしたらいいのでしょうか。

答え：

より効率的に働き、お金を稼ぐために、現代のアメリカ人は専門家になることを目指します。彼らの先祖たちの移民してきた時代には、何か大事業を興してひと儲けしようということもあったでしょうが、現代の社会では、それはほとんど不可能だからです。

今のアメリカで、金持ちになるということは、専門家になるということです。専門家になるということは、教育を受けるということです。まず、大学に行くこと。それも学士よりは修士、修士よりは博士を目指します。大学を出て、社会に出てからも一生涯勉強を続けて、レポートを書き、単位をとり、より高い学位を取得すべく努力をしていくのです。その勉強というのは、日本のように、大学を出て、何の経験もないまま大学院に行くのではなくて、社会に出て働き、職場で、現実社会でぶつかる問題を発見し、また解決しながら、学位をとるというシステムなのです。

フォーダムやハーバードの場合、大学院入学の際には、専門分野での三年以上の実務経験が必要とされます。現場で三年間働いてから、はじめて願書の提出が可能となります。働いた経験、実績が認められれば、修士課程への入学が許可されます。修士を終わって、博士に進むときも、同様です。修士をとってから何年かの実務経験がないと博士課程にも入学できません。日本のように、大学を出てから、自分の専門分野での現場で働いた経験もないまま、すぐに大学院に進むということはありません。

たとえば教育学の大学院に進学するためには、教員免許を取得し、現場で三年以上働いた人でなければなりません。つまり、現場の経験を踏(ふ)まえて、いろいろ異なった経験や考えを持った人とディスカッションをして、それによって、より高度な理論を備(そな)えた専門家になろうとするわけです。

理論だけ、暗記だけ、現場は知らないということではなく、身に付けた理論と実践とが、車の両輪のように連動するわけです。

だからこそ、アメリカでは学位に価値があるのです。より高い学位をとればとるほど、より高い専門性を持った仕事ができる、専門家にしか解決できない高度な問題を解決することができるということです。高い学位を持つ専門家は、現実社会で直面する問題を発見し、解決する能力を持っていますから、それに見合った、より高い給料をもらうこともできます。

ですから、学歴が高いことも正義であるし、それによって高い給料が支払われることも正義なのです。アメリカでは、父親が普通の高卒で、息子が修士卒であれば、息子の方が親よりも高い収入を得ることができるのです。何年その仕事をしているかの職歴には関係がないのです。

学位が同じであれば、年齢に関係なく、もらう給料も同じレベルとなります。修士を持っている人が努力して博士をとれば、給料も上がりますし、労働条件もいい「専門家」になれます。博士を持っているが、仕事はあまりできないという場合であっても、博士としての最低ラインの給料はもらえます。学士や修士よりも待遇は全然良いのです。だから皆、高い学歴を目指すのです。

アメリカでは、学士しか持っていない人、あるいは高卒の人であれば、いつまで経っても高い給料はもらえません。日本のように、年功序列で黙っていても自動的に給料が上がるということはありません。学歴と、現場で与えられる職種とが連動しています。そういう意味では、アメリカという国は日本以上に本当の「学歴社会」であると言えるでしょう。

今後の二十一世紀の社会で求められるのは、より高い学歴と、それを応用して問題を解決できる実践的な専門能力、つまり問題解決能力なのです。そうやって、より専門性の高い専門家になっていく道しか、本当の意味で幸せになり、高い収入を得る方法はありません。そのかわり、高い収入を得るということは、決して手抜きの仕事をしてはならないということをも意味します。完璧（かんぺき）に仕事をこなすことが、専門家には求められるのです。こういう専門家を育てるのが、大学・大学院の実践的な教育です。

お金持ちと低所得者層との交流

問い：日本とアメリカと、どちらがより自由な社会なのでしょうか。お話を聞いていると、日本というのは青春時代のたった一度の入試で全て決まってしまう、ずいぶん不自由な社会のような気がしてきましたが……。

答え：

もちろん、日本の社会にも良い面がたくさんあります。日本の場合、貧富の差がそれほど大きくない、ということもありますが、お金持ちの人と貧乏な人との間には比較的交流があります。たとえば、家は貧しいが勉強はできる、という人は、学費の安い国公立大学を卒業し、公務員試験に合格して、国家公務員や地方公務員の「キャリア」としての地位を獲得すれば、上流家庭の女性と結婚することができます。

ヨーロッパでは、異なった身分間の交流といったことは全く無く、たとえ国境を越えてでも、貴族は貴族であり、庶民とは決して交流することはありません。

アメリカでも、一般に自由だと言われるものの、一方で貧富の差ははっきりしています。スラム街と、金持ちの住む地域とははっきり分かれています。日本の場合であれば、金持ちの邸宅の隣に安アパートが建っている場合も多いですが、アメリカではそういったことは全くありません。

ただし、アメリカでは、貧富の差ははっきりしていますが、貴族階級とか、家柄とかいうものはありません。大切なことは、生存競争に勝ち抜くことです。競争に勝ち抜くには、専門家としての能力が無ければなりません。全てのアメリカ人は、民族、人種、性別に関係なく、働く意志がある限り経済的独立を達成することができると考えられています。

アメリカは労働を通じて社会に貢献する限り報いられるという暗黙の了解のもとに、全ての移民に門戸を開放しています。勤労を通じて個人とアメリカ社会とは固く結びついており、個人が幸福であれば社会の進歩が自ら達成されると考えているのです。経済的自立は市場に参加することで最も良く達成されると信じています。アメリカ社会における業績の最も明確な表現こそ経済的成功であるからです。個人主義の原理の具体化としての経済的自立を「自明の理として」求めるのです。

　そして、ここ二十年から三十年の間に、女性の経済的自立を求める動きは一層加速しています。しかも、アメリカ産業が工場制生産からサービス経済に移行したこともあって、女性に対する需要は今後、より大きくなる可能性があります。女性の労働は「自立効果」を生み、結婚に満足しない女性は、前より安心して離婚に踏み切れることは確かです。

　しかしながら、女性の労働による収入と現実の経済的地位は区別して見なければならないでしょう。結婚を続けた女性は、男性より長生きすることで、いろいろな負担を負うことがあります。それはたとえば、高齢の病弱な夫の世話をすることです。さらにしばしば高齢の両親をも世話しなければなりません。

　もうひとつの代価は、夫の死後、長い間ひとりで生きなければならないということです。女性が夫から相続する財産は、それが財産権であれ、年金であれ、女性が従来の生活水準を維持できるほど大きくはありません。

　経済的な能力があればハーバードにでも入れます。たとえば、有名なキッシンジャー氏はアメリカ生まれではなく、ドイツから来たユダヤ人の難民ですが、彼は、アメリカで成功するためには専門家にならなければならないということを知っていました。それはすなわち、ハーバードで博士をとることです。彼は、ハーバード大学大学院で奨学金を得て、国際政治学博士の学位を取得し、ハーバードの国際政治の教授になったのです。そして、アメリカの国務長官（外務大臣）になり、毛沢東と会談して、中国を開国させ、そして、自由主義国家に対して、国交を結ばせるなど、国際社会の平和のために多大な貢献をしました。その功績が認められて、ノーベル平和賞も受賞しています。そういう意味では、アメリカでは、たとえ生まれは貧乏な人であっても、ハーバードで博士をとれば、容易に上流階級にかけのぼることができるのです。

ただし、ハーバードで学士をとっても、他の大学の博士にはかないません。州立や市立大学の博士にさえ、かないません。学歴はシステム的に確立されており、より高い学位をとるということが重要です。

今の二十一世紀という時代には、必ず自分自身が努力をして優秀な専門家にならなければなりません。高い学位を持ち、読み書きができ、話のポイントを把握(はあく)でき、人前で話ができることなしには、絶対に上にあがっていくことはできないのです。人の前で話をして、自分が優秀な専門家であることを他人にアピールでき、認めさせなければなりません。

ハーバード大学の教授とは

問い：私たちが、アメリカの大学に留学するとしたら、やはりハーバードが一番いいのでしょうか。

答え：

そうですね。ハーバードの博士課程には世界最高の頭脳が集まっていますが、日本のトップの大学である東大は、世界の大学ランキングの百位にも入っていません。ただし、学部レベルでもハーバードが最高かというと、それは難(むずか)しい問題です。

日米の大学についての考え方の違いもあります。日本や韓国の場合、学歴社会というより、「学校名社会」です。ですから、あの人は東大を出た、慶應大学を出た、という学校の名前だけで判断してしまいます。そういう考えでアメリカの大学を選ぶと、大きな間違いをするおそれがあります。

日本や韓国の人は、ハーバード大学、イェール大学、スタンフォード大学のような大きな有名四年制大学に入れば、何でもいいと思うかもしれませんが、ひとつ問題なのは、「教授本人が直接学生を教えない」ということなのです。たとえば、ハーバードでは、教授本人が教えるのは一週間にせいぜい一コマ、それも有名な教授になればなるほど、一度に三百人ぐらい教えるマスプロ授業です。では、誰が教えるのかというと、ハーバードの博士課程の学生のアルバイト、つまりティーチング・アシスタントです。それで、学生は教授から直接に指導を受けることがほとんどできません。

では、ハーバード大学の学生たちが支払っている学費は、どこに行ってしまうのでしょうか。それは大学院です。それも博士課程です。ハーバードの教育学の修士課程には、約八百人の学生が毎年入学してきます。それは、普通の大学の学部生並みの人数です。彼らの支払っている学費というのは、ほとんど博士課程の研究費用になってしまうのです。

それに比べ博士課程には、各学科約十人合計三十名程度しか学生が入学できません。博士課程の論文を書いたり、博士課程の学生を指導するためには、教授が時間をかなり費やさねばなりません。それには、時間だけではなくお金もかかってきます。そのため、大学の学士レベルだけでなく大学院の修士課程の学費さえ、ほとんど博士課程の経費にあてられていくのです。

修士課程の学生が教授と話がしたいと言っても、ハーバードでは、授業以外の場においてはなかなか教授と接触することができません。大学の学部課程の授業もマスプロですし、個人的に質問がしたくても、なかなかできないのが現状です。アポイントを入れようとして研究室（教授の事務所）に電話をすると留守番電話になっていて、結局、大学院の修士課程の学生でさえ、教授と会えるのは二週間後、しかもたった十分間だったりします。このようなわけで、ハーバードの教育学の修士課程の学生は、「ハーバードという名前は立派だが、それに見合った授業内容ではない」としばしば私に文句を言っていました。

ハーバードの教授は、なぜ自ら教えないのでしょうか。それは、ハーバード大学の教授として生き残っていくためには、世界的に認められる研究業績を自分の能力であげなければならないからです。研究業績があがらないということは、死を意味します。二、三年のうちに、十人の教授のうち、八人の人が解雇されるか、自ら大学を去るからです。業績をあげなければ、給料も上がりませんし、立場も“assistant professor”（非常勤講師）のままとなってしまいます。契約期限が終了すれば、そのまま期限が切れ、自然に解雇されることになります。日本でも営業マンがノルマを達成しないと会社にいられないのと、何となく似ていませんか。

このようなことから、ハーバードの教授は、学生を教えることよりもむしろ研究業績をあげることに没頭し、最高でも週に一度一科目しか教鞭をとらないのです。中には全く教えない教授がいます。その結果、教授の教える授業は多人数になってしまいますし、大学院生であるティーチング・アシスタントが学生を直接教え、レポートや試験の採点をすることになるのです。

その一方、研究業績を追求しないで教育内容の良い教育を行っている四年制大学も、アメリカにはあるのです。それは、東部にある一部のエリートの大学、スミスカレッジや、クリントン元大統領夫人の母校であるウェズリー・カレッジ、アムハースト・カレッジ、タフツ・カレッジ、ウィリアムズ・カレッジ、ボストン・カレッジ、フォーダム・カレッジといった大学です。

このような小さな大学では、教授は研究に没頭するだけではなく、学生に学術的、基本的な読み書きを直接教え、卒業までに卒論を仕上げさせるということが重要な仕事になります。教授が何度も学生の論文を手直しして書かせ、それを仕上げるという手法の教育を行っています。四年間で能力の高い、「できる学生」に変身させるのです。

こういった少数精鋭（しょうすうせいえい）の大学を卒業すると、良い大学院に進学しやすいというメリットがあります。自分の教えた学生が、どこのいい医学や法学の大学院に何名ぐらい進学したかということが、この大学の教授の教育実績ということになります。教授の評価は教育効果によって測られます。もちろん、このような大学でも、全ての教授は博士の学位を持っていますし、アメリカでは博士の学位がなければ大学の教員には全くなれる可能性はありません。

日本人が優秀になるには

問い：私たちが、日本にいて、「専門家」としての能力を伸ばすには、どうしたらよいのでしょうか。

答え：

日本では、大学院で専門性を高める方法とシステムが、存在していません。文科系では大学に行っても、あるいは修士課程に行っても、専門性が高まると考える人はいないでしょう。専門性を高める訓練は教育機関の仕事ではなく、企業の仕事になってしまっています。日本の場合だと、修士学位がものを言うのは理系だけでしょう。文系の場合は、実力と内容が伴わない形式的な学位となってしまっています。

理系の場合、工学部で学士をとっただけでは、その人に能力があるかどうかが分からないので、まず理系の修士を持った人を企業が社員として採用し、豊かな研究資金のある企業内で研究をさせます。そして、何年か後に、大学に博士論文を提出し、博士号をとらせます。国立大学がお金がなくて、研究設備も不十分なのに対し、日本の一流メーカーの企業には実験装置（じっけんそうち）も研究費も豊富です。自分の会社で研究をさせ、その研究結果を大学院に提出し、論文で工学博士や理学博士を取得させます。そうして、自分の会社で養成した人材を、研究所長や部長など、高い地位に持っていくのです。理系はこのように、学位を取得すれば、より良い生活の保証もありますが、終身雇用主義なので、ずっと同じ企業で働き続けなければなりません。よそに移ったらだめです。

文系の修士、博士の場合、理系の場合のような保証はありません。少子化の時代ですから、修士をとってもせいぜい予備校か塾（じゅく）の先生で、よっぽどコネでもない限り、大学の先生にはなりたくてもなれません。

日本では、大学でも企業でも、自分のところで養成した人材を上に持っていきます。アメリカの場合は、日本とは異なり、外部から異なった能力を持った人材をとる場合がほとんどです。日本人には、自分とは種類が違うと感じると、それに対して反発をして受け入れないという性質があります。アメリカは、他のところで経験したことを仕事に活かしますが、日本では、流派が違うと互いに批判しあうだけで、全く受け入れられません。

日本は、自分が教わったことと違うやり方で物事を解決しようとする人がいると、それを否定するという風土にあります。アメリカの場合は、自分と違ったところがあれば、「良いところがあるね」「私もそれを学びたい」となります。しかし、日本人は暗記して頭に刷り込まれた方法以外は受け入れないのです。だから発展しないのです。

日本人は、暗記で覚えたことと異なる事例には対応できないのですが、アメリカ人は丸暗記に頼らないので応用がきくのです。お互いに良いところがあれば、自分も取り入れようとします。しかし、日本人は自分の先生から教わったことと異なると、相手の良いところを認めません。

だから、日本人は能力が伸びないのです。自分自身で考える能力が欠如しているため、自分で的確に判断することができず、言われたことはやるが、まだやり方と正解を教わっていないことはできないのです。

一方、アメリカ人にも日本人以上に頑固なところがあります。日本人の場合は中途半端な頑固さで、表面的に周囲に合わせるところもありますが、アメリカ人はこうと思い込んだ自説を決して曲げません。

資料③　日本の博士論文

日本の論文博士の授与にあたって、日本の大学では、既に書き上げた論文や著作の提出を受けて、論文指導を全くせずに、決定するだけの審査だけで博士学位の授与を決定しているのが慣習である。日本の博士課程についても似たようなもので、ゼミに所属して科目履修はするが、科目数は少なく、学生からレポートの提出はあっても、提出されたレポートについて厳しい指導が全くなく、何度も書き直しがあるわけではない。教授はレポートを返却しない。よく読んでいない。したがって、学生に文章作成能力がつかず、博士論文を完成することができず、博士論文作成の指導もないため単位取得満期退学となるのである。

よって体験的に科目ごとの博士レベルのレポート指導を受けたことがなければ、博士レベルの論文作成の時の能力は培われない。それでは日本で博士学位を授与されたものには、厳しく実践的な博士論文の指導を受けた経験がないため、教授も博士論文の指導者としての学力がつかないことになるのが実態である。

現に実情として、東京大学の文科系では、同大学で博士号を取得したものを博士課程の教授として採用することはなく、能力が高く、アメリカで博士号を取得したものを教授として採用する傾向にあるということを、同大学の大学院で博士課程を卒業満期退学した者から聞いている。日本で学位を取得した博士のレベルが上がらなければ日本の国力も上がらず、日本の国家も教育も他国に遅れて、さらに後進国となってしまう。

それを危惧した私は、まずは本学の大学院博士課程において、アメリカの一流大学で博士号を取得したものとして、優秀な博士を養成しようと博士課程の改革に取り組んだ。日本の文部科学省におかれましても、その試みを理解していただき、私が本学の教育の充実に取り組んでいることをご理解いただきたい。

また、私が考える博士号取得に対する考え方をより良い日本の教育のための「アクティブ・ラーニング」を取り入れた時のように取り入れていただきたい。さもなければ日本の国家がさらに衰退の一途をたどってしまう。

他国の例をあげれば、同じアジア圏でも中国の状況は日本とは大きく異なりる。中国では優秀な博士号取得した中国人の人材を大切にしている。

アメリカで博士号を取得した、あるいは日本で博士号を取得した人材は、中国に帰国したら優遇されている。上海や北京では、日本で博士号を取得して帰国したものには、二千万円の褒賞金を支給するほか、住居の面倒を見たり、起業する時には政府が別途援助をしたり、優遇がされていると聞いている。

私が在学していた当時のハーバード大学では、中国人が約三百人以上博士を取得しているが、皆中国に帰国して母国で活躍し貢献している。それがここ十年の中国のあらゆる面での大発展に繫がっている。

日本もアメリカで博士号を取得した優秀な人材を、政策上私立学校にも大事に優遇しなければ、優秀な知能を生かすことができず、経済も国の発展もさらに行き詰まり、遅れてしまう。学位の水準を上げるというのはそういう国の支援と競争の激しいアメリカで博士号を取得した人材の活用と理解が必要なのではないだろうか。

第Ⅳ章　アメリカ人にとって「博士」とは何か

アメリカ人はなぜ博士の学位を重要視するのか

日本では、「博士」といえば圧倒的に医学博士が多く、「ドクター」という単語は「お医者さん」のことだと思われているようです。実際、その辺で開業しているお医者さんの多くは、医学博士です。しかし、アメリカで「ドクター」といえば「師」を意味し、普通は医学博士だけを指すのではなく〝PhD〟（Doctor of Philosophy）のことをも指します。

PhDは取得するまでが困難なのですが、たとえば名門大学で、経済学や商学の博士号を取得すれば、のちに大企業の経営者となり、年間十数億円くらいの規模の収入を得ることもできるのです。それに対して、日本では大企業の経営者であっても、せいぜい年収は一億円といったところでしょう。アメリカであれば、その十倍にもなります。

アメリカの場合、終身雇用でも年功序列(ねんこうじょれつ)でもないので、たとえば、父親が五十五歳の高卒で、息子が二十五歳の修士だとすると息子の方が、収入はるかに高くなってしまいます。何年間その仕事をやってきたかということは関係ないのです。アメリカでは年功序列式ではなく、その人が持っている学位と能力、そして、その人がどんな仕事ができるのか、問題発見と問題解決の能力があるかどうか等によって収入が決まってくるのです。

アメリカでは、まず、日本と異なって学位によって人の能力の有無を判断します。ですから、学士よりも修士をもっている人の方が能力が高いと見て、修士のレベルで給与を支払います。もちろん、その人が実際に働いてみて能力を発揮できなければ、当然上の地位に上がっていくことはできません。しかし、修士号を取得しているということによって、修士レベルの最低賃金は保証されるのです。博士号の場合も同様で、同じ分野において博士号を取得していれば、修士よりはかなり最低保証の収入が高くなります。ですから、学士よりは修士、修士よりは博士、さらにその上の博士研究員や招聘学者等、学歴をより一層高くしようと誰もが考えるのです。

アメリカの博士号取得の困難さ

アメリカでは、日本に比べて、教授が学生に博士号をなかなか取得させません。研究内容が良くても、なかなか博士号を出さない場合もあります。それは、それまではただの大学院生であった人が、博士号をとった瞬間から教授の有資格者となり自分のライバルになることを恐れるからです。そのため、あまりにも優秀な学生であると、ライバル封じのため、かえって博士号を簡単には取得させないといったことさえも起こり得ます。素直で、教授の言うことをよくきく学生に対してはかわいがり、優秀ではあっても、自分の言うことをきかない学生に対しては、博士号を授与しようとしない教授も中にはいるようです。そして、学生の方もさまざまです。困難に打ち勝って博士号を取得する人もいれば、教授のご機嫌を要領よくとって、何とか博士号をとる人もいます。博士課程を修めるに見合った優れた能力はもちろんですが、結局必要なことは、何よりも、博士号を絶対にとってやろうというたくましさ、意志の強さです。ある程度のずうずうしさや、世慣れたところも必要です。

　学問的には優秀であるにもかかわらず、そういう意志の強さがなくて、学位を取得できない人というのは、多数います。学校にもよりますが、アメリカでは博士課程に進んでも、概ね二分の一から四分の一程度の人しか博士の学位を取得することができません。あとの人は学位を取得できないままに終わってしまいます。博士課程で学位をとるには、通常七、八年から、長ければ十年以上もの歳月がかかります。

　一方、日本の大学院では博士論文の書き方や研究方法等に関する授業も行いませんし、コースワーク（授業科目の履修）もありませんから、博士号の取得はアメリカに比較すれば独創的でなく教授のコネが強ければ容易であると言えるでしょう。ただし、他のさまざまな一般教養科目を勉強して視野が広がることもありません。結局、博士号を取得できるかどうかは、研究内容・論文内容が教授の気に入られるかどうか等の実状で決まると言ってもよいのかもしれません。

　アメリカでは、博士論文を終了させるまでに、博士課程に入ってから平均七年以上もかかります。

コースワーク（科目履修）を二年あるいは三年やってから、博士論文の執筆に三年から四年以上かかるのです。八年程度の修了年限を定めている大学もありますし、卒業までに十年もかかるところもありますし、十五年くらいかかっても学位がとれず、しまいには白髪の生えるような年齢になってしまう人もいます。長期間、レベルの高い読み書きの訓練をさせられますから、アメリカの博士課程を修了した人は、日本の大学教授と比較して文章を論理的に書きスピーチするのが上手なのです。

アメリカの大学や大学院も、日本のように修了年限というものがありますが、卒業が遅れる理由を申し出ることにより、卒業を先に延ばすことが可能です。しかしそのためには、事情を理解してもらえるような説明が必要です。合理的な理由も述べなければなりませんし、それを理解してもらえるような教授との信頼関係が必要です。

アメリカの博士号と日本の司法試験

アメリカも日本と同様、大学院卒業までにあまりに時間がかかりすぎると、就職に支障が出てきます。PhDを取得したときに仮にすでに五十歳であれば、博士号を取得しても先行き困難であると言えるでしょう。理想としては、できるだけ早期に才能を発揮し、博士論文を書いてPhDを取得することです。ところが、博士論文がなかなか合格しないため、途中で挫折していく人もいるのです。大学院に通いながら仕事をしているうちに、仕事の方で実績をあげることができると、難しい博士の学位取得の方をあきらめてしまうのです。それほど、独創性のある博士論文を書き終わるまでは、苦しい長い道のりなのだといえます。日本の場合の、司法試験浪人生にも似ています。司法試験に長年チャレンジし続けて、そのうちに齢を重ねて四十代、五十代……というケースです。そのかわり、苦労の末に司法試験に合格すれば、人生は大きく変わるのですが、この点もアメリカの博士号取得とよく似ております。

アメリカの博士号は、日本の司法試験合格に匹敵するくらいの高い価値があります。しかし、アメリカの弁護士は、価値のある資格ではあるものの、日本の弁護士資格のような、有資格者なら誰にでも確実に高収入に結びつくものではありません。ハーバードやイェール大学といった名門大学の law school（法学大学院）であれば別ですが、地方の大学の law school では価値は下がってしまいます。そういった大学では、弁護士免許を取得したとしても、先がおぼつかないことになります。ハーバード大学の law school であれば、卒業生はほとんど司法試験に合格しますし、卒業後も優秀な弁護士として高い収入も得ることができます。

アメリカの場合は、司法試験そのものは日本よりも易しく、弁護士の数も日本よりもかなり多くなっています。フォーダム大学の law school 出身者で弁護士になるのは、毎年約三百人程度です。このような多人数で、他の大学からも多数の弁護士が生まれますから、全体ではかなりの人数になると言えるでしょう。law school というのは、入学するのは困難ですが、ほとんどの人が卒業後に州の司法試験を受けて合格し、弁護士になる人の比率は高いのです。

ただ、日本とアメリカが異なるのは、「弁護士になってから」のことです。アメリカでは優秀な弁護士として、資格取得後もずっと食べていく、ということが難しいのです。資格をとってからの、弁護士同士の職業人としての競争にも激しいものがあります。日本は、資格さえとってしまえば、それで身分が保証されます。大学の場合、国立大学であれば、助手にさえなればそのまま教授か助教授の地位まで上っていくことができます。医師の場合でも、医師になりさえすればそれでよし、という感覚です。ところが、アメリカでは医師の免許も、州によっては三年ごとに書き換えなければなりません。医者になったあとも、専門家としての能力を維持し、その能力を証明し続けなければならないのです。

良い弁護士か、そうでないかはどこで判断するのでしょうか。一般的に、勝訴する確率が高ければ高いほど、良い弁護士であると言えるでしょう。そして、裁判を任せて、勝ってくれる弁護士かそうでないかは、客の支払う報酬の高さによって判断できます。勝訴する実績のある人ほど、報酬も高くなるからです。

良い弁護士を付けようと思えばお金はかかりますが、そのぶん、良い弁護士であれば、本来は有罪判決が下されるような刑事裁判であっても、それを覆して無罪を勝ちとってしまうことさえあると聞きます。黒であるはずのものを白に変えてしまう、それほどの高い専門的な能力を有するのが、優れた弁護士なのです。逆に、能力がなく、報酬も安くて済むような弁護士に依頼すれば、敗訴してばかりということもあり得ます。

夜間大学院

　最近、日本でも、社会人向けの夜間大学院というものが話題になりはじめましたが、アメリカでは、特に大都会の大学院には社会人向けの夜間の大学院が非常に多くなっています。

　アメリカの大学は、本部キャンパスはたいてい郊外にありますが、社会人向けの夜間大学院は、通学に便利なように、大都市の真ん中にあるビルだけの分校で開講することが多くなっています。ハーバード大学には夜間大学院はありませんが、それ以外の、コロンビア大学、ニューヨーク大学、フォーダム大学等、大都市にある大学院の多くは夜間授業を行っています。夜間部の学生の方が昼間部よりも優秀なのです。なぜかと言うと、夜間部の学生は、昼間は現場で仕事をし、夜はその仕事について専門的に勉強するため、大学院に通ってくるからです。

　しかし、博士課程の場合、博士論文とレジデンスセミナーのシーズンになると、多くの人がいったん仕事を退職します。なぜ退職するかというと、毎日大学院に通学しなければならなくなるからです。ただし、修士や博士課程でも、最初のうちは働きながら勉強していきます。博士論文を書く段階になって、最低一年間はレジデンスの必要性のため休職し、論文の一章から書き始めて三章までの執筆を終えると再び職場に復帰し、仕事と研究を両立しながら最終章まで書き終えて、口頭試問を受け合格したら、博士号を取得でき、卒業できます。そして、それまでの職場は、学歴が上がったので、もっと高い給料をもらうために退職してしまいます。

学位が上がると、それまで働いていた職場を退職する理由は、雇用する企業側の人件費の問題からです。ある企業で、たとえば学士を取得した人を十人採用するとします。それは、四年制大学卒業者を十人採用する予算しか準備されていないことになります。それなのに修士号取得者を採用しても、その人に対して給与を余分に支払うことはできません。もともとは、学士を採用する予定であったからです。そうなると、この人は会社をいったん退職し、修士や博士レベルの給与を支払ってくれるような新しい職場を探さなければなりません。

アメリカの大学では、博士課程の学生を、teaching assistant（助手）でアルバイトとして雇います。それは、安い報酬で雇うことができるからです。博士号を取得すれば、それまで teaching assistant をやっていた学生は大学を去り、企業や大学で働いて高い報酬を得ることができます。ですから、給料が上がるのを夢見て、若い頃は teaching assistant として我慢して教えているわけです。そういった意味では、日本以上に学歴主義が、はっきりしています。

アメリカでも、地方の州立大学では、夜間コースはあまり見られませんし、昼間の大学院もあまり多くの学生をとっていません。州立大学というのは日本の国立大学と同じで、税金で費用が賄われている一般大衆の教育のためにある学校ですので、大学院をあまり必要としていないのです。ですから、大学院自体が少ない上に、定員も少なくなっています。

アメリカでは大学院というのは、たいてい、大規模な大学にあります。たとえば、ハーバードの教育学の大学院修士課程は、八百人も学生がいます。ハーバード大学の学部の方も入学定員は約八百人ですので、大学院と学部がほぼ同じ人数なのです。それに、教育学だけでなく、ビジネスその他の学科でも何百人と入学してきますので、全体では大変な人数です。

大都市にある大学でも、ハーバードの大学院だけは夜間コースがありません。ハーバードの大学院に進む人は、仕事を退職してやってくるのです。スカラシップ（奨学金制度）がありますので、仕事を辞めていても、経済的には問題はありません。また、そういう学生しか入学させません。

ハーバード大学に入ると、ハーバード・ファミリーのメンバーになったということだけでも名誉なことで、世界中で大変高く評価されます。日本国内でのハーバードに対する評価よりも、アメリカ国内の方がハーバードに対する評価はさらに現実的で高くなっています。なぜなら、普通の日本人は「ハーバード」と言われても、アメリカの名門大学だという程度のことは知っていても、その実力と能力のものすごさについては何も知識がありませんし、ハーバード大学を卒業して、その実力を肌で知っている人も身近にはいないからです。

文科系と理科系の差

同じ博士号取得者であっても、分野によって給与は変わってきます。一般的に、文科系は給与が低く、理科系は高くなっています。理科系で、たとえばコンピュータ分野において、企業で売れるような製品を作ることができるような人物は、さらに高収入になります。

また、理科系の大学教授の場合、本当に優秀な人物は、大学教授のままとどまることはありません。たとえば、マサチューセッツ工科大学の場合ですが、ここでは教授職についている人物は、ほとんどが英語に「なまり」のある外国人です。この大学で業績をあげると、アメリカ人は大学よりも給与水準の高い企業に移ってしまうからです。とにかくアメリカ人はお金中心の考え方で、稼ぐことは正義である、という思想です。大学を出ても良い就職ができる縁故を持たない人たちが、大学に残っていくのです。

文学、哲学、文化人類学等では、博士号を取得したとしても良い就職先がほとんどありません。優秀な人物は、アメリカの場合は、より高い報酬の得られる分野の学問に進む場合が多いのです。しかし、文科系であっても、教育学の分野の場合であれば、教育長、学長、行政マンといったように、就職先もいろいろです。中でもいちばんいいのは教育長、あるいは大学教授といった進路でしょう。

アメリカにおいては、小、中、高校の教員採用試験は、日本よりも合格しやすくなっています。教員免許状を取得し、教員として採用されること自体は、日本ほど困難ではありません。しかし、アメリカ人はあまり教員にはなりたがらない傾向があります。日本の場合は、小、中、高校教員という職業には身分と生活の保障がありますから、教員を目指す人は多く、最近では不景気の影響により、ますます採用試験の倍率は高くなる一方です。ところがアメリカの場合は、教員の給与があまり高くないことが敬遠されて、日本人ほどは積極的に教員という仕事を目指さないのです。

アメリカでは、能力さえあれば、ビジネスの世界で成功してもっと稼ぎたいと考える人が多いのです。大学の教育学部を卒業した人であっても、ビジネスの世界へ行ってしまう人はいくらでもいます。簡単に言えば、能力が高い人は、競争の激しいビジネスの世界を志しますし、平均的な能力の持ち主はそのまま高校現場にとどまり、能力が劣る人は解雇されます。能力がある人物は、ビジネスの世界を志すか、あるいは教鞭を執りつつ夜間大学院に通い、修士や博士を取得します。学士課程プラス何単位、修士課程プラス何単位、と進んでいくにつれ、給与も上昇します。博士課程まで取得すれば、給与は最高レベルにまで到達します。

博士課程まで卒業すれば、小、中、高等学校にとどまる人はいません。博士号を取得すると、今度は大学の教員に転身します。大学の教員であれば、毎日教壇に立つ必要はなく、せいぜい週に二日か三日働く程度です。それも、一流大学であればあるほど、教える授業の数は減少していきます。しかし州立大学や市立大学であると、たくさん授業時間数を持たなければなりません。ですから、誰もが研究し、業績をあげて、より仕事の楽な、教える時間（つまり働く時間）の少ない、レベルの高い良い大学に移りたいと願うのです。

学歴と男女関係

アメリカでは、以上述べたような、学位と収入・地位との関係を皆が知っているため、名門大学で博士号を取得していると、異性からの見る目も変わってきます。配偶者を選択する際には、アメリカ人は、男女を問わずシビアに相手の価値を見ているからです。

さて、仮にあなたが結婚適齢期の若い女性であったとします。目の前に、司法浪人中の男性がいて、プロポーズされたらどう思うでしょうか。何年努力しても、どうやらこの人は受かりそうにない……と感じたら、結婚は承諾できないかもしれません。しかし、来年にも合格しそうだと言われれば、プロポーズを受け入れるのではないでしょうか。なぜなら、弁護士の妻という世間の評判と、生活の保障が手に入るからです。博士課程もまた同様です。

アメリカでは、夫が博士課程で勉強している間に、妻が働いて学資を出すというケースもあります。学生結婚というのもよく見られますし、日本とは違い、人それぞれに異なり、決まり切った「パターン」というものがないのです。考え得るすべての可能性がアメリカには存在します。

結婚して、妻が稼いで、夫が博士号を取得して大学教授になり、トントン拍子に進んで夫婦円満にいく人もいます。一方で、博士号を取得したとたんに、妻を捨てて新しいお金も学歴もある女性を探しにいく男性もいます。また、夫が大学教授、それも大学院の教授になると、教授の妻子は授業料が減額あるいは免除になる場合がありますが、その制度を利用して、妻も大学院でPhDを取得して教授になる人もいます。一定のパターンがなく、まさに千差万別であるのがアメリカの特徴と言えるでしょう。

日本の場合は、これまでは女性の賃金が男性に比較して低かったのですが、アメリカの場合、女性が学位を取得し、専門家になることができれば、高い賃金を得ることも可能です。そうすれば、夫を養っていくこともできます。

アメリカ人は、交際相手がいたとしてもすぐには結婚しませんし、相手のことをよく見ています。また、離婚して配偶者をすぐに変えるところも、日本との違いです。

自由競争の中で強い者、優秀な者、業績をあげた者が、より高い収入を得ますし、優れた配偶者を得ることができるのがアメリカという国なのです。クリントン前大統領夫人のヒラリーさんは、自分の夫を大統領の座につかせ、夫が浮気したとしても我慢して婚姻関係を継続しています。それは、夫が大統領であるという価値を認め、また利用しているからなのです。夫の浮気も自分が、かばって守る、これはキリスト教のありかたから言えば、正しいことなのです、互いに助け合う、パートナーシップというわけです。ですから、男も女も、自分にとって有利な、より良いパートナーを手に入れて、互いに助け合い、夫婦間においても利益を追求するのです。

　最近の日本の大学生は、勉強以上にサークルなどの課外活動やアルバイト、男女交際などに対する関心が高いようですが、アメリカではそのような「遊び」の部分に関しては、高校生のうちに済ませてしまい、大学生になってから、日本の大学受験生のように真剣に勉強を始めます。高校と大学とでは、使う教科書等の内容にも天と地ほどの格差があり、多くの一年生になったばかりの大学生は勉強の大変さにショックを受けます。

　また、アメリカの場合は、大学のときに交際した相手と結婚するケースが多いようです。日本の場合は、夫婦では妻の方が二、三歳年下という場合が多いですが、アメリカの場合は、同級生と結婚するため、同い年の夫婦が多くなっています。

　アメリカでは、社会人になると、配偶者を見つけるのがなかなか困難なようです。大学を出て社会に入ると、同僚は皆仕事の競争相手であり、敵なのです。プロフェッショナリズムの考え方によって、その職場では異性とデートはしないのです。それよりも、同僚よりも少しでも自分が優れていて有利な立場にあるということを、誇示する傾向にあります。そのような状況ですから、恋愛感情が育たないということと、仕事とプライベートを分けるという二つの事情から、職場では結婚相手を見つけることがなかなかできないのです。

アメリカの大学では、キャンパス内では学生同士は互いに心を開き、友達になります。しかし、同じ教室にいるときには友達になれるにもかかわらず、社会に入ると不思議なことに、職場の同僚とは、友人として親しく心を開きあうということがありません。

ビジネスマン同士の付き合い

アメリカでは日本で見られるような、アフターファイブの職場のつきあいというものもありません。ビジネスの社会の食事は夜ではなく、ランチを共にします。日本では、ランチメニューの価格は、ディナーに比べてかなり低めに設定されていますが、アメリカではランチもさほど安くはありません。ですから、レストランでの食事は、仕事の話をする場合は、ランチということになります。

個人の場合は、ニューヨーク等の大都市では、仕事を終えたあとに配偶者(はいぐうしゃ)や恋人(こいびと)とレストランでゆっくり食事を楽しんだあと、夜八時頃からショーを見にいき、十一時頃にショーが終わって家路につくといったパターンになります。

アメリカでは、アフターファイブの過ごし方も人により異なりますが、仕事が終わってすぐに自宅に戻るのは、普通のサラリーマンの場合です。高い役職につくような人物は、それからまだ仕事を続けるのです。夜の十時、十一時まで一日中仕事をし、自宅に戻り、また朝七時頃には出勤します。重役候補となるような人物は、長時間労働し、昼食はビジネス・ランチ、月曜から金曜までみっちりと仕事に取り組みます。

本当のエリートと呼ばれるような人物は、人によっては土日も働きますが、ニューヨークのビジネスマン等の富裕層には、週末を別荘で過ごす人も多いのです。平日の仕事においては、人種の違いやバックグラウンドの相違から起こる仕事上のトラブルも多いですし、訴訟やもめ事が少なくありません。アメリカ人は、何事においても契約等で白黒はっきりさせる国民性ですので、しっかりした契約書がないと、それがトラブルの原因になる場合もあります。

そういった仕事上の精神的疲労を癒すために、エグゼクティブの優秀な人物は、金曜日の夜からウイークエンドは、静かな湖畔のプール付きの別荘で暮らすのです。配偶者を同伴したり、アメリカでは離婚が増加しているので、恋人を連れていくケースもあります。

アメリカは、別荘も家も日本に比べて安いですし、こういった豊かな生活にあこがれて、専門家を目指す人も多いのです。一流の大学や大学院の教授などにも、別荘を所有している人は多数います。収入の高い専門家ともなると、それだけ仕事もハードですが、平日に集中的に仕事をこなし、週末にはパッと気持ちを切り替えます。

女性の労働力と競争原理の導入

日本では、結婚すると多くの女性は、夫が働いて家庭にお金を入れてくれるものと考えていると思います。しかしアメリカでは、日本のようなパターンの家庭もありますが、中流家庭においては、お互いに自分の食い扶持は自分で稼ごうという方法をとる家庭が多いのです。お互いに、自分にかかる経費は自分の収入から支出し、子どもにかかる費用に関しては折半するという、夫婦というよりも同棲に近い、お互いが独立した結婚のかたちもあるのです。

日本では、まだ夜間や早朝の保育の制度が充実しておらず、女性が仕事をしながら子育てをすることが困難な状況です。しかし、最近、労働基準法も改正になり、女性の深夜勤務制限も撤廃され、職場における男女同権が浸透しつつあります。女性でも、能力のある人は専門的な資格をとってばりばり働くべきですし、残業もできるような環境になっていくでしょう。

日本の保育園事情については、まだ競争原理が導入されていないことが、問題であると言えます。認可保育園は、補助金によって経営されているため、一生懸命に働いても、働かなくても大差ないと考えて、経営者が楽をしたがる傾向にあり、夜遅くまで子どもを預かることをいやがる傾向があります。そのしわ寄せが、働く女性にも影響を与えているのです。国も現在対応策を検討しているようですが、競争原理を導入し、より働く女性の助けとなる保育園を作っていくためにも、長時間保育を実施している無認可保育園に対しても、国や市町村が補助すべきでしょう。

医師についても、同様のことが言えます。保険制度によって、たとえ医師がよく診療していようとしていまいと、一律の診療報酬を与えてきたことに問題があります。たとえば、民間の保険会社のように、出来高制を導入すれば、医療の質も向上するのではないでしょうか。保育園についても、そのようにすれば良いのですが、まだまだ日本人には競争原理が根付かず、どこか官僚主導の社会主義に似たところがあります。より良く働き、より良いサービスを提供した人には余分に支払う、というように、競争原理を導入すれば良いものが残っていくはずですし、サービスの悪い会社は消えていきます。

アメリカの地域性

アメリカ人というのは、人口の約二割は、能力的に劣る人であり、福祉に頼って生きていると言われています。それ以外の人は、競争の中でいい仕事をして、高い収入を得るために頑張って働きます。プロ意識の高い人ほど、学歴もどんどん追いかけていくのです。そういった人物は、非常に優れています。ところが、能力的に劣ると考えられる人は、日本人の平均的能力をもかなり下回ってしまいます。

アメリカでも、特にニューヨークやボストンには、優秀な人材が多数集結しています。ボストンのとなり町で、ハーバード大学、ＭＩＴ（マサチューセッツ工科大学）のある、ケンブリッジは、世界一の頭脳の集積地とも言われております。

ボストンのあたりには、ハーバードを始めとして大学もたくさんありますし、優秀な人材があり余っています。ですから、ハーバードを出ても、ボストン地域ではなかなか就職ができません。そこで地方に行って就職し、研究を続けることで再び田舎から駆け上がってくるのです。そして、最後にはまたハーバード大学に教授として戻る人もいます。

ところが、南部や中西部あたりは、なかなか人材は集まってこないようです。やはり、お金の多く動くところは都市化して、高い収入を得たいと考えている優秀な人物が集まっていくのでしょう。そういう面でも、地域性というものが存在しています。田舎の方で、のんびりとした土地柄の場所は、日本の場合と同じで、平均収入も少なくなるようです。このような、都市部と地方との違いは、日本においても同じような状況だと言えます。

中国の毛沢東主席に米国国務長官（外務大臣）として電撃訪問し，中国を開国に導いたヘンリー・キッシンジャー博士と談笑する中島恒雄創立者。

第Ⅴ章 学生の力を伸ばすために

学生に自信を持たせるには

学生たちの中には、自分が勉強しない理由を探すことが得意な人がいます。勉強して能力を伸ばせば、自分自身のためになるということが分かっていながらも、本音のところは勉強をしたくないのです。ですから、「時間がないから、頭が痛いから、アルバイトがあるから……」と、何かにつけて「勉強しない理由」を探してきます。

学生は、このような「勉強しない理由」を、自分に言い聞かせるだけでなく、親や教師に対しても言い訳をします。それでいて、自分は優秀であり賢いのだと、何の根拠もなく思い込み、自分をなぐさめています。親や教師や世間にも嘘をつきますが、実際には学生自身の心の内側は空虚なものなのです。

このような、やる気のない状態の学生を、いかにして積極的に学問に取り組む学生へと変えていくか。まず大切なことは、学生が自分自身に嘘をつかないということです。そもそも人間というものは、自分自身にさえも嘘をついてしまうものですが、自分に対しても、そして他人に対しても正直であるということが、結果的には自分自身の幸(しあわ)せをも呼ぶのだと教室で言い聞かせるべきです。

私は、学生たちに対してこう呼びかけたいと思います。まず、信じることから始めなさい。今あなたの目の前にいる先生を信じ、ついていきなさいと。そして、自分には潜在的(せんざいてき)な能力があるのだということを信じなさい。そうすればあなたは幸せになれるのだと。

学生は、自分自身の能力を、本音では信じていません。信じているかのように、とりあえず口先でごまかしてしまいます。もちろん、私の経営する東京福祉大学グループ校の学生も同様で、自分に自信を持っていない学生も少なからずいます。

このような学生たちに対して、私はこう言ってあげたいと思います。「いや、君は本当はよくできるし、埋(う)もれた才能があるのだ。君は、そのことに気づいているのだろうか。」

このように、今まであまりほめられたことのない学生をほめ、自信をつけさせることが、勉強に自信を持たせるためには大切です。

学生にとって、自分を信じて実行することには、苦労(くろう)が伴(ともな)います。信じることそのものは、ただ勝手に思い込むだけでいいのですが、それを行動に移し、一歩一歩階段を上っていくことには努力と忍耐力が必要だと教え込むべきです。

そして、大切なことは、教師は苦労している学生のために、彼ら・彼女らと同じ目線の高さにまで下りていかなければならないということです。立ち止まってしまっている学生のために、そのレベルにまで下りていき、手をさしのべてやるのが教師の役目なのです。自分は優秀な教師だからといって、学生をばかにして、学生の目の高さにまで下りていこうとしない教師もいますが、そのようではいけません。

まず、学生のレベルに下りていき、手を引いて、「こうすればいいんだよ」と最初の一歩を踏み出させてやるのです。ただ立ちすくんでいるだけではなく、右足を上げて、まず前に進むことを教えるのです。そして、前に一歩進んだら、次に左足を上げてごらんと導いてやります。そのとき私は、このように学生に語りかけるでしょう。「ほら、ごらん。君は一歩前に進んだよ！　君はやればできるじゃないか」、と。こうして一歩一歩進んでいくうちに、五歩、十歩と進んでいくことができるようになるはずです。これこそが教師の役割であると言えるでしょう。学生も、自分が歩んできた足跡を振り返って、きっと自らの進歩に驚くはずです。そこで私はこのように言います。「見てごらん、君がさっきいた場所はあそこなんだ。あんなところにいたのに、君はもう十歩も歩いた。それだけ、進歩し成長したということなんだ。それでは少し休憩して、疲れがとれたらもう一度歩いてみよう」。このように、一歩一歩学生の手を引っ張っていくのが、本当の教育なのです。

しかし、普通の日本の公立学校の先生は、このような教え方はしません。生徒に対して、ただ「歩け歩け」と命令するばかりです。歩かない生徒がいても、あの子は「できない子」だからと放っておくばかりです。最初から自分の足で歩ける「できる生徒」だけを相手にしているのです。そのうち、先生より先へ歩んでいく生徒もいるかもしれません。先生は、「おいよくやったな」と声をかけて、生徒たちが卒業し、それで終わりになってしまいます。

こういった、学生のためにならない良くない授業は、私の母校のフォーダム大学を含め、アメリカの一流大学では決して行われません。フォーダム大学で行われる教育は、先に述べたように、教員が学生の視線の高さにまで下りていって行われる教育です。私もまた、留学生時代には、このように一歩一歩とぼとぼと進んでいったのです。

一方、ハーバード大学の教育は、「君、やってごらん」と学生に自分の足で踏み出させる教育ではありますが、踏み出す一歩の歩幅がとても大きいのです。ハーバードの学生は、一科目につき、一週間で千三百ページにもおよぶ書物を読ませるという、ハードトレーニングを課されます。そのようなトレーニングを、何回も行うのです。フォーダム大学と比較すると、より厳しい勉強であると言えます。

私が危険だと思うのは、「創立者先生（＝筆者）は別格だ。ぼくらには真似はできない」という学生たちの言葉です。決して私が特別に優秀なのではなく、私も君たち学生たちと同じだったのだ、最初は学力がなかったけれども、自分を信じて、一歩一歩進んできたのだということを、私だけでなく他の教師も、それを学生たちに教えてやらなければならないと考えています。

レポート作成時の資料探し

大学通信教育部併修コースの学生たちは、レポート作成の際、資料探しにたいへん苦労しています。そこで、資料探しの方法さえ分からない学生に対しては、大学のレポート作成方法が基本から理解できるように、私が学習参考例を作成しています。それが『新・社会福祉要説』『保育児童福祉要説』『教職科目要説』等の私の著書です。自分で何をしてよいか分からない学生には、「まず最初にこうやるんですよ」という手本を見せなければなりません。私の作成した学習参考例を読めば、その科目の学習ポイントも手に取るように理解することができます。自分で手探りで参考文献を探すよりは、まず私の著書『新・社会福祉要説』等を読み、学習参考例に目を通すのが良いでしょう。まず先に、ポイントを把握してから、あとは自力で探してほしいという気持ちで『新・社会福祉要説』等を執筆したのです。決して、私の書いた学習参考例だけが正しいとか、真似をしなさいという趣旨ではありません。問題に対して答えるためのポイントは何かを理解するための、「はじめの一歩」としての参考資料に過ぎないのです。

資料探しと言っても、ただ何も考えずに本を持ってくるだけではいけません。とりあえず眺めて、全部読んでみてどこかに参考になるものがあれば……、というような漠然とした方法であってはならないのです。資料になる本を、冊数ばかりたくさん集めてくることも意味がありません。

まずは図書館に行き、そこで本棚に並んでいる本の題名にざっと目を通します。その中から、自分が必要としている題材に関連のありそうな題名の本を選び出します。そして、目次に目を通し、自分のレポートのテーマに対する答えがあると思われるページを、ピックアップしていくのです。要領の悪い人であれば二、三時間も費やすような作業ですが、私は五分ぐらいで行うことができます。時間がかかってしまう人は、分析力と思考力が不足しているのでしょう。はじめに、目的が何であるかということを、自分の頭の中で明確にしてから作業にとりかかることが大切です。「問題の答えを探す」という、本来の目的を忘れて手段にとらわれて勉強してしまうために、かえって資料探しが要領よく進まなくなるのです。

日本の大学の教員たちが作成した教科書や参考書は、専門用語が多く、かつ、内容が学生に分かりづらいため、かえって学生の学習は進まなくなってしまいます。日本の教育では、資料を集めて分析し、そのトピックスについてディスカッションしたり、友達と知恵を分かち合うとか、そういった訓練がなされていません。先生から言われたことを暗記することばかりなので、学問を行う上での基礎的なポイントが分からないのです。今までの日本の教育方法は、学問における基礎的な訓練を行うには適さない方法なのです。

たとえば、多くの人が、欧米の合理性や、合理性に基づいた判断が有効だと言いますが、その重要性を根本から理解して言っているのではありません。上司や周囲から、それが良いことだと言われたために、オウム返しに繰り返してそう述べているにすぎません。そこには、ほとんどの場合、彼ら自身の主体性、あるいは、自分の信念や考えといったものは見受けられません。何より、それについて誰かから質問を受けたとしても、根拠を説明することができないのがいい証拠です。上司の指示に従って働くことは得意でも、自分なりの考えや論拠を明確に述べるということは苦手です。なぜならば、欧米的な教育を受けていないからなのです。

文部科学省も、教育に対して革新的な姿勢を見せはじめているのは確かです。しかし、その内実は、実際の経験に裏打ちされていない「また聞き」に基づいたものなのではないでしょうか。文部科学省の役人の偉い方の皆が皆、私のようにアメリカへの留学のような異文化の体験をしているというわけではありません。

教師と学生の感情面の結びつき

アメリカの優れた教師は、授業中に勉強をただ教えるだけではなく、感情面においても、自分は学生と同じなのだということも教えています。教師だって、苦しいときには苦しいし、悲しいときには悲しいいし、涙を流すこともあるということを学生に伝えるのです。厳しい勉強をしていて、学生たちも苦しい思いをしているかもしれない、しかし、教師もまた、学生時代も現在教えていても苦しい思いをしているのだと語りかけていきます。

それによって、教師と学生とのあいだに共感が生まれ、波長が合うようになっていくのです。学生を叱るときに感情的になるのではなく、悲しみや苦しみといった感情を、学生に伝えます。そうして心が通い合うことによって、教育効果も高くなるのです。英語では、「ヒューマニスティック・アプローチ」と言います。つまり学生に対して人間味のある接触をするということです。

また、教師の人間的な感情を学生に伝えるだけでなく、人前で質問することは恥ずかしいことではない、ということも教えていきます。間違えるということは、決して恥ずべきことではありませんし、間違えることによって人は学び、成長するのです。そのあたり前のことを、繰り返し学生に言い聞かせていきます。

「君の答えは間違っていた。しかし、間違うことは、少しも恥ずかしいことではない。答え方は間違っていたかもしれないが、君の考え方は正しかったかもしれない。君の考えがまったく間違っていたのではなく、考え方が少々ずれていただけかもしれない。そして、世の中には、君の考え方とは違う考え方があることも知ってほしい。それを知っていた方が、筆記試験には合格しやすくなる。きっと、君の考え方は、筆記試験の常識を超えた、もっとすばらしい考え方なのかもしれない」

このような言い方をすれば、学生も「このような考え方もあるんだな」と納得することができるでしょう。ただ間違いを指摘するのではなく、異なる考え方を知ることにより、何か新しいものを学び、発見したのだと教えてやります。だから、「結果的にはよかったのだ。勉強していてつらいと感じるのは、君にとって良いことなのだ。それは成長している証拠なのだから」。そう教えてやるのです。

私もフォーダム大学教育学大学院で博士課程に在籍していた頃に、学問のことではたいへん苦しみました。しかし、「苦しめば苦しむほど、君の取得した博士号は大きな価値がある（valuable）のだ」と教えられ、頑張ってきました。学んでいるからこそ、学ぶことで自らが変化しているからこそ、苦しいけれどそれを乗り越えたときには大きな喜びが待っているのだと。

日本の教師には、このようなことを言う人はいません。アメリカでも、学費の安い大学では、このようなことは言いません。学費の高い大学では、とにかく教授は学生を励ましながら勉強をさせます。

日本の学校は、学生の勉強に対する動機付けは無視して、ただやみくもに努力だけをさせています。教師たち自身が、いったん教師になって以来、苦しい思いをして勉強をしていませんし、ごく普通の、誰もがするような程度の努力しかしていないのです。ですから、学生に対しても「おまえたち、誰でもやっていることを、なぜできないんだ」という指導しかできないのです。教師たち自身が、教職についてから努力を怠っているからです。教師という職業自体、「よけいな競争や努力はしたくない」という人たちが多くなりたがる職業であるという面もあります。アメリカの場合は、「努力すべし」ということは神の御声なのです。努力すればするほど、神はあなたを認め、天に導くのだという確信があるというのが、アメリカの長所だと言えます。

教師も努力する――教員研修会（ファカルティ・ディベロップメント）

教師自身が努力し向上していく、ということの例として、ここでは教員研修会をご紹介しましょう。

教員研修会においては、先生方は皆、自分が教えている学生は何を考えているのか、どれだけ学力が伸びているのかを調べます。この調べる作業のことを英語では「メジャーメント」と言います。文字通り「測定する」という意味です。教師は、自分が教えている姿を、ビデオで録画して自分で見ます。また、教師同士でそのビデオを見ながら、教え方のどこをどう直せばよいのか、ディスカッションします。さらに、他の先生方の教授法を見て参考にします。

つまり、「この教え方だけが正しい」とか、ひとつの教育方法にこだわることなく、教育効果があると思われることを皆でディスカッションし、意見交換します。そのために「メジャーメント

（効果測定）」、つまり試験は重要な意味を持ちます。教育効果を測るために、能力の伸びを数字に置き換える技術を利用するのです。まず、授業を受けはじめる前に試験を実施し、訓練前の学力を計測します。その後、一学期なり半年なり、ある程度の期間が経過した後の実力の伸びを、ふたたび試験をして数学的に計測します。判断要素は、読む力、書く力、聞く力、集中力など、何項目にも及びます。項目は、学生の国籍や言葉のハンディキャップの問題、バックグラウンドに至るまで、細かく設定されます。そのような数々の要素を数量化し、合理的な数字を算出して能力の伸びを測るのです。アメリカでは、自己中心的でなく問題中心的であり、感情論で判断するということがありません。判断根拠を明確にするため、すべて数値に換算し、合理的かつ正確に判断を下します。このような合理的な判断手法についても、研究が行われています。

こうして出てきた数字をもとに、どうすればさらに学生の力を伸ばすことができるのか、どのように教えればさらに効果的なのか、教授法を追求していくのです。

教授法を真剣に追求する教師は、今述べたような点にとどまらず、服装などの外見的要素にまで気を配ります。たとえば、学生から信頼されることが教育効果の伸びに影響すると判断すれば、より信頼を高めるような洋服の着こなし、話し方やジェスチャーなどにまで注意を払います。「この先生についていけば賢くなれるのだ」と学生に信頼されるよう、外見までも計算に入れて教えるのです。

教員だけではありません。たとえば、企業から生み出されるヒット商品も、さまざまな観点から研究し尽くされた結果から生まれ出てきたものなのです。

働きたがらない教師

日本ばかりでなくアメリカにも、積極的に働きたがらない教師も数多くいます。アメリカには、かえって日本以上に、働きたがらない怠惰（たいだ）な人間が多いと言えるかもしれません。なぜなら、アメリカは働かなくてもなんとか生きていくことのできる、豊かな国だからなのです。

日本の教師も、「できない子をできる子にする」ために、それなりに頑張（がんば）って働いているのでしょう。しかし、プロの教師は、ただ「自分なりに頑張っている」ということではいけません。教員という職業は、あくまでもお客様である学生を優秀に育て上げて、満足させなければならないのです。教室の中で「できる子」というのは、大学入試に関係のない科目のときは学校の授業に耳を傾けることなく、居眠りをしているものですが、そのようなことではいけないのです。高等学校の教員は、生徒が「できる子」であろうとなかろうと、大学へいく子であろうとなかろうと、それぞれの学生に合わせて満足させることができなければなりません。

少なくとも、私が高校生だった頃は、学校の授業には満足していませんでした。なぜなら、大学受験には直結しない授業内容であったからです。英語の問題にしても、一流大学の受験英語は内容が難しいため、私の高校の英語の先生では対処できないものでした。ですから、私は不満を感じていたのです。

教師の質の問題

いわゆる「大学全入時代」を迎えて、これからの大学は本質的に変化していくものと思われます。日本の大学は、卒業が容易だと言われてきましたが、これからは入学することまでも容易になり、入学にも卒業にも、まったくハードルが存在しなくなってしまいます。そのような状況に文部科学省は危機感を抱いており、授業方法を変えたり、さまざまなシステムの変更によって、日本の大学にてこ入れしようとしています。

しかし、実際のところ、日本の大学を取り巻く状況を変えることは「日本文化」を変えることにつながり、決して容易ではありません。なぜなら、高等教育の現場で重要な役割を担っている教師たちは、平等主義のもとで下の基準に合わせて楽をしたがる傾向があり、努力する姿勢が見られなくなってきているからなのです。

教師たちは、いったん手にした権利は容易に手放しませんし、さらには終身雇用が保障されています。ですから、現状を上回る努力を要求されても、言い訳をして、それに応じることはまずないのです。また、大学の予算というものは、授業料収入と助成金によってある程度定まっていますから、教員の給与を上げることは簡単なことではありません。

このような状況において、教師のあり方を改革していくためには、雇用方法を変えていく必要があるでしょう。終身雇用に安住してしまうことを防止するために、当初から期間を区切った契約で教員を採用すればよいのです。これによって、教師の心構えも大きく変わってくるに違いありません。

しかし、日本の終身雇用慣行を考えると、このような契約型の採用方法では、教師を集めることが困難です。ですから、実力主義の浸透したアメリカから、優秀な教師を招いて採用すればよいのです。同じ日本人でも、アメリカで教育を受け、博士号を取得し、アメリカの一流大学で教えている日本人の教授たちは、厳しい訓練を受け、激しい競争に打ち勝ってきた人々なので日本の教師とは比較にならないほど研究能力があり、教え方も優秀です。

終身雇用制度の見直し

終身雇用制度の浸透した日本の社会では、解雇されるということがあまり見られないので、「努力してもしなくても同じ」と考える人が多いようです。特に、安定性の高い大企業や学校においては、そういった傾向が強いようです。

中小企業になると、会社の先行きの見通しも不透明ですから、緊張感も強いようです。しかし、危機感はあったとしても能力が伴わないため、会社の業績向上に貢献するような何かを作り出すことはできないのです。意欲はあっても、それに伴う能力を欠いているというところでしょうか。

それに対し、日本の大企業は優秀な人材を多く採用していますし、全体的に社員の能力は高いと言えます。ところが、大企業のサラリーマンの中には、安定した環境にあぐらをかいてしまい、努力すること、つまり、立身出世をいつのまにか放棄してしまう人がいます。頑張らなくても、安定した雇用環境の中で定年を迎えられ、退職金を多くもらえるためです。

現在日本でさかんに言われているのは、こういった終身雇用制の見直しです。人員整理を敢行し、企業にとって本当に必要とされる人材だけを残し、そうでない人は解雇するのです。ところが、そのように思い切った方策をとると、国民のあいだに社会不安が起きます。社会不安をも恐れずに人員整理を行うのがアメリカという国ですが、日本では社会不安を起こすよりも現状維持を選びがちです。ですから、あえて改革は行わないのです。

アメリカでは、たとえば教育現場においても、実力主義によって、優秀な人材がそれに見合った高い報酬を要求し、能力が劣ると思われる人材を解雇または減給する場合があります。これまで十人で行っていた仕事を優秀な人物三人で行うから、残り七人は解雇し、七人分の給与を三人の給与に上乗せしてもらうというケースもあるのです。

このような大胆なリストラを行うことに対しては、賛否両論あるかもしれません。しかし、良いか悪いかは経営者の考え方ひとつです。解雇や減給を回避し、円満に人事を行うという手法ももちろんありますし、私のように実力主義を重んじる考え方もあります。ただ、いずれの方法にしても、実施したその時点では何も結果は見えません。すべては、将来その結果が出たときに、よかったかどうか判断されるのです。

何年か後に、どのやり方が正しかったのか、答えの出る日が来ます。すべては歴史が語るのです。組織がとった方法が間違っていなければ、その組織はさらに大きく成長していることでしょう。私自身について申しあげれば、私の学校は現在伸び続けていますから、世間の人は「中島の言うことは正しかった」と思うだけなのです。消えゆく人々に対しては、「あれは間違っていたのだ」と世間の人は噂するでしょう。つまり、人々が重視するのは「結果」だということです。二つのうちのどちらが正しいのかを判断する際に、組織が伸びていて収益を上げているか否かを判断基準にするということなのです。

資料④　東京福祉大学グループのアメリカ夏期短期研修について

以下は、東京福祉大学グループが毎年実施しているアメリカ夏期短期研修に参加した教員による報告書です。

アメリカ夏期短期研修に関する報告書

政治国際関係学博士　市川美南子（東京福祉大学専任講師）

私は七月十七日から八月十二日（平成十八年）の期間に行われたアメリカ夏期短期研修に参加する機会を頂きました。中島創立者先生が博士号を取得されたフォーダム大学のあるニューヨーク市と、創立者先生が招聘学者として研究をされたハーバード大学のあるマサチューセッツ州ケンブリッジ市に約二週間ずつ滞在し、一流の大学で専門家の講義を受け、福祉先進国の福祉・医療施設を見学することができました。プログラムの内容については出発前から理解していましたが、実際に参加させて頂くことによって、その素晴らしさをさらに実感することができました。

私は博士号取得のために英国で七年間過ごす間に、ヨーロッパ、中東、アフリカなど様々な地域を訪ねる機会がありましたが、アメリカを訪ねる機会はほとんどなく、ロサンゼルスに数日間知人を訪ねただけに過ぎませんでした。国際関係学を専門とする私は、冷戦後唯一の超大国となったアメリカには常に強い関心を持ち、一度長く過ごす機会を得たいと思っていました。今回、研修の引率という形で一か月近く滞在させて頂くことによって、世界の政治・経済・文化・学問の中心と言えるアメリカについて直接多くのことを学ばせて頂くことができたことを心から感謝しております。

最初の二週間を過ごさせて頂いたニューヨーク市は、世界の経済と文化の中心であることを感じさせる、期待通りの魅力的な都市でした。施設見学への往復のバスからは、都市の中心部だけでなく、郊外の住宅地や貧困層の多い地区の様子も垣間見ることもでき、通常の観光旅行では見ることのできないアメリカ社会の側面も見ることができました。施設見学では、高齢者や精神障害者、発達障害を持つ児童など、支援を必要とする人々が、自立して社会の一員として生活していくことができるように福祉・医療における様々な分野の専門家が協働して取り組んでいることがよく分かりました。創立者先生が教育学の博士号を取得されたフォーダム大学は、上智大学と同じカトリック・イエズス会系の大学で、創立者先生が折に触れておっしゃっているように、学生の力を伸ばし効果的なよい授業をする大学であることが授業を受講してよく分かりました。講義をして下さった先生方は、スライドやビデオ、カードなどを利用しながら、通訳を介しての授業であるにも関わらず学生に感動の伝わる分かり易い講義を工夫していらっしゃいました。

後半の二週間を過ごさせて頂いた、ハーバード大学のあるマサチューセッツ州ケンブリッジ市も、ニューヨークとはまた別の意味でとても刺激的な場所でした。ハーバード大学は私の専門である国際関係学でも世界的に著名な研究者が多数所属しており、以前からあこがれておりました。ハーバード大学で受けた講義には福祉の政策や制度に関わるものも多く、社会科学を専門とする私には大変興味深いものでした。医療にかかる費用を削減しながら最も支援を必要とする社会の弱者を守っていくためにアメリカがどのような取り組みをしているかについては、創立者先生の書かれた「二十一世紀の高齢者福祉と医療――日本とアメリカ」にも詳しく説明されていますが、実際にワシントンにある米国政府の顧問として福祉政策や医療を専門とする教授陣から最新の傾向について学ぶことは大変勉強になりました。日本でもアメリカでも、高齢化が進む中で医療費の削減が求められるのは必至ですが、その中で必要な支援を与えていくためには、医療・福祉の様々な分野の専門家が連携して入院中心の従来のケアだけではなく、コミュニティ全体で患者・利用者の自立を支援していくいわゆる〝ノーマライゼーション〟の必要があることがよく分かりました。

参加している学生が講義や施設見学の際に発する感想や質問からは、福祉の専門家を目指す学生が、アメリカで講義を受け、施設を見学することによって、日本の福祉の新たな課題について考える機会を得ていることが感じ取れました。ハーバード大学で行われた開講式の際にお話を頂いた、スカンジナビアン・リビング・センターという高齢者養護施設の創設者であるジョー・カレラ氏も、若い頃に北欧諸国で行った研究をもとに当時のアメリカにはなかった新しい福祉施設を創設した経験があり、東京福祉大学グループの学生が若いうちに外国の社会の仕組みについて現地で学ぶ経験も重要なことだとおっしゃっていました。

フォーダム大学で行われた開講式には社会福祉学大学院長のピーター・ボーン博士が出席し、ハーバード大学で行われた開講式では学芸学大学院副院長マクカバナ博士や法科大学院関係職員が出席して「ウェルカム・トゥ・ハーバード」という歓迎の言葉を繰り返していたことからも、アメリカ夏期短期研修という東京福祉大学グループの素晴らしい教育プログラムがアメリカの一流大学でも認識されていることが感じられました。

フォーダム大学、ハーバード大学ともに長い歴史と教育・研究実績を持つ一流の大学で、まだ比較的新しい本学が長年に渡って毎年歓迎され、施設を利用させてもらっていることは大変貴重なことだと思います。研修の様々な手配を担当している担当者がハーバード大学の施設担当職員から直接聞いた話によると、ハーバード大学の施設を研修や国際会議のために利用したいという希望は殺到しており、多くの他の大学・組織が断られているそうです。このような中で東京福祉大学グループが一〇年以上ハーバードの施設を使わせて頂いている理由の一つには、アメリカ夏期短期研修のプログラムが特色のあるしっかりとしたものだということがあると思います。ハーバード大学で行われた閉講式の際にも、マーゴット・ギル学芸学大学院院長のスピーチの中で、ハーバード大学を訪れた数多くの大学の中でも、東京福祉大学グループは特色のある良好なプログラムを持っており、特に印象に残っているとのお話がありました。

アメリカ夏期短期研修に参加して、学生が講義や施設見学、日本語を話す現地学生シャペロンとの交流から多くを学んでいることを実感すると同時に、教員の一人である自分もアメリカの社会、文化だけでなく大学間交流のあり方についても多くのことを学ぶことができました。このような機会を与えて頂いたことを創立者先生をはじめとする現地でお世話になった先生方、参加・募集・準備段階でご協力頂いた本学の諸先生方に心から感謝申し上げます。

資料⑤　資格取り、現場で学べ

受講生を見守る中島総長（右）

国家試験対策講座の教壇に立つ
中島恒雄総長（東京福祉大）

「資格取り、現場で学べ」

「とにかく暗記。それで合格だ」。東京福祉大（伊勢崎市山王町）で9月中旬に行われた社会福祉士の受験用講義で、中島恒雄総長(59)が講堂に声を響かせた。一見、予備校のようだが、中島総長は「本当の福祉は現場に立たないと分からない。だからこそ、まずは資格」と話し、不定期で国家試験対策講座の教壇に立つ。

受講生には、学生に交じり、同大教員の姿も目立つ。受講者は、中島総長の叱咤（しった）激励を受けた後、用意された受験用の問題を解いていく。講義最後の確認で「間違えた人」と問いかけると、手を挙げる受講者はいなかった。

「生徒らのニーズは資格取得。それに応えないと」。同大グループでは2006年、社会福祉士と精神保健福祉士の国家試験の合格者数が1000人に達し、全国トップだったという。

受講した福祉心理専攻の4年富岡真利恵さん(21)は「覚えやすいし、分かりやすい」と評価し、教員の森下早苗さん(26)は「ポイントを絞って教えてくれる」と話した。

中島総長は「能力を生かせられないのでは生徒が気の毒。資格を取って現場に立ち、福祉の生の姿を学んでほしい」と話している。

▼『読売新聞』二〇〇六年九月二〇日付群馬県民版より

第Ⅵ章

英語的思考法——基準はひとつではない

学生の基礎学力の低下

最近の日本の学生は、特に読み書きなどの基礎学力が低下していると言われています。そして、その悪影響をもっとも受けているのは、学生たちの就職先である企業や役所などでしょう。企業等の採用担当者が、このような基礎学力の乏しい学生を積極的に採用したいと考えるはずはありません。しかし、結果的にはそのような能力の低い学生を採用するはめになっています。その原因は、企業等の採用試験のあり方に問題があるからではないでしょうか。たとえ基礎学力に欠けている学生であっても、入社試験においては、いわゆる「マニュアル本」を勉強することによって、それなりに良い点数が取得できてしまうため、学生の本当の力を判断できないのです。

日本人的思考法

歴史的に日本人は、何かひとつのものごとを行うときに、集団を形成するという特徴を持っています。たとえば、戦国時代から日本には各地に大勢の大名たちがいました。大名を中心に領地におけるひとつのグループが形成されます。そして、そのグループ内においては、自分の個性を殺し、徹底的にリーダーに従うという文化と風習が育まれ、それが今の時代にまで受け継がれています。下の者は、上に対してはっきりと異なった建設的な意見を直接述べることを避けるのです。

こうしたリーダーについては、大きく二つのタイプに分けられます。はっきりと自分の考えを提示し、周囲を引っ張っていくリーダー的なタイプと、何も言わずに皆の意見に耳を傾け、それを具現化していく調整型のタイプの二つです。

日本の社会では、国を発展させていこうという場面においてもなお、政治家ははっきりとものを言いません。政治家は何も言わず、民の意見を集約していく際にリーダーシップをとるのは、政治家ではなく官僚なのです。官僚という職業は、貧富や出身にかかわらず、高い学歴を持ち、公務員試験に合格しさえすればつくことのできる職業です。そういう人々が、日本の方向性を立案・決定し、実行に移していくのです。

これに対して、国民は何も言わずに追従し、日本という国は官僚主導によってこれまで発展してきました。これも、日本の文化を特徴づける一要素となっています。しかし、歴史的に見れば、高い地位についている人物であっても、本当の意味でのリーダーシップを持っていなければ、周囲から攻撃されるケースも見られます。

　これからの社会は、ある程度自己表現をし、他人からも学びながら生きていくという競争原理の働く方向に変化していきます。私も本を出版しましたが、これも自己表現のひとつの手段です。それに対してやきもちで悪口を言う人もいますし、ほめてくれる人もいます。

英語的思考方法について

　ビジネスマンも千差万別ですが、日本のビジネスマナーの本を見てみると、国際ビジネスの場面で話を進めるには、結論から先に提示しなければ相手によく理解してもらえない、ということが書かれています。

「結論から先に述べる」という英語的な思考方法は、日本人のみならず、中国人、韓国人、そしてすべての英語圏以外の地域に暮らす人間にとっても必要です。社会で成功している人たちを見ても、皆、英語的思考方法を身に付けています。英語的思考方法を身に付けている人ほど、グローバルスタンダードを身に付けていて、世界で通用する価値観が分かり、社会で成功する確率は高くなりますし、成功することにより収入も高くなり、視野（しや）もさらに広がります。

　私自身、人材を採用する際に、そういったことを特に実感します。外国語を修得（しゅうとく）している人材を採用すると、視野が広く、考え方に柔軟性があり、簡単には挫折（ざせつ）しないのです。ところが、外国語を勉強したことのない「日本的な」日本人は、今まで経験したことのない新たな問題に直面したり、マニュアルに書いてないことが起きると、柔軟に対応できず、枯れ枝のように、すぐにポキンと折れてしまうような脆さがあります。

ですから、英語（他の外国語でも良いのですが）ができるということは、単に英語が話せて使いこなせるということだけではなく、人間的にも能力的にも可能性を大きく広げることでもあります。英語教育とは、単に英単語を暗記するためではなく、柔軟な思考力、広い視野を身に付けるという意味で必要なのだと言えます。英語の本を読み、英語的な思考を知らず知らずのうちに身に付けていくと、考え方に柔軟性が備わっていきます。

アメリカ人は、博士課程に入学すると、第二外国語を履修します。なぜ履修するかといえば、アメリカ人は一般的に外国語が苦手だからです。もともと英語ができることによって、アメリカ的な合理性はおのずと身に付けていたとしても、外国の基準をも学び、幅広い情報を収集するためには、母国語である英語を身に付けているだけでは不十分なのです。そのような趣旨により、PhD（博士号）をとるためには英語以外の第二外国語を履修しなければならないのです。

アメリカ人は一般に、日本人以上に外国語を学ぶことを苦手としています。なにしろ、英語さえ話すことができれば世界中どこに行っても、苦労することがないため、あえて外国語を熱心に学ぶ必要がないという社会的な背景もあります。

しかし、やはり日本人の場合は英語を修得すべきですし、英語圏以外のすべての国民は、英語を学ぶべきであると考えます。日本人の中で、英語が堪能な人物は、能力も高く所得も高い人物が多いのです。そういう意味では、英語の修得は価値のあることだと言えます。

異文化の中で

旅に出るということは、今まで知らなかった場所、知らなかった人に出会うことであり、大変良い経験であると思います。今まで知らなかったことを、旅をすることによって知ることができます。しかし、海外旅行によって新しいことを学んでも、それきりになってしまう場合が多いようです。さらに深く学ぶためには、アメリカ等海外の大学へ留学をすると良いでしょう。アメリカに留学をすることによって、何が違ってくるかといえば、アメリカ式の教育方法や評価方法を学ぶことができる可能性があるということです。アメリカでは、教授が学生に対して求めるものも異なっています。異文化のなかで完全に自分を教授の基準にゆだねて、教授の要求してくる努力、いや、それを上回る努力をし、教授を満足させなければ、合格点をもらえず卒業できないのがアメリカという国なのです。しかし、それは誰にでも達成できるものではありません。人によっては、達成できない場合もあるかもしれません。

アメリカに留学して英語学校に百人入学したとして、その中で何人がアメリカの正規の大学に入ることができるでしょうか。仮に全員大学に入学できたとしても、卒業できるのはその中の二、三人とも言われています。学士を卒業後、大学院の修士をとることのできる人は稀(まれ)ですし、博士をとる人となれば、日本人ではほとんどいないと言われます。私の友人であるカリフォルニア州立大学のマッキンストリー博士からは、「アメリカの一流大学の博士課程を修了した日本人を見るのは、君が初めてだ」と言われました。

まして、価値ある良い本も執筆し、この難しい時勢に、海外で教授として活躍した経験のある日本人の一流教授陣を揃えた、美しいキャンパスをもち、大学院をもつ大学まで創設した人物となれば、歴史上でもめったにいないはずです。

学問と真理

日本の学者たちは、学問というものは実用主義的であってはならないと考えているようです。学問というものは、「永遠の真理」を教えるものであって、すぐに使える実用的な知識を教えるものは学問ではないという間違った考え方です。

実用的な知識は、状況に応じてただちに変化を要求されます。「この問題にはこの解決方法だ」と思っていたものが、別の条件や状況下では全然役に立たないという場合があります。条件の変化によって、一度学んだ知識が役に立たなくなってしまうのです。そして、このように変化するものは、真理とは言えないし学問ではない、と誤解している人々がいるのです。

しかし、実際には、学問というものは、必ずしも永遠の真理ばかりを教えるものではありません。そのときどきの条件や、場面、時代の環境によって答えは変わりますから、正解は一つではなくさまざまです。答えはいろいろあり、答える人によっても変わりますし、どんな答えも論理展開が正しければ正しいと言い得るのです。ところが、日本式の教育で育ってきた人々には、「異なった答えがいくつもある」ということが、学問らしくないように思えるのでしょう。

アメリカのルールと日本の常識

アメリカの社会では、基準というものが実にはっきりしています。しかし、集団や場によって、その基準はさまざまに異なっています。アメリカ人は、もともと、ルールや基準がたくさん存在する社会に生きているため、柔軟性を持っています。場所が変われば、その都度、臨機応変に新しいものさしに自分を合わせていきます。

ところが日本の場合、「慣習」は存在するものの、明示された「基準」「ルール」というものが社会に分かりやすく存在していません。ですから、アメリカ人には「日本人はよく分からない」と感じられることも多いようです。

日本人社会は、基準やルールよりもむしろ、世間一般の慣習や常識に支配された社会なのです。世間の常識こそが基準であると言えるでしょう。従って、仮に周囲の人から「君は常識がないね」と言われたら、その人はその集団から疎外されてしまいます。集団から疎外されないために、日本人は皆「常識とは何だろうか」ということを追求しようとします。

アメリカ人は常識ではなくてルールを重んじますので、ルールの範疇において自分の考えというものを主張していきます。ルールに従ったうえで、その中で最大限に努力して、自己主張を行うのです。

アメリカ人の場合、自分の主張した考えが間違っていると指摘されれば、なぜ違うのか、どこが違うのかを尋ね、納得してから訂正します。日本の場合は、説明を求めれば「そんなことまで聞くのか」「恥ずかしくないのか」と言われてしまうでしょう。ですから、学生はあらかじめ、間違いを回避しようと心がけるのです。大人になっても、その傾向は続きます。

しかし、国際化が進み、時代が変わった今、間違えることを恐れず、他人に聞いて学ぶことが有効なのだと私は言いたいのです。競争社会の今は、欧米型の合理主義がものを言う時代です。たとえ学生たちが英語が話せないとしても、欧米的な思考を教え、学生を導いていくよりほかありません。

私は、学生たちにこのように言っています。私は本も出版したが、ここに書いてあることはひとつの参考例に過ぎないのだと。もっといいものを作ってください、と。実際にできるかどうかは別として、目標を持って努力してくださいと呼びかけているのです。皆、自分が「これでいい」と納得できるものを作ればそれでよいのです。

入試の基準がすべての基準ではない

大学入試という基準は、青春時代の一過性のものにすぎません。たとえば、東大を卒業すれば得かどうかという基準は、入試の際の偏差値や就職試験の場面ではものを言うかもしれません。しかし、それが通用するのは社会に出てからも最初だけで、すべてに共通する基準とは言えません。社会に出てからの基準は、本当に能力があるかどうか、仕事ができるかどうかという基準なのです。それは、三十歳、四十歳、五十歳と年齢を重ねていくに従い、徐々に分かってくるものです。大学への入学だけではなく、その後の努力によって、誰にも共通する能力の基準がものを言うようになっていくでしょう。より能力・専門性が高く、社会に貢献でき、高い給料を得る人が得をするようになっていくのです。

たとえば、私のように六十歳台前半という年齢にもなると、ほとんどの大企業のサラリーマンたちは定年後や自分の過去の人生に思いを馳せるようになります。しかし、私はまだとどまることを知らず、さらに東京福祉大学の創立者としての職責を果たすことになります。若い頃は、大企業のサラリーマンたちの方が、私よりもエリートであったかもしれません。若い頃にエリートでなかった私は、劣等感と反省をバネにして、努力、つまり、「汗と涙」とによって次第にエリートへの階段を一歩一歩昇れるようになりました。そして、大学創立者という誰もが認める本格的なエリートになることができたのです。

私は現在でも努力を続け、おかげさまで、実力も身に付きましたし、問題を発見し、解決する能力も身に付きました。単に親からの世襲で学校経営者になったわけではありません。一般に教授から総長についた方の場合は、教授会の限られた人数の中での競争に打ち勝たれたわけですが、それも厳しい競争ではありましょうが、それとて限られた少人数の中での競争に過ぎません。私は、もっと大きな、社会という母集団の中での、激しい競争に打ち勝ってきたのです。アメリカで博士を勝ちとるまでの努力とその過程で鍛えられてきたことが、まさに私の学校の基礎的な力になったのです。

第Ⅶ章　日本の教育現場には意識の変革が必要

アメリカの学歴と資格のつながり

アメリカの小学校から高校までの教師は、大学を卒業すると、まず一年契約の非常勤として雇われます。専任になるには、ニューヨーク州の場合、七年以内に大学院で何らかを専攻し、修士号を取得しなければなりません。彼らは一日のうち午後三時まで学校で働き、そのあと夕方四時十五分からの授業を受けるため、せっせと大学院に通います。定年までに、少なくとも二つの修士号をとらないと最高の給料をもらうことができません。長く教員をしているからといって、それだけで毎年給料が上がり、真の教師として認められるわけではないのです。

アメリカで、学士、修士、博士それぞれの課程に入学しようとする場合、そのときそのときに用意される各々のレベルの選抜基準に合格しなければ入学が許されません。大学と同じ系列の大学院だからといって、入学許可がおりるわけではないのです。同じ系列大学出身者には、かえって入学許可をしないといった方がいいのです。日本の大学入試と同じぐらい厳密な審査が修士課程と博士課程レベルの大学院入試で実施されます。

同じ大学でも学部と大学院は、全く別の学校で教授間の交流はありません。まるで異なった学校として組織されています。教授は厳格、学生も遅刻をしませんし、私語や居眠りを全くしません。授業で話すのは教授の質問に答えるときと、学生同士のディスカッションのときだけです。博士の学位を取得するにも、日本のようにコネは全くききません。努力して汗と涙を流して各科目の論文を書き上げ、数人の教授による厳密で異なる基準による審査のもと、厳しい判断が下され、やっと博士の学位がおりるのです。

ところで、日本の大学院での博士学位取得について、先日、ある学術書専門の大手出版社の編集長から次のような話を聞きました。その編集長のお話では、日本の大学の博士論文の中には、きちんとした日本語になっていない博士論文も多くあるそうです。学位規則の改正（平成三年文令第二七号）で、博士の学位を授与された者は、当該学位を授与された日から一年以内にその論文を印刷・公表するものとする、という法律ができたので、博士論文を本にして出版しなければならなくなり、そこの出版社でも、書いた人から頼まれて博士論文を編集・出版する企画があり、編集長が多くの博士論文に目を通しました。

すると、国立の東京大学、京都大学等で学位を取った人の博士論文は、さすがにきちんと書かれ、論文審査委員がきちんと読んでいるのですが、他の大学で博士号を取得した人の論文の中には「これが本当に審査に通った博士論文なのだろうか」と首を傾げるような博士論文もあったそうです。

誤字脱字が至る所にあったり、論旨が通っていない博士論文、論文審査委員がきちんと読んだのかどうかさえ疑わしい博士論文も中にはあり、「もう一度出版社で書き直さないと、とても本にして出版できない」と思えるものもあるそうです。「論文が審査に通るかどうかは、ほとんど審査員である、自分の親しくしている教授一人との情状とコネで決まってしまう場合も、中にはあるにちがいない」と、その編集長は言っていました。

そのような博士論文では、書き直さないと恥ずかしくて一般に公開できないのも無理はありません。アメリカの博士論文は、学位論文ネットワークに登録されて一般に公開されており、誰でも図書館で閲覧でき、また、お金を払えば、いつでも注文し送ってもらい、日本でも購入することができます（巻末の参考資料三二一、三三三頁参照）。日本の博士論文は平成三年の学位規則の改正までは非公開で、論文筆者の許諾がなければコピーも取れないのは、こういうわけだったのかもしれません。

マッキンストリー博士が、先日このようなことをおっしゃっていました。

東北にある、とある私立大学での話です。この大学は、もともと短期大学だったのですが、四、五年前に改組して四年制大学に移行しています。マッキンストリー博士が教授をされているカリフォルニア州立大学サンルイスオビスポ校と提携しているため、マッキンストリー博士はアメリカから二十四人の学生を同伴して、この私立大学にやってきました。それと同時に、この日本の大学からも、教授たちが学生を連れてアメリカに行き、交換留学のようなことを行っています。

この大学の教授の中に、提携しているカリフォルニア州立大学の、博士号がもらえないだろうかと考える人がいるのだそうです。自分は二十数年もの長い間、大学と短大で教えている教歴があるので、提携している大学なので、博士の学位をくれないかというのだそうです。

しかし、アメリカの博士というのは、簡単な論文をいくつか書いて、長い教歴があるという経験だけで、たやすくもらえるものではないのです。アメリカの博士号を取得するには、まず博士課程に入学するため、ＧＲＥ（大学院適性試験）を受験して高得点を取り、日本人であればＴＯＥＦＬ英語試験で六百点程度の点数を取らなければなりません。なにより、修士課程から入学しなければ、いきなり博士課程に入学することは不可能です。

まずは修士課程で約十科目ぐらいの科目を勉強します。授業に全出席し、学期ごとに一科目につきターム・ペーパーを三本ぐらいずつ執筆し、修士課程を卒業するときには総合能力試験を受験します。

そして博士課程に入学すれば、レジデンス・セミナーもありますし、Comprehensive Exam もあります。十五科目以上の科目を履修し、そのうちの五科目ほどの研究科目をとり、論文の研究の方法を学び、博士論文のセミナーに通います。

次に、博士論文委員会を教授たちに結成してもらい、一行ごと、一ページごとに博士論文指導を受け、論旨の通っていない点や、研究不足な点を直していきます。厳しく、複数の教授に評価してもらうのです。博士論文委員会で、十人ぐらいの全ての大学教授からＯＫが出たら本格的に第三章から先の執筆を開始し、そこから何年もかけて完成させます。レジデンス・セミナーでは、年間を通してずっとセミナーを受講し続けなければなりません。そして、最終的な教授の論文終了の承諾を得てから初めて口頭試問へと進み、合格すれば博士号がようやく与えられるのです。その間、十年ぐらいかかります。

そのように、一歩一歩積み上げていく作業が絶対不可欠ですし、ずっとアメリカに住んで何年もの時間をかけて研究しなければなりません。二十年、三十年、日本国内の大学で教鞭をとっていたからといって、博士号は簡単に与えられるような学位ではないと答えているそうです。

日本の大学教授の中には、アメリカの大学院で与えられる博士号を、非常に甘く見ている方もいるようです。教授職を長年やっていればもらえてしまうような、名誉博士のようなものだと勘違いしている方も多くみられます。博士号を取得するまでの過程は、いわば「頭脳改良訓練システム」であり、途中で課されるすべてのハードルを乗り越え、合格しなければなりません。非常に苦しい長い道のりなのです。

大学院で専門知識を学んだことでより有能になる時代がくる

受験生の減少だけが、教師に意識変革を迫る要因ではありません。

社会、とくに企業が大学に要求する役割の変化があります。今まで、日本の企業は終身雇用を採用してきました。社員が、生涯、在籍してくれるからこそ、企業も安心して社員教育にお金を投資したのです。しかし、終身雇用制がくずれると、企業も辞めていく人間にお金を使おうとはしません。長い時間かけて企業内教育を施すより、有能になりたい人は自分のお金で有能になってください、というわけです。

そうなると、大学が、大学院が、学生の能力を高めるため、変わらなければなりません。それは、教師に意識の変革を強います。

大学院に行って専門知識を学び、より有能になって、給料のいい、よその企業に移る時代がやってくるかもしれません。終身雇用制の崩壊（ほうかい）は、その日が近いことを暗示しています。しかし、今現在まで、そうした希望をもつ社会人を受け入れ、問題解決能力を高める大学院は日本には存在しませんでしたし、教師も存在しませんでした。そこで、優秀な社会人は、良い実用教育を受けるためにアメリカに行ってしまうのです。

私は何も、アメリカの教育法だけがベストだといってるわけではありません。アメリカはメルティングポットと言われるように、人種のるつぼです。考え方やバックグラウンドの違う人たちが集まり、英語という共通語をベースに、理解しあえる共通の部分で競争し、人を評価するわけです。異文化、多民族、いろいろな考え方の違いの中で、人によって、人種によって、文化によって、その人の教養によって同じことでも違って見えたり聞こえたりするわけです。まさに国際社会です。

しかし、どの人が聞いても、考えても共通する部分があります。私がいっているアメリカとは、その共通する部分のことで、誰にも共通する基準の部分のことです。アメリカというミニ国際社会で通用する基準なら、グローバルな国際社会でも通用するはずです。日本でも通用するはずです。そうならば、この共通の部分で競争ができ、勝てる人間になれるよう教育した方がよいのです。

日本人がアメリカに行ってこの共通部分を身に付けるのも一つの方法ですが、東京福祉大学グループ校でも可能です。しかも、若いうちに。日本語しか使えなくても可能です。日本語をベースに、合理的に日本語を使い、合理的に考え、合理的に表現できる優秀な人材になればよいのです。

実社会に出たときに何ができるかを学校では教えるべき

たとえ日本語しかできなくても、前述の共通の部分を自分のものにしてしまえば、たいへんな能力者として活躍できます。騒がれている国際化社会にも十分対応できます。

今は学歴で、言い換えれば学校名で、その人が評価されています。しかし、社会に出て数年経つと、評価の基準は、何ができるかに変わります。入試の難しい有名大学を出たなどということは問題ではなくなります。

教師は、そこに焦点を合わせて人材を育成しなければなりません。自分でものを考え、自分なりに解答を作り出し、それを誰にでも分かるよう、文章で論理的に展開できる人材を生み出す。それこそが教師の本来の仕事です。

教師の言ったことなどまねして書かなくてもいいのです。正解は一つではありません。複雑な社会では答えはたくさんあるのです。暗記ではないのです。理解です。思考力です。応用です。創造力です。そのためには、本や資料を数多く読ませ、他人とディスカッションさせ異なった考え方を身に付けるよう、導く必要があります。その導き手が教師です。

ただ、旅をするのが教育だともいいます。海外旅行をして異なったものを見ると、なるほど違っている、と認識を新たにします。日本国内だけで完全な教育ができるわけではないのです。学生にとっては、社会に出ることが、旅をすることです。つまり国際社会に出ていくようなものです。そこで、異なった考え方、異なった文化、異なった基準を受け入れることができる人間になることが重要です。いろいろな科目を勉強することは、異なった言語を勉強する、違った基準を身に付けるのと同じです。柔軟なものの考え方ができあがり、異なった基準にたえられる人間になれるからです。そういう人間こそ賢い人間であり、優秀な人間です。

そのためには、教師自身が意識改革をし、従来の記憶を重視する教師から、読み書きができる能力、ポイントをつかむ能力、それを論理的にまとめ、誰にでも分かる文章にする能力を重視する教師に変わらなければなりません。

教育内容・授業方法の改善への取り組み

大学進学率の上昇に伴い大学に入学してくる学生の多様化が進むなかで、現在の大学教員にはこれまで以上に個々の学生に学習への動機付けを与え、学生が学習及び研究目標を確立するための指導を行うことが求められています。このように高等教育の大衆化と学生の多様化が一層進展するなかで、大学の個性・特色を発揮しつつ、学部段階における教育機能の充実強化を通じた卒業生の質の確保を図ることが必要です。

この学生の卒業時における高い専門知識等の質の確保を図るため、教員は、学生に対してあらかじめ各授業における学習目標や目標達成のための授業の方法及び計画とともに、学生は全授業に出席する義務があることをシラバスに明示し、一回欠席したら何点減点するとか、三回以上欠席したらその科目の単位を与えない等の出欠管理を厳格に行い、独自の創造的レポートを学期中に何本書いて提出しなければならない等の成績評価基準をシラバスの中に明記したうえで、厳格な成績評価を実施すべきです。

成績評価基準は各授業科目を担当する教員が授業の目的等に沿って適切に定めるべきものであり、学期末の試験のみで評価することはせず、学生の授業への出席状況、宿題への対応状況、レポート提出状況等、そしてそのレポートの中身も丁寧かつ厳格な指導を行い、学生に何回も書き直させて良い論文になるまで再提出させる等、日常の学生の授業への取り組みと成果を考慮して、多元的な基準を各授業科目のシラバスに設定することが必要です。

学期末の試験についても、試験というものはその学生の能力を伸ばすために行われるものであることを十分に認識して行います。その意味では、いわゆる○×式試験や、選択式試験（いくつかの答えの中から、正しいものを選ぶ）は、いちばん不適切な試験であり、教育効果の高い試験というのは、ただ単に暗記された知識を試すものではなく、今まで得た知識や情報を分析する能力、そして分析した知識や情報を応用して、未知の問題を解決できる課題探求能力を育てる目的を持ったものなのです。

東京福祉大学では、暗記型の試験は一切行わず、学期の始まりにあらかじめ教員が問題を学生に提示し、それについて、学生が自分で調べ、他の学生とのディスカッションをしながら、自分なりのレポート答案を作成し、提出するというレポート試験を行います。教員は、提出されたレポート答案について、質問に正確に答え課題に沿って答えたかどうか、論理の展開が良いかどうか、法則などに反して勝手に言葉を作ってしまっていないか、あるいは自分勝手な間違った解釈をしていないかどうか、内容をよく理解しているかどうか、自分の経験に基づく問題を、学んだ理論を応用してどのように解決するのか、また、誤字脱字に至るまで、細かく添削を行い、コメントを書き、すぐに学生に返し、書き直しを求めなければなりません。

学生から答案を受け取ったら、教員は次の日にでも返すべく、すぐに添削しコメントをつけ、すぐに書き直すように指示します。何週間もたってから学生に答案を返しても、学生の学習効果はまったく望めません。できるだけすぐに答案を見て添削し、すぐに学生に返し書き直させます。そして書き直された答案を、また同じように添削・コメントし、より良い論文に書き直させます。一年生のときはやさしい課題を使ったり、書けない学生のためにオフィスアワーに研究室で調べ方や書き方を分かるまで丁寧に指導する必要もあります。こうして学生一人ひとりに対して、その学生の創造的能力を十二分に引き出し、汗をかかせて努力させ、Ａの評価を与えることができるレベルまで、何回でも書き直させます。それが教育の基本であることを明確にするのです。

こうして、入学するときあまり学力がなかった学生も、努力させ、鍛え、Ａの成績評価をとれるよう教員は導いていかなければなりません。学生が、ベストを尽くし、Ａの評価がとれるようにすることが教員に求められます。逆にできる学生であっても、ある程度レポート答案が書けてしまい、それ以上努力するよう指導しても努力しない学生は、Ａの成績評価を与えるに値しません。

授業においても教員は、難しすぎて学生が理解できない教科書や参考資料ではなく、学生が読んで理解できるような分かりやすい教材を使用し、学生に積極的に参加させ質問しながら「ソクラテスの対話方式」で自分の意見や考えを発言させたり、グループで学生同士ディスカッションをさせ、皆の前で立って発表させるようにします。そのために教員は、授業の準備を入念に行い、毎日の授業が学生にとって価値のあるものにするつとめがあります。教室で最初はやさしい文章を必ず立って読ませたり、やさしい質問などについて答えることからはじめ、学生一人ひとりのレベルに合わせて、徐々に専門的な分野に引き上げていくような授業を行い、授業のための予習・復習の内容もシラバスに明示しておかなければなりません。

実習教育においても、教員が施設へ巡回指導に行ったとき、施設の指導者とともに、学生が何をして、何を学んだかをよく聞き、そのうえでその学生に合った次の課題を与え、その課題をどのように解決したか、またなぜ十分にできなかったか、できなかったことをどうしたらできるのかを学生に考えさせ、実践させます。できたときには、「よくできましたね」と必ず誉め、さらに高度な課題を与えていきます。そして、実習記録も学生と面接しながら、書き方から内容に至るまで細かくアドバイスし、繰り返し書き直させます。

このように東京福祉大学では、授業と同様、試験においても実習においても、本当に価値のある学習効果をあげるために、教員が分かりやすく、丁寧に指導しなくてはなりません。また、そういった教育のうえに厳格な評価をつけなくてはなりません。そのためにも暗記型の○×型試験のみで評価をしたり、ましてや、学生の答案やレポート、論文を十分に読まずに評価を出すようなことは、決してあってはなりません。そのように怠惰で学生の学習能力を効果的に伸ばせない教員は、辞めていただかざるを得ません。

厳格な成績評価については、たとえばＧＰＡ（グレード・ポイント・アベレージ）と呼ばれる制度を活用します。

東京福祉大学におけるＧＰＡ制度は①学生の評価方法として、授業科目ごとの成績評価を五段階（Ａ、Ｂ$^{+}$、Ｂ、Ｃ、Ｆ）で評価し、それぞれに対して、四、三、二、一、〇のグレード・ポイントを付与し、この単位当たりの平均（ＧＰＡ）を出します。②単位修得はＣでも可能ですが、卒業のためには通算のＧＰＡが二・〇以上であることが必要とされます。③三セメスター（一年半）連続してＧＰＡが二・〇未満の学生に対しては、退学勧告がなされます（ただし、これは突然退学勧告がなされるわけではなく、学部長等から学生に学習指導・生活指導等を行い、それでも学力不振が続いた場合に退学勧告となります）。

なお、このような取扱いは、米国において一般的に行われているものですが、本学の場合、一セメスター（半年）に最低十二単位、最高二十単位の標準的な履修を課したうえで（編入学生を除く）成績評価し、行われます。

学生の履修科目の過剰登録を防ぐことを通じて、教室における授業と学生の教室外学習を合わせた充実した授業展開を可能とし、少数の授業科目を実質的に学習できるようにすることにより、単位制度の実質化を図ります。このため学生が一年間あるいは一学期間に履修科目登録できる単位数の上限を大学が定め、また、個々の学生に対して履修指導を行う指導教員やティーチング・アシスタント等を置くことも重要です。

ティーチング・アシスタントとは、優秀な大学院学生に対し、教育的配慮の下に、学部学生などに対するチュータリング（助言）や実験、実習、演習などの教育的補助業務を行わせ、大学教育の充実と大学院学生への教育トレーニングの機会提供を図るとともに、これに対する手当の支給により、大学院学生の処遇の改善の一助とすることを目的とした制度です。ハーバード大学等のアメリカの一流大学は教授が直接教えないで、このティーチング・アシスタントが主に教えているのが現状だそうです。

教育効果を高めるためには、教員の授業内容・授業方法の改善、教科書や参考書を学生が読めば理解できる分かりやすいものにする等、効果的な教授法の向上への取り組みが必須です。教員は、学期ごとに各科目が終了することを前提として、「この科目を学べばこのような知識・技術と学問的能力が身に付く」という教育目標としての各授業科目のシラバスを前述の如く明確に設定し、学期の始めに学生に示さなければなりません。そのために教員は知識や技術の向上についての具体的目標、参考文献、試験方法、授業進度、教科書・参考書の選択などを各科目について適正かつ合理的に設定し、学生に示す義務があります。その他、教員の効果的な教え方の能力向上のため、ファカルティ・ディベロップメントを重視し、全教員がそのために努めるように啓発します。

ファカルティ・ディベロップメントとは、教員が授業内容・方法、教科書・参考書の選択の仕方等を改善し、学生の能力を向上させるための組織的な取り組みの総称です。その意味するところは極めて広範にわたりますが、具体的な例としては、教員相互の授業参観の実施、授業方法、学生に学習意欲をどのようにもたせるか、効果的な試験の方法、論文の指導方法等についての研究会の開催、新任教員が効果的に教室運営をするための研修会の開催などをあげることができます。

また、学生に教科書や資料をあてて立たせて読ませたり、グループでディスカッションをさせる場合でも、意味の分からない難解な専門用語ばかりが並ぶ教科書や、精練されていない参考文献をいくら読んでも、漢字も読めず、大事なポイントすらつかめません。

教員は、学生が読んで分かるような資料を教員自らが作成し、他の教職員にもそれを読んでもらい、本当に学生が読んで理解できる書き方かどうかといった意見を聞きながら書き直し、より読みやすく分かりやすい資料にして、学生に配布しなければなりません。その教科書や参考書、資料を学生が授業のなかで熟読し、他の学生と何が大事か、どこが問題点なのかについて話し合い、そのうえで、大切な部分を自分なりの意見を含めて文章にします。それから、学生同士で、自分たちでまとめた文章を添削し合ったり意見を出し合いながら、より良い文章にします。さらに、教員も提出されたレポートをすぐに添削し、翌日にはコメントを付して返し、また書き直させます。この積み重ねが、本当の読解力・分析力・課題探求能力・文章力・創造力を生むのであって、教員が難しい教科書や資料を授業のなかで解説したり、専門用語・学術用語を一方的に解説するだけでは、学生の能力を伸ばす質の高い教育効果はまったく望めません。

教育活動の評価

教育の質の向上のため、自己点検・評価や学生による授業評価の実施などさまざまな機会を通じて、継続的に大学の評価を行うことが重要です。その際、教室における授業及び教室外での準備学習等の指示、成績評価などの具体的実施状況を評価の対象とすることにより、大学の実質的な単位制度の充実と教育内容の充実を図ることが重要です。また、教育活動の在り方については、教員が、卒業生が働いている職場などの外部の意見やニーズも聞き、それらを踏まえて更なる教育内容の改善と充実につなげていくことが有効です。

授業の設計と教員の教育責任、成績評価基準の明示と厳格な成績評価の実施、一つひとつの科目をよく学ぶために、学生の各学年ごとの履修科目登録に上限を設定すること、各科目を学ぶ意義等の指導などを通じた教育方法の改善を推進するに当たっては、ファカルティ・ディベロップメントと同時に、教育活動について自己評価を行う、あるいは学生による教員の教え方の評価や、外部の有識者の意見を求めていくことによって、その教育効果の実効性を確保し、更なる教育内容の改善のための材料とすることが重要です。

また、教育活動の評価に当たっては、大学の組織的な教育活動に対する評価及び個々の教員の教育活動に対する評価の両面から行われることが重要です。

具体的には、①たとえば授業の設計について教室における授業と教室外における準備学習・復習の配分や教室外の学習の指示等がシラバス等によって明示され実行されているか。②成績評価基準についての情報がシラバス等によって明示されているか。③成績評価について安易な単位認定が行われていないか。④個々の学生への履修指導を行っているかといった評価項目について、大学の組織及び各教員がその活動状況を公表したうえで自己評価を行うほか、学生の評価などを求めるとともに、学内だけでなく卒業生が働いている職場や社会など外部の意見を教員が聞いて、その後のより良い効果的な授業の改善に役立てることが有効です。

そこで東京福祉大学では、教育研究委員会や学生による授業評価において、刺激(しげき)的で魅力(みりょく)的な授業を学生に提供するため、教員が配慮しているかどうか考課するのです。

多様化・個性化の時代の教育とは

私がハーバード大学教育学大学院で研究した効果的な教育方法を始めた頃は、このような教育方法はまだ日本では実践されていなかったため、本当にこれが実を結ぶのだろうかと、校長であった私自身半信半疑(はんしんはんぎ)の思いでした。これまでの日本に無い方法ですので、受け入れられるのも難しいのではないかと考えていました。しかし、就職先での卒業生の評判を聞き、自信を深めました。

慶應義塾(けいおうぎじゅく)を開いた福沢諭吉が、「天は人の上に人を造らず」と言っていた明治の初期の時代には、周囲の人間は「この人は頭がおかしいのではないか」といぶかしがったそうです。私が日頃提唱している教育方法は、文部科学省も賛同してくれていると信じております。私の教育方法は、ついこのあいだまでまったく知られなかったものですが、私の著書が世に出たことにより、幅広く賛同を得るようになったのではないでしょうか。

私は、大学改革の次は大学院改革が必要であると考えています。

アメリカの大学院では、理論だけではなく、現場の意見を積極的に採り入れて研究が行われています。現場の意見も聞きながら、研究も軌道修正していくのです。教育を行う者も、現場の意見を採り入れ、教育に反映させていくことが大切です。当校の教員たちにも、福祉現場での卒業生の活躍ぶりを聞かせて、自信をもたせ、教育に活かしてほしいと考えています。現場で指摘される欠点にも耳を傾け、教育方法を軌道修正し、教育効果をより高めてほしいとも思います。

教育の本筋は、ただ生徒を学校に入学させるだけではなく、入学させたあとの能力を育てる授業にあります。そして、学生を二十一世紀の社会に適応できるような人間に育てあげていかねばなりません。

日本は、上から「こうせよ」と命令されれば、それを何も言わずに遂行する文化です。それに対して欧米は、上からの命令にも疑問を投げかけ、問題点を議論します。日本人は、素直に上に従うため、大量生産体制に適した人材が多く生まれてきました。

大量生産で作られる商品は、どんな目的での使用にも耐えうるような仕様になっています。どんな目的でも使用可能であるということは、個別の目的に対しては、あまり対応できないということです。ところが最近では、ユーザーの多様化した目的に対応するように、いろいろな目的に合わせて特化した機能を持った商品が、数多く作られています。「これが欲しい」という消費者の細かい希望に合わせて、商品の種類も豊富になっています。

これまでは大量生産でしたので、「このような商品が欲しい」と思ったところで、手に入れることはできませんでした。大多数の人がいいと思うような、中庸な商品を開発し、大量生産してきたからです。日本人というのは、多くの人に受ける商品を作る能力に長けていますので、今でもアメリカでヒットするような商品を生産していて、貿易収支も好調です。

たとえば音響製品にしても、日本人は本当に優れた商品は作りません。作る技術が無いからではなく、売れないものは作らないのです。多くの人に売れるような、廉価で中程度の機能のある商品を、一定の規格で大量生産してきたからです。

しかしこれからの時代は、中庸なものばかりではいけません。人間の能力も何らかの専門分野に特化して、社会で特別な能力を持つ人間を作っていかなければならないのです。今後は、「この目的に必要な材料はこれだ」という、個々の状況を分析し、それにぴったり合うものを作る人間を作らなければなりません。大量生産の頃とは、時代が変わったのです。

学校では、教員にも試験が課され、学校のために働いて下さっている先生方は大変な思いをしていると思います。しかし、個性化をはかるため、二十一世紀に合った人材を生み出すために、教員の先生方にも努力していただいているのです。

江戸時代に、私の先祖である茶屋四郎次郎は幕府権力に頼るというオーソドックスな手法で、名をあげました。しかし、時代の変化に気づかなかったため、茶屋家は結果的に落ちぶれていきました。一方、三越はもともと高い地位はなかったため、賢く立ち回って、うまく商売を行っていきました。その結果、しだいに資本を蓄積し、明治時代にはさらに花開いていったのです。時代を先取りすることに成功したため、事業を大きくすることに成功したのです。しかし、三越は巨大化しすぎましたし、大量生産向きの、同じような種類の人間ばかりを採用していたことによって、最近はしだいに傾くようになったのです。

人を採用する際にも、同じような人間ばかりを採用し、組織を均質化させてはいけないのです。それはいずれ、組織の硬直化につながります。それよりも、個性ある人、変わった人を採用し、常に刺激を与え組織を活性化させねばなりません。

三越は「現金掛け値なし」の商売で、その時代を先取りしてきましたが、それに安住してしまったことが敗因となりました。新しい流通経済が登場してからも、改革することができなかったのです。一度成功を手にしても、それに溺れたものは時間の経過とともに衰えていくのです。

東京福祉大学が設立された今も、その時代ごとに、常に先の状況を予見して、教育方法も変えていくつもりです。私がこれから行う教育方法は、きっとこれから成功するはずです。コンピュータの技能を身に付ける授業も、積極的に採り入れていきます。

時代の流れというものは、三十年ぐらいが一つの山です。三十年ぐらいの年月を境に、変化の時期が訪れるものです。同じパターンを繰り返していては、何百年もの歳月を乗り越えていけるはずがありません。

現場で仕事の実践を行った際に、あとでその欠点について話し合い、ケーススタディを行いますが、今行っている方法の逆を試すということが大切です。

たとえば、高齢者介護の問題を考えても、高齢者一人ひとり、それまでの人生経験も背景も異なっています。それに対して、個別にきめ細かく対応できるような福祉人材となるべく、分析力や豊かな表現力を養っていかねばなりません。ワンパターンが通用しないのは、福祉現場も企業社会も同じです。

教育によって、人間のものの考え方の基本が変わってきますから、教育の果たす役割は非常に大きいのです。

福祉の世界は、今、大変な人材不足で、ビジネス感覚をもった優秀な人材が欠けています。人手がそもそも不足していますし、理論だけの人間であったり、アカデミックなのに現場を知らない人間であったり、理論と実践の両方が欠けていたり、人材の質もばらつきが見られます。

資料⑥　日本の教授人事の問題点（朝日新聞）

「国立大学も民営化しないと……」と、私の友人がいいだしたのは、彼が四十歳そこそこで、ある国立大学の教授になった直後のことである。

彼が専門とする分野の長老学者が、「ちょっと気の毒だったなぁ。でも、力のある人だから、どこにいても、世の中で重きをなすよ」と話すのを聞いたのだ。

若い頃から国際的な場で業績を挙げていた彼は、いずれ母校の教授になって、学科を背負うと見られていた。少なくとも、その長老はそう考えていたようだ。しかし、そうはならなかった。目立った活動ゆえに、周囲が微妙な反感を抱き、母校に受入れられず、別の大学に回ったらしいことが容易に想像できた。突出した才能へ、わりあいよく適用される処遇だった。

いま、国立大学を独立行政法人という形態に移行させようとする動きが急である。教官の採用や給与の決定、学科の改廃や研究費の配分に関わる権限を、国から大学へ大幅に移す。その代わり、学術的な業績を厳しく評価し、責任を問うという。

いろいろな反対論があるのは承知しており、いちいちもっともだとも思う。だが、「国立大学も民営化」という言葉で私の友人が言おうとした、実力本位、能力主義の人材起用が実現すれば、それは結構なことだと思う。

自分のいいつけを従順にきく、下うけの雑務を黙々とこなす、能力的に決して師を超えない、そんな人材ばかりが、相変わらず登用されているらしい。

「能力が自分の八割の者を後継者に選んで、それが三代続けば、能力は半分以下になる」と経済学者の伊東光晴さんは教え子によく話していたそうだ。実際、そうやって見る影もなくなった学科を私も知っている。

　こういう事態は、大学の制度や仕組みとは、直接関係ないかもしれない。むしろ、人事風土とか人事文化といった言葉で表した方が適当かもしれない。そうだとすると、制度や仕組みをいじってすぐに改まるとは思えず、よけいやっかいではある。

　この種の人事風土・文化は、民間企業にもはびこってきたように見える。「手堅い」「おさまりがよい」という理屈をつけて、新しい地平を開く気概がなく、リスクも負わず、責任もとらない人材が後継社長に起用される。歴史のある大会社などでは、それがむしろあたりまえになっている。

　そして、国際的な競争力を失って衰亡――国立大学と同じ構図です。

『朝日新聞』一九九九年十月三日日曜日「主張・解説」より抜粋。

第Ⅷ章　日本の大学院の実態

日米の大学院の比較

私は日本の大学（学習院大学法学部法学科）を卒業して学士を取得しましたが、教育学の修士・博士の学位はアメリカの大学（上智大学と同じキリスト教系大学フォーダム大学教育学大学院）で取得したため、日本の大学院に通った経験はありません。私も教育学博士を名乗り、教育を職業にしている以上、当然ながら日本の大学院の実情についても調査研究をしてきました。しかし、私自身が日本の大学院で学んだ経験がありませんので、研究の一環として、自分の運営する学校の教職員で、日本国内で修士または博士の学位を取得している人たちと直接話をし、日本の大学院の実情や問題点等について、遠慮のない意見を聞かせてもらいました。法学、教育学、心理学、保健学、農学、哲学、歴史学等、さまざまな分野で修士・博士を取った人々の話を聞いたわけです。もちろん、個々の大学院によって事情は異なりますが、さまざまな意見の中から、日本の大学院全体に共通する問題点も浮かび上がってきました。アメリカの大学院では当然の常識であることが、日本の大学院では全く行われていないことを知って、驚いたこともしばしばでした。

本章では、日米の比較を交えながら、日本の大学院が抱える共通の問題点について考えていきたいと思います。

私立Q大学法学部大学院出身者Aさん（女性）の話

中島 法学部の大学院の学生は、どんな人が多いですか。

A 日本の法律系の大学院の在籍者は、公務員試験浪人、司法試験浪人、税理士(ぜいりし)試験受験者などが多くを占めています。税理士試験の場合は、法律系の大学院に進学すると試験科目(かもく)が一部分免除(めんじょ)になるので、それを目的に進学する人が多いのです。そういう意味で、法律系の大学院は、研究目的というよりもむしろ、自分の仕事をするための資格取得の目的で進学する人が多くを占めていると言えるでしょう。

したがって、学生の構成比率は、学部からの進学者に比べると、不動産や税務関係の職業についている社会人が非常に多くなっています。また、それ以外の分野からも、たとえば、水産加工会社の社員が、船員の労働条件について勉強したいと言って入学してきたり、短大で教授をしていたという年輩の女性が、「私は大学院を卒業していないから」と言って入学してきたり、進学の動機はさまざまです。

中島　授業はどんな感じでしたか。

Ａ　その人の専門（公法か私法か等）によっても異なりますが、私の場合は私法なので、大学院での授業は、ほとんどが教授と一対一の演習形式でした。

その一方、講義形式で三十人以上もの学生を集めて行われる授業もありました。コの字型に机を並べて、毎回一人の学生が資料の分担された部分の発表を行い、他の学生が簡単な質問をし、最後に教授が手短なコメントをするというかたちでした。

大学院での勉強は、ある意味で学部の頃に比べて楽でした。女子学生が少なかったために、紅一点の私が教授に目をかけてもらっていたことも、その理由の一つかもしれません。

また、常に教員と一対一での授業であったため、毎日自分で発表をしなければならない状況でしたが、その負担の大きさをできるだけ緩和するように、教員が気遣ってくれていました。本来は一年間を通して行われるはずの授業ですが、秋頃までに全内容を終了させてもらったこともありました。特に非常勤の教員は甘く、授業中に個人的な雑談もあり、ときには食事を学生と共にするなど、気楽な雰囲気がありました。

中島　教授の指導方法については？

Ａ　人数の多い授業の場合や、特に教員が非常勤の場合は、あまり細かい指導は行われません。せっかく皆の前で一生懸命発表しても「よくできたね」のひとことで終わってしまうこともあります。

しかし、元裁判官の教員や、専任の教授が授業に当たった場合は、指導の時間も長くなり、翌週まで持ち越しということもあります。元裁判官である等の実務分野出身の教員が授業を行う場合、ときには何を言っているのか分かりにくいこともありますが、まあまあよくやっていたという印象です。

日本の教授は、「私は先生なのだ」「学生はどうせ何も分かっていない」という変な優越感を持っている教員が少なくありません。だから、授業も分かりにくくなってしまいがちです。授業を受けている学生側も、どうせ自分には分からないだろうとあきらめているから、そうなってしまうのではないでしょうか。教授も、学生にとってやさしく分かりやすい授業を行うと、自分の授業が安っぽいものになってしまうという誤解をしているようです。

基本的には学生の発表形式での授業が多いため、発表に対しての教授のコメントが、何を言っているのか分からず、博士課程の先輩が、教授の言っている講義内容を、あとで説明してくれることもよくあります。

教授から学ぶというよりも、実際は先輩から教わった方が分かりやすく、学問が身に付くのが、日本の大学院というものなのかもしれません。

教授自らも、学生に対して「後輩を指導するように」と頼んだりもします。社会人出身の学生は、実務経験はあるものの、学問的に法律を研究する手法が身に付いていないため、私のような法学部からの進学者が社会人学生を指導するのです。

法律系大学院では、研究分野が主に公法と私法に二分されます。公法を学びに来ている人は「大学院に遊びに来ている」と言われたりもします。公法を勉強しに来ている人の九割は、実家が税理士事務所なので、最終的に税理士資格取得をめざしている人が多いのです。科目免除を目的に大学院に進学し、税理士になろうということなのです。

実家が税務会計事務所ですから、そのような人たちは就職先も決まっていて安心です。さらに、法学卒業後に商学の大学院に進めば、全科目免除で、無試験のまま税理士になることができます。いわゆる「ダブル・マスター」と言われるものです。試験なしで楽に税理士になるために、研究する気もなく大学院にやってきて、ついでにお嫁さん・お婿さん探しまでしようという人たちなのです。

公法の大学院は、学部時代の成績が優秀で、上位数パーセントの中に入ることができれば、推薦で入学することが可能です。また、大学と大学院のあいだで提携関係を結んでいるケースがあるのか、特定の大学の出身者が多くを占めていました。

中島　大学院に進学して実力は伸びますか。

A　大学院に入学して、学力が伸びるか否かについては、基準がないので、本人のやる気次第であると言えます。

大学院で修士論文を提出する際には、主査と副査の二人しか論文をチェックしません。口頭試問の際には、教員が全員揃うものの、できない学生もきちんと受け答えができるように、担当教授が想定問答集を作成してくれることまであります。その通りにそつなく受け答えができれば、誰でも楽に修士学位が取得できるというわけです。定年間近の教授となると、担当する学生が卒業してくれないと困る、ということから、学生に対する指導や評価がより甘くなりがちです。

授業の出欠に関しても、やはりチェックは甘く、自分が発表を担当している日に出席さえしていれば問題ありません。「年間総出席日数の何分の一以上出席」といった、出欠に関する規定もありませんでした。

学生のなかには海外からの留学生も含まれており、なかでも中国からの留学生が多くを占めていました。彼らは日本語が堪能でないために、発表の際にはかなり苦労している様子でした。しかし、日本語の表現力が不足している留学生でも、やるべき最低限の課題さえ何とかこなしていれば、大学院を卒業することは可能なのです。

法学の場合、大学院で博士号を取得することは非常に困難ですし、むしろ司法試験合格をめざした方がよいのではないかと思われます。

大学院での同級生たちの卒業後を見てみると、きちんと就職をせずに、無職のままでいる学生が多いことに驚かされます。

中島 私は大学でも、大学院でも、学ぶ以上は、本当の学力を学生が身に付けるべきであると考えています。東京福祉大学では、教授の言うことを丸暗記するのではなく、困った問題を独創的に解決するアメリカ式の方法で教えたいと思います。

私の知り合いのアメリカ人で、日本の大学でも学んでアメリカに再び戻り、PhD（博士号）を取得したという大学教授もいます。その人は日本語がしどろもどろであるため、日本の大学で教えるには力不足です。また、PhDを取得しているにも関わらず、アメリカの大学でも思ったほど高い地位で仕事をしていません。テニュア（教授としての終身在職権）も取得できていません。おそらく、日本の大学の甘い教育指導体制が、その人のその後の人生を狂わせてしまったのではないでしょうか。

これと逆に、日本人がアメリカで博士の学位を取得すれば、その後の出世は確実です。なぜなら、アメリカでは未知の問題を解決する能力が身に付くからなのです。何もないところから物を組み立てて、作り上げる能力は、日本の大学院では全く身に付きません。

大学院に行って、資格や学位は取得したものの、肝心の実力が伴って身に付いていないということでは、通ってくる学生も気の毒ではないでしょうか。実際に職場に出て、仕事を頼んでも仕事ができないということでは困ります。法学を大学院で修めたなら、それなりの実力ある弁護士にならなければなりません。

また大学院では、一般企業でも実践力を発揮するような人材を育てなければなりません。しかし日本の企業で、実際に、日本の大学院卒の人を事務職として雇った管理職は、大学院卒の人は、大学の学部のみを卒業して入社した人よりも仕事がスムーズに効果的にできないと言っています。大学院卒の人は、上司の意向にそうように、手早く仕事ができないというのです。日本の大学院では、アメリカの大学院のように、勉強の面で学生を厳しく鍛えることをしません。日本の大学院生活は暇で、学生はさしせまってやらなければならないことがないため、時間を持て余し、いくらでも楽ができる状態にあるのです。日本の大学院卒の人が、一般に、企業で高い評価を得ることができないのは、大学院で暇な生活を送ることに慣れてしまって、今すぐにこの問題を解決しなければならない等の、危機感を持つことがなかったことの弊害なのかもしれません。

入学した以上は、その学生に実力を付けさせて卒業後に幸せな人生を送れるようにしなければなりません。うちの大学院のハードルをクリアすれば、幸せな人生を送れるのだという確信を持って、大学院の教員も体系的、構造的なカリキュラムで学生の指導に当たらなければなりません。実力が身に付くかどうかは、学生のやる気次第だと、責任を全て学生に押しつけているようであってはなりません。

東京福祉大学では、アメリカのように、問題解決能力がしっかり身に付く体系的なカリキュラムを準備しています。また修士・博士課程では、さらに高度な学問を教えるために、コースワーク（科目履修）を行い、研究方法もきちんと学生に教えていきます。私は良心をもって大学教育にあたりたいと思います。

本来は、学部のレベルであっても、きちんとした教育方法で授業を行えば、実力は身に付くはずなのです。さらに、大学院の修士課程二年間で実力を完成し、本当に問題を解決していける人間を、東京福祉大学で育成していきたいと考えています。学士の四年間でもある程度能力は付きますが、修士課程での二年間が加われば、さらに充実した実力が付くものと思います。

中国の大学院も、日本と内実はよく似通っているそうです。私が見学したとき、英語の教科書を学生に暗唱させ、丸暗記で覚えさせる授業を行っていました。そういう点では、中国も日本同様に教育面での発展途上国であると言えるでしょう。

中国人でも、本当に優秀な学生は、北京大学などの大学院には進まず、アメリカの大学院をめざすと聞いております。

たとえば、中国人で海外に留学して帰国した人をみると、アメリカで学位を修めた人と、日本で学位を修めた人を比較すると、日本で学んできた人は文章力も不足していました。

国立T大学大学院出身者（心理学専攻）Bさん（男性）の話

中島　大学院での授業はどんな感じでしたか。

B　博士課程の演習においては、教授が英文の資料を各学生に配布します。そして、それを全て学生に翻訳して持ってくるようにさせます。熱心な学生は、訳したあとでディスカッションをしようと提案しますが、その教授は「よけいなことをするな」と言い放ち、学生の提案を却下してしまいます。このような教授の対応に、他の学生も非常に怒りをおぼえていました。しかし、結局のところその授業は、半年のあいだに教授の持ってきた英文を全訳して提出する作業だけで終わってしまいました。先生自身に英語を読む力が十分にないために、代わりに学生に読ませて、自分の研究資料を作らせてしまおうということだったようです。

中島　そうですか。それは「大学院の授業」と言うよりは、単なる英文解釈の授業ですね。日本では、教授を抜きにして、学生同士で自主的に文献の訳を分担しあって、勉強を行うというスタイルがあるようですが、アメリカではは考えられないことです。そういったかたちでは、単位としても認められません。適当に学生同士のあいだでやっているような勉強ではいけないのです。直接教授に認められるレベルでなければなりません。

アメリカは、一人ひとりの教授が違うことを言いますが、彼ら全てが主張する基準を満たさなければ単位は得られません。日本は担当教授一人がオーケーを出せば、それで済まされてしまいますから、その点は大きな違いだと言えます。

日本の大学院を卒業した人は、長い間、一人の教授の指導のもとで研究を行っていたため、さまざまな異なった考えの中から最も良いと思われるものを取捨選択するという訓練を受けていません。また日本の大学院では、教授が最善のものを作るよう学生に繰り返し要求するということがないので、学生も最善の方法や努力で最善の結果を生み出そうと努力することがなくなるのです。しかし、企業等の一般社会では、常に最善をめざすこと、つまり、最大限の効率性、生産性を上げることが第一に要求されます。したがって社会学系や文化系の場合には、大学院で学んできた方法や理論は、一般の企業ではほとんど役に立たないのです。

中島　ところで、Bさんの大学院の教授はどんな人たちでしたか。

B　国立T大学では、東京大学出身の教員に対して抵抗心があるため、教授は、T大学の出身者で占められていました。

心身障害学の分野については、比較的新しい学問であったため、私のような私大出身者であっても、国立のT大学院には比較的たやすく入学することができました。

言語学の授業で、突然教員が「お前たちは英語も何もできないのだから、生意気なことはするな」と言ったことがありました。学生の立場としては大変くやしい思いをしました。丁度その授業では、チョムスキーという言語学者について学んでいたので、発憤して一週間でその学者について集中的に勉強して、発表をさせてもらうよう、その教授に依頼しました。そして発表を行ったところ、教授からは「そんな余分なことをやったところで、全く偉くない」と言われてしまいました。以来、教授から「生意気な奴だ」と目をつけられるようになってしまいました。

そのように、教授から圧力をかけられることがあると、学生は「授業では自己主張をしない方がよいのだな」ということを、次第に学んでいくようになります。

心理学に関して言えば、学問の進歩も激しいため、かえって若い人の方がよく最新の学説を知っている場合があります。年を取った教授が、若い学生の提出した論文を読んだ際に、最新の学説を知らないがために、何を書いているのか理解できないということもあります。

しかし、教授が「何かこの学生は難しいことを書いているぞ」と思い、その学生はよくやっているものと判断して、学内で政治的に動いて、その学生に、コネで博士の学位を取らせるというケースもあります。

知的に闘(たたか)っているという雰囲気は、学内には全くありません。結局、学会で何でもよいから定期的に発表を行ったり、うまく立ち回(まわ)ることの方が重要なのかもしれません。

中島　そうですか。実は、私の所には、日米の福祉関係の学会から、定期的に学会誌が送られてくるのですが、日本の学会誌の内容にはがっかりさせられます。なかには良いものもあるのでしょうが、論文のレベルの低さも目に付きます。何を言いたいのかが伝わってこず、論点が分かりにくい文章も多く含まれ、論理展開も筋が通っていません。これでよく学会誌としてやっていけるものだと思うこともしばしばです。

中島　ところで、大学院での学生生活とはどのようなものですか。

B　大学院の学生には大変暇があります。ですから、児童相談所の相談員やカウンセラー、家庭教師など、かなりのアルバイトをこなしていました。あまり勉強しなくても、大学院に籍を置いていることはできますから、知的な部分については、友達同士で勉強会を行うことにより、勉強しているかのような気持ちになり、満足感を得ていました。しかし、このような生活では、つい怠惰な生活になりがちで、自分が進歩しているという手応えは得られません。

学会などで優秀な先生にお目にかかると、必ず「君たち、ぜひ外国の大学院に行って学びなさい」と言われるものです。「日本の大学院には進まない方がよい」と言うのです。そうおっしゃる先生方は、ご本人もやはり海外の大学で博士の学位を取得されていますし、海外でも教員経験を積まれています。そのような先生は書いた本も分かりやすく、話も分かりやすいのです。

私が今、サンシャイン学園（専門学校）の専任教員として担当している大学併修コースの学生を見ていると、二年生と四年生では、文章力にかなりの開きがあります。それだけ、四年生までに読解力や文章力が進歩しているということです。大学併修コースでは、一本のレポートが三千二百字で、書く本数が大変多いため、文章力が磨かれる機会が多いためでしょう。

『社会福祉要説』を教科書にして、今後は大学併修コース以外の学科・コースにおいても、レポート執筆の本数を増やす方向で検討を行っています。少なくとも、半期で二本以上のペースで、社会福祉士国家試験に必要とされる科目について、レポートを義務づけてはどうかということです。

私は、東大医学部大学院卒業生の博士論文を読んだことがありますが、これで卒業できたのかと疑問に思うようなおそまつな内容でした。それだけ、卒業にあたってはプライドが持てないし、本当の実力よりも指導教授の学内のコネや政治力が強く影響しているのではないでしょうか。

中島　アメリカの場合も、卒業にあたって学内の政治力が関係することはゼロではありません。そうは言っても、ひどい内容のものを簡単に通してしまうようなことは決してありません。なぜならば世界中のどこからでも英語で書かれた博士論文を読むことができる制度になっているからです。日本も、アメリカのように博士論文審査の制度を客観性をもたせるように変えるべきではないでしょうか。

私の学校の教員たちは、大学院在学中よりも、サンシャイン学園の教員になった今の方が十倍ほども大変だと語っています。もっといい教員になってもらうためにも、さらに教員を鍛錬(たんれん)するシステムにしようかとも考えています。教員たちにとっては、鍛錬されることによって苦労するかもしれませんが、ここで努力することによって、将来は東京福祉大学の教授になる道も開けてきます。東京福祉大学は、いずれ東京大学をもしのぐほどの大学になるはずです。東大は、入試は大変難しいですが、世界のレベルから見れば、教員のレベルも、学生のレベルもそれほど高いとは言えません。

ハーバード大学には、クリントン大統領のブレーンになっているような教授もいますが、その方の授業は大変素晴らしいものです。学生もよく理解していますし、その教授の授業を大変熱心に聞いています。ところで、Bさんはこの夏（一九九九年）、サンシャイン学園・茶屋四郎次郎記念学園のハーバード大学及びフォーダム大学各キャンパスにおけるアメリカ夏期短期研修に学生の引率担当として参加していましたね。実際にアメリカの教授陣の授業を受けてみてどうでしたか。

B　はい。アメリカの教授陣の講義からは非常に得るものが多くありました。ジェームズ・キャラハン博士（ブランダイス大学社会福祉学大学院研究教授）の「競争社会と、社会福祉とは本来両立できるものであり、これらが両立できるためには競争がフェア（公正）に行われるような環境を政府が作らなければならない」とのお話には感銘を受けました。一緒に参加した学生たちも、とりわけこの話が印象的だったようです。ところで、このアメリカ夏期短期研修に参加していた学生の一人が、日本へ帰国後、サンシャイン学園の行事（高校三年生向けの、夏の体験入学）に参加して、高校生の前で日米の福祉についてのスピーチを行ったのですが、その学生のスピーチには大変感心させられました。夏期短期研修での、キャラハン博士の授業の論旨を非常によく理解しており、さらにそれを自分の言葉でかみ砕いて、見学にきた高校生に分かるようにスピーチしていたのです。それだけ、この短期研修によって、うちの学生は能力的な進歩を遂げたということです。

　短期研修の際には学生にレポートも課されますが、ある一人の学生が、一行もレポートを書くことができず、大変困っていました。すると他の学生たちがやって来て、ディスカッションをしながら、書けないでいる学生が何らかのテーマを引き出せるように、協力していたのです。我々引率の教師は誰も手伝っていないし、指示もしていませんでした。学生たちが自発的に、できない子（生徒）をできる子（学生）にしようとしていたのです。

　うちの学生は、ただ頭でっかちなだけの「アカデミックさ」を身に付けているのではありません。心の伴った「アカデミックさ」を身に付けているのです。

中島　私がいつも言っているように、そうやって学生が友人の力を借りて自分の力を伸ばすこと、学んだことを実際に応用することがとても大事なのです。かたちはどのようなものでも良いのですが、とにかく問題を解決しようという姿勢が重要です。そして、やりかけたらその問題を徹底して解決しなければなりません。どんな簡単なことでも、最後までやり抜くというのが、私の学んだアメリカ式のやり方なのです。ですから、格好ばかりの難しいことについて御託を並べるのではなく、筋が通っていることが大切です。最初はやさしいところからスタートして、少しずつレベルアップして、最後に博士課程につなげていくのです。

東京福祉大学も、アメリカの大学に負けないくらい、東大にも負けない素晴らしい教授陣を揃えました。心理学でも、驚くほど立派な布陣です。アメリカ、カナダの教授陣は研究業績も大変立派なものです。上の立場の教授になればなるほど研究業績をあげなければならないのです。

B　日本では全く逆です。ペーパーを提出する頻度は、講師から助教授等の上の立場に行くにしたがって減少していきます。大学院の学生が最も多くペーパーを書き、国立大の助手や私大の専任講師になるとあまり学会誌にも論文を発表しなくなってしまいます。なぜなら、年功序列によって、時期さえ来れば上に上がっていくことができるため、提出する必要がないからです。専任の教員になると、会議や教務関係の雑務があるため、忙しさから論文を書けなくなるという面もあるのかもしれません。

それに引き替え、私の大学院の学生は気の毒に思えるほど、よく論文を書いていました。しかも、それは自分の力であって、教授からの指導は全くゼロでした。教授は読むことすらしません。

ところが、いざ学会に提出し発表する段階になると連名となり、教授の名前が執筆者の欄に載っているのです。義理人情の世界なので、たとえ教授はノータッチであったとしても、教授の名前を載せておかなければ、教授と学生との人間関係に響いてしまうから、このようなことが行われているのです。

日本式の師弟関係も、このような理不尽な面ばかりではなく、良い面ももちろんあります。教授と学生とのあいだに、温かい信頼関係があるのです。親分子分の関係で、学生が困っていれば教授が一肌脱ぐこともあります。悪く言えば癒着しているとも言えるのですが。

日本の大学院というのは、勉強や研究はあまりしないのですが、教授と学生が一緒に飲みに行ったり、就職の世話をしたり、コネクションはある意味で強固なところもあります。

国立の場合、教授の給与水準はあまり高くはありませんが、気前の良い教授のところには学生がたくさん集まり、教授の懐には研究費も多く入ります。在籍する院生一人あたりいくら、というかたちで研究費が入るためです。面倒見の悪い教授のもとには、学生も集まってきません。

果たして、このような日本的な大学院の内実を、完全にアメリカナイズすることは可能でしょうか。時間はかなりかかるものと思われます。

中島　時間がかかっても大学院改革ができればいいんですが……。日本の大学院は、就職率も悪く、実力もつきませんから、ボーダーレスの今の世界では生き残っていくことができないのではないでしょうか。アメリカでは、大学院等の教育産業がひとつの大きなビジネスとして確立されています。アメリカの大学院は競争社会のシステムのひとつとして組み込まれているのです。つまり、アメリカの大学院で、修士号、博士号を取得すると、その結果として競争社会の中でより上の地位につくことができます。

世界中から最も多くの留学生が集まるのはアメリカです。州立大学も多いですし、その大学のレベルに合わせて、多様な種類の学生がたくさん集まっています。落第する者もいれば、うまく卒業する者もいます。発展途上国からの留学生も、優秀な者はアメリカで学位を取得し、そのままアメリカに残る場合もあります。理科系のマサチューセッツ工科大学の博士課程を卒業すれば、アメリカ人の学生は給与の高い会社の研究所へ就職していきますが、留学生はアメリカ国内に就職のコネクションを持たないため、大学に残っていきます。そのまま教授になる者もいます。

日本の大学院生は、卒業しても収入にはつながらないので、その点では気の毒です。しかも、大学院を卒業すると、社会性を身に付けた人間になかなかなれなくなってしまいます。世間知らずで、社会の常識を理解しないままに、視野の狭い頑固な、けれどもプライドだけは高い人間になっていくのではないでしょうか。自分の担当教授にしか教えられることがなく、唯一、教授の学説だけが正しいと思い込んでしまうことも、その原因としてあげられるでしょう。

B

「視野が狭い」という点は全く同感です。心理の学会に出席すると、専門分野が違う学者同士、たとえば認知心理学の学者たちと行動心理学の学者たちとは、交流することすらしません。お互いの良い点を取り入れるとか、情報交換をするどころではありません。別々のテーブルにかたまって、自分の身内以外とは顔も合わせません。

自分たちの狭い世界を守ろうとするのです。その点は、外部の異なった良いところを取り入れようとするアメリカとは、大きな違いです。

実はこういうエピソードがありました。大学院で、言語学の学生たちが、「JP理論」というものについて議論を闘わせていました。ずっとその話をしているのを傍らで聞いていて、心理学専攻の自分にはJP理論というものが分からなかったため、「JP理論とは何ですか」と、その学生たちに直接尋ねてみました。すると、全員が顔を見合わせているのです。つまり、熱く議論していながら、実は誰一人としてJP理論が何であるかを理解しておらず、説明ができなかったのです。どうやら、JP理論というものが新しい専門用語であったらしく、学生たちはその言葉を口にするとかっこいいという思いがあったようです。最先端の知識に対する憧れが強く、分かったつもりでいて、表面的にしか理解していないのが、日本の大学院が生み出している浅はかな研究者なのです。その自分はいろいろなことを知っているのだということを、ひけらかしたがる傾向も見られます。そのような環境にいると、自分もそのような雰囲気に染まってしまうような気がします。そのように自覚できました。

誰かがこのような、日本の大学院に転機を迎えさせなければならないと思います。大学院内部にいる人間自身、大学院が抱える問題点や矛盾点に気づいてはいるのです。しかし、そこに居続けなければ生きていけないため、あえてその問題を口にすることができないのでしょう。

理科系の大学院では、ユニークなことを手がけようとする人物がいると、教授がそれをつぶしにかかります。博士課程の大学院生は、教授の論文の下働きのための要員なのです。親分のために働けば、最終的に講師等の就職の世話をしてもらえるという関係が成り立っているのです。本来、博士課程の学生は、自分が学ぶために大学院に来ているのですが、本来の目的よりも師弟関係が重視されているのが現状です。

このような状況ですから、新しい発見も生かされませんし、学問のレベルが高まって行くはずがありません。むしろ、よけいな研究はせずに、教授のお手伝いだけをやっていなさい、という体質では無理もないでしょう。しかし、のちのち学内で偉くなっていくのは、教授にごまをすり、素直に従っていた人間だけなのです。

中島　新しい独創的なことをやる者、教授に逆らう異なる意見を言う者は学界から放り出すということでは、日本の大学院は伸びていきません。教授と院生の関係も、対等でフェアな関係であるべきです。学問的な理論の部分で闘うことができるような関係でなければならないと思います。競争のなかでなければ、良いものは生まれませんし、そのために競争の適正なルールを定めなければなりません。アメリカでは、このようなフェアな関係というものが、いろいろな場所で実現されていると思います。

目に見える結果を出すということは、非常に重要なことです。他人の学説をなぞるということではなく、自分の力で独特の成果を出すのです。私の行っている教育方法は、結果を出すための最短距離の方法なのです。私のやり方というのは、非常に基本的な方法であり、普遍的な方法です。たとえば「書く」ということを、たびたび学生にやらせていますが、このことによる学生の思考力の伸びは、大変目ざましいものがあります。私の教授方法等のメソッドは、全ての基本となるものを提示しています。

私が常日頃言っているような、書く力、読む力などの、学問的な基本的な能力が備わっていないのに、日本の大学院の教授たちは何を言っているのだろうかと思います。基本ができてから、その上の段階で新しい発見をするなり、新しい学説をうち立てるなりすればよいのです。

東京福祉大学では、実習を行ったあとに、そこでの経験を大学に持ち帰り、それを題材にして授業を展開するという、循環(じゅんかん)型の実習カリキュラムを実施します。これは、学生に役立ち、興味深いものになっていくはずです。

アメリカでは、優秀になろうとする競争、より専門家になろうとする競争があり、そのデッドヒートがあるから大変です。自分がそれまで教えてもらっていた教授が、大学から首を切られて、それまで下の立場にあった大学院生が教授の座につくことも可能です。アメリカにはそれだけ、高い流動性があるのです。その代わり、自分が努力し続けなければ、簡単に教授の座から下ろされてしまうかもしれません。

中年になっても努力し続けますから、アメリカの教授は、知性にキレがありますし、努力し続けることに誇りを持っています。

日本の大学院、ここが問題

Aさん、Bさん以外にも、数人の日本の大学院出身者からお話を聞きました。出身大学、学部等によって、多少違いはあるものの、日本の大学院に共通する問題点も見えてきました。

大学院の授業の実状

Eさん（哲学専攻）：授業の形式としては、全て演習形式で、皆で四～五ページずつ外国の文献を読み進めるというかたちです。読み進めるにあたっては、予習が必要不可欠ですが、学生が皆きちんと予習を行っているかどうかは、教員はチェックを全く行っていません。あらかじめ発表に当たっている学生だけが、予習を行っているという状況です。

授業は、学部生も修士の学生も、全員一緒に行われていました。しかも、教員がそのときに研究している文献を読んでいくというかたちであったため、教授の研究の補助の手伝いをしているような趣もありました。

外国の文献を訳して読み進めるというかたちの授業となると、目的はとにかく、「いかに意味の通る日本語に訳すか」ということに終始しがちです。しかし、発表の場において、きちんと訳せてさえいれば、正しい文章のスタイルに書き直さなくても済んでしまいました。

Fさん（教育学専攻）：研究対象が専門的になればなるほど、あまり一般の学生には人気がなく、その授業を選択している学生は自分一人だけしかいない、というケースもあります。そのような場合、選択している学生が少なくては意味がないと見なされ、その授業そのものがなくなってしまうことがあります。なくなってしまった授業と関係のあるテーマについては、修士論文の授業時間中に聞くようにして下さいと担当教授から言われてしまいます。単位としては、その授業の単位は最終的に認定されるのですが、実際にその授業は行われないのです。空いた時間には、自分で実験をして、あとは卒業論文の時間に質問を受け付けるというのです。

職場から派遣される国内留学のようなかたちで、現職の小中高の教員の方々も数多く大学院で学んでいらっしゃいました。現職の教育者の方々が多く学生として在籍していることによって、学部から上がってきた学生は刺激を受けることも多いようです。学部から上がってきた学生たちは、自分の意見を人前で言うことに慣れていません。しかし、現職の教員の方たちが大学院でのディスカッションに参加することにより、議論もさらに活発になりました。

それに対して、学部出身の学生が多い授業となると、そうはいきません。大学院でありながら、学部の授業に多く見受けられるような、あまり活発に意見の出ない、一方通行型の講義中心の授業になりがちです。

◎大学院の入学者選考方法への疑問

Gさんのコメント：大学院には入学試験がありますが、その合否を判断するのは、主に指導教官になる予定の教授です。筆記試験について、何点以上取らなければならない、といった厳密な基準はなく、担当する教授が合格だと判断すれば合格になるのです。一般に、大学受験においては、試験の点数が合格ラインに満たなければ不合格とされますが、大学院では教授自身が教えたいと思う人物を、教授の判断基準において合格させることができるのです。その教授の指導を受けさせたいと考えている学生だけを選んで、自分の教室に入れるという傾向が強いのです。

学部から、そのまま大学院に持ち上がりで進学する場合であっても、教授は大学院入試の出題傾向は一切学生には知らせません。過去の入試問題は残されていますが、コピーして持ち出すことは禁止されているため、大学院を志す学生は事務室で、手書きで入試問題を写し、自宅に持ち帰って勉強します。自力で過去の傾向を分析して勉強しますが、実際の試験の傾向がそれと異なっていれば、その勉強は徒労に終わってしまいます。傾向がたまたま合致すれば、合格に結び付くのでしょう。

内部からの持ち上がりではなく、他大学からその大学院をめざして受験してきた人たちは、過去の入試問題を調べて勉強してきたかどうかは定かではありませんが、私のときは、結果的に全員が不合格となりました。

内部から進学する場合、教授に対して多少の根回し（ねまわし）は行われると思います。学部に在籍しているうちから、あらかじめ指導担当教授に大学院進学の意志は伝えておきました。学部時代は二部に在籍していたため、夜間の講義が終わったあとのわずかの時間を使って、二回ほど教授に話をしに行きました。昼間部の学生であったなら、昼間の講義の合間に教授のもとを尋（たず）ね、じっくりお願いに上がったかもしれません。

教授にお願いしに行った際には、「大学院に進学しても、卒業後の就職の世話はできない」との旨、念を押されました。私は、卒業後の就職先については、既（すで）に当てがありましたので、それでもよいと教授に返答しました。

このように、就職についてわずかながら話があったくらいで、その他の具体的な手続きに関しては何も話がありませんでした。

大学院の入試問題は、非常に難しい内容でした。しかし、いくら出題内容が難しいとはいえ、合否は指導教授の意向次第で決まってしまいますから、結果的には楽な入試と言えないこともありません。

大学院の入試に落ちてしまった場合、税理士の科目免除を狙う人たちは、他の大学院を再び受験します。しかし、日本においては、出身大学の大学院以外のところをめざすとなると、コネがないのでなかなか進学は困難であると思われます。

師弟の人間関係

Hさんのコメント：学生は、あまり教授に対して質問をしませんが、学生同士のあいだに、日本の伝統的な、「先輩後輩意識」があることも原因の一つかもしれません。分からないことがあると、教授に聞くよりも、身近な先輩に聞きに行ってしまうという、「徒弟関係」のようなものです。

Gさんのコメント：小さい頃から日本人は、先生が「正しい」と言ったこと以外は正しくないのだと教え込まれて、育ってきています。先生が言ったことにそぐわないことを言う生徒は、正しくないとされて、その子は頭が悪い子だと見なされてしまうのです。ひとつのことが正しいとなれば、それだけが真実であると決めつけられてしまい、他の人と違う意見を主張しても、なかなか受け入れられません。

このような考え方は、教育現場にもありますし、日本人の文化そのものの根底にあります。たとえば大学院の現場では、新しい学説を世に出すことに抵抗があったり、発表しようとすると周りが押さえ込んだり、といった具合です。学生が新しい学説を出そうとすれば、指導教授は自分がおもしろくないがために、学生に難癖をつけてきます。新しいことを、自分よりも先にやろうとすることに対して、よく思わないのです。教授自身が研究をしていないのですから、学生が自分よりも先に新しい学説を打ち出してきたとしても、無理からぬことなのですが。教授は、自分の古い著書をいつまでも学生に買わせ、授業で使い続けるなど、新しいことをやることに対し、大変な抵抗感を持っています。昔学んだことをいつまでも大事にし、それを学生に伝えることだけに専念しています。新しい学説を盛り込んで、新しい著書を出そうという意欲を持った人もいません。しかも、教授であるほど、見るからに「この人は研究しているのだろうか」と疑問に思われるような人が多くいます。

◎コースワーク（科目履修）

Fさんのコメント：修士課程と博士課程の違いについてですが、博士課程になると、全く授業と言われるようなものは行われません。研究室で実験を行うのがほとんどです。研究のための指導がなく、授業もないわけですから、修士課程と比べて、特にこれといって進学する意義があるとも思えません。何も指導がないので、博士論文を書くような、文章力や研究方法が身に付くことは全く期待できません。

Jさんのコメント：修士課程での研究は、教授のやりたいような研究を、言われるままに行うような感じで進められますが、博士課程の方は、自分で研究テーマを決めて、研究を進めます。教授が時折アドバイスをしてくれて、基本的には助手や先輩院生たちに指導されながら研究を進めていました。

ひとつの研究室に、学部の卒業論文を書く卒論生約十五人と、修士課程の学生三人が集まって、同じ教授から指導を受けていました。

研究するための資料探しは、学生が自分の手で行いますが、どのような資料を探せばよいのか見当がつかないため、助手の助けを得て資料探しを行っていました。

女子大であったため、もともと学生数も少ない上に、大学院進学を志す学生はわずかでした。そのため大学院では、他大学からの進学者も多く受け入れていました。

日本の教育界には数々の問題点がありますが、それを白日のもとにさらそうとする人は皆無です。本当の大学院の現状を明かさないことが、あたりまえで普通のことだと誰もが信じこんでいるのが、今の日本の大学院等の教育界なのです。

大学院卒の教員を鍛える私の方法

中島　私の学校（東京福祉大学グループ校）の教職員の中には、大学院を卒業し、教職員として就職したことによって、さらに自分の勉強不足を思い知らされたという人も多くいます。私の学校の教職員には、大学院で修士や博士を修めた者も多いですから、そういった同僚たちに囲まれて、ますます勉強になると感じているようです。

東京福祉大学グループ校では、教職員に対しても論文試験を実施していますが、受験した教職員からは、なかなかハードだったという声が多く聞かれます。両校は医療・福祉の専門学校ですが、教職員は社会福祉を専攻した者ばかりではありません。そのような人たちにとっては、職場での試験を機に、福祉を初めて本格的に学ぶことになるわけですから、かなり苦労して勉強した者も多かったようです。

私の著書『新・社会福祉要説』が、教職員の一斉試験の課題図書として使用されました。この本は、既に多くの人から分かりやすいとの評価を得ていますが、初めて社会福祉を学ぶ人にとっては、社会保障や法律関連の内容については、少々難しいと感じた人もいるようです。しかし、法律を専攻している方々にとっては、『新・社会福祉要説』の法律関係の記述は、十分分かりやすく書かれているという評価をいただいています。法律というのは一般の人にとっては非常に難解で、学習参考例を作成するのも、一筋縄ではいきません。しかし、私は大学では法律を専攻していますので、法律関連の学習参考例も、私自身の手でかたちにすることができました。

起承転結の構成を考えて文章を書ける人というのは、大学院出身の教員でも最初の頃にはあまり見られません。読みも分析も浅いため、結論をうまく導き出せないのも原因です。これでは、全体が見えなくなり、何を目的でやっているのかが、最終的に分からなくなってしまいます。これでは、演習も講義も意味がなくなってしまいます。

私の学校の教職員には、ここに就職してから、分かりやすい言葉で文章を書く能力が身に付いたと言っている人がいます。また、そのような能力が身に付くことは、読み手のためにもなりますし、自分自身のためにもなると言います。それまで、大学や大学院で、自分が書いてきた文章を振り返ってみると、なぜこのように難解な言葉を用いて、分かりにくい文章を書いていたのだろうかと、「目から鱗(うろこ)が落ちる」ような気持ちだと語ってくれた教職員もいます。

特に教員は、私の学校に採用されてから、勉学の努力を要求される毎日で、なかなか大変であろうと推測(すいそく)されます。しかし、苦しいと感じることは、すなわちその人が進歩していることでもあります。そのように思って、私もアメリカの大学院で苦しみながら勉強してきました。

日本の大学院では、学生を体系的に厳(きび)しく鍛(きた)えるシステムが整(ととの)っていないため、社会で、大学院卒の人を鍛えるようなシステムを作ればよいのです。当校で行っている教員研修は、そのひとつの例であり、一般企業でも、それぞれ大学院卒の人の能力を引き出すような特別な研修システムを作れば、日本の大学院の卒業生も、最初はとまどっても社会で能力を発揮できるようになるのではないでしょうか。

そうやって、教員が苦しみ、進歩することによって、学生もよくなっていくのです。自分が絞(しぼ)られたように、学生のことも絞り上げることができ、能力を上げることができて初めて教員としての役目を果たせるのです。それによって、実力を身に付けた学生も、最終的に喜んでくれるはずなのですから。

ある教職員は次のようにコメントしています。

Eさん：この学校の教職員になってみると、学習参考例のような論文の作成においても、教員間や上司など、何人もの人の目によってチェックされるので、何度も書き直させられますから、自分自身の向上に役立っていると思います。最初のうちは、教員同士のあいだにも遠慮がありますが、次第に、お互いの学習参考例について活発に意見交換し、修正しあったりするようになります。上司のところへは、四～五回は持っていきますし、創立者のところへも同じくらいの回数は持っていきますから、最終的に書き直す回数はかなりの回数にのぼります。分かりにくい専門用語のないように、注意しながら何度も書き直します。

このように、何度もいろいろな人に目を通してもらい、自分の文章を推敲していくことは、日本の大学院では全くと言っていいほど見られないことです。東京福祉大学グループ校ではやりっぱなしは許されず、提出したものに対しては必ず応答があり、それに対してまた返答するという作業の繰り返しです。この作業を通して、他の人の視点を自分の中に取り入れることができます。

大学院のレポートを書くときと比較すると、大学院の方が気楽であると言えます。いったん提出さえしてしまえば、あとは教授からの評価を待つのみだからです。それに対して、本校の学習参考例は教材として使用するものですから、いいものを作らなければならないというプレッシャーもあります。それにしたがって、周りの人も辛口の評価をしてきますから、ますます頑張らなければならないと思いますし、書く側としても大変な作業になります。

中島　最近、私は教員たちの学習参考例に指導を加える際に、直接、加筆訂正を行うことをやめました。ただ、だめならだめと通告するのみです。なぜなら、私が加筆訂正を行ってしまうと、ただそれをワープロで打ち直すだけで終わってしまうからです。また、私が加筆訂正したものをさも自分が書いたかのように、思い違いをしがちであることも、加筆訂正をやめた理由の一つです。ですから、もっと自分の頭を使って、自分の論文を自分の力で直させるのです。私は、「このあたりの論理展開が悪い」「このあたりをもっと詳しく書くように」「定義が甘い」というように、アメリカの大学院で教えられたように指導するようにしています。私は、不足している点、よくない点を指摘しますが、あとは本人が自力で考えて書きすすめるのです。本人にとっては、その方が時間もかかりますし、苦労することは間違いありません。ところが、アメリカの大学院では、そのようなやり方をごくごく普通に行っているのです。

一方、日本の大学院では、学生が提出したレポートや論文を教授が細かくチェックし書き直させるということはほとんどありません。一度教授に提出すると、多くの場合、それっきりで、さらに良いものを作ったり、完璧なものにするよう求められることはありません。そして学生自身もそのような大学院の状況に慣れきってしまい、何事につけ、厳密さや正確さ、さらに効率性をめざそうという気持ちが薄れてしまうのです。

学生の力を伸ばすシステムとは

日本の大学院という場では、学生の力を伸ばすシステムが存在しているとは言い難いものがあります。大学院で能力が伸びるか否かは、学生の「やる気」のみにまかされていますから。

いくら「根性、根性」と精神論を叫(さけ)んだところで、日本のスポーツが世界を相手にしては勝てないのと同様、学問の世界も、ただ学生の「やる気」にまかせて指導しないでおくというのは、あまりに前近代的なシステムです。これでは世界を相手にして勝てるはずがありません。

なぜ大学に行くのかと言えば、かつては「大学は自分で勉強するために行くところ」だと言われていました。ところが、入学する前は「大学に入ったら、頑張(がんば)るぞ」という志に燃えているのですが、入学後に周りを見てみると、誰一人として真剣に勉強している人がいません。このような有様ですから、かえって大学に入学することによって、大学受験以前よりも、特に英語力などは学力が下がってしまう始末です。大学院も同様で、入学してから、やる人はやりますが、そうでない人も多いのが現状です。

私が『社会福祉要説』（『新・社会福祉要説』の前身）を書くにあたっては、七年もの年月がかかってしまいました。仮に、大学に入学してから学んだことを、本当に真剣に文章化しようとして取り組んだら、それと同じくらいの年月がかかってしまうのではないでしょうか。

大学院も、やる人だけが勝手にやればいいということではいけません。大学と大学院が同じ様な状況では、誰もまともに勉強に取り組まないでしょう。

日本では教育は安いものだと思われている

アメリカの大学院に通う人のなかには、企業から奨学金(しょうがくきん)を受けて派遣されてくる人もいるのですが、アメリカ人は概してそのようなかたちで大学院に進学することをいやがります。奨学金をもらって進学すると、まるでその企業から借金(しゃっきん)をしているかのような気分になるからだそうです。奨学金を受けて大学院で学んだからには、その借りを返すためにも、卒業後は再びその企業に戻り、会社のために奉職しなければなりません。

私がこの話を聞かせてもらったアメリカ人は、ハーバード・ビジネススクールの大学院生でしたが、貯金を取り崩(くず)して、何とか経済的にやりくりをしているということでした。「二年間でこれだけの投資になるんだ」と語り、その費用について私に話してくれました。

その代わり、大学院を卒業して再就職すれば、今までよりもずっと高収入を得ることができることになりますから、大学院在学中の費用は十分ペイできるというわけです。ですから、どんなに勉強が苦しくて、経済的に苦しくても、大学院で頑張ることができるのです。

日本の場合は、アメリカとは全く違った状況です。特に女性の場合、高学歴になればなるほど、かえって就職が厳しいという現実があるでしょう。民間企業の場合、採用の際に年齢制限もありますから、あまり長く大学院で学んでいるわけにもいきません。

大学院を出て年齢が高くなっても、以前は塾講師になるという手もありましたが、昨今の少子化による影響で、塾講師としての就職口も減る一方です。

予備校はもちろんのこと、専門学校の中にも経営が厳しい学校があるようで、講師の解雇（かいこ）が行われたりしています。そのため、教職員組合を結成したり、働く側も必死です。

大学でもまた、非常勤講師の解雇が行われていると聞きます。非常勤講師から専任講師になることは、至難（しなん）の業（わざ）です。一度非常勤講師になってしまうと、年を取ってもずっと非常勤講師のままという人もいます。よほど教授に目をかけてもらわない限り、専任教員への昇格は困難であると言えるでしょう。私の知人でも、五十歳を越えて、いまだに非常勤講師として働いている者がいます。

日本の場合は終身雇用という感覚が根強いので、アメリカのように企業からの奨学金を受けて大学院に進学することをいやがるどころか、逆に企業に束縛（そくばく）されて大学院に進むことを歓迎する傾向があります。

ある東大出身者で、法務省の局長をしていた人の話ですが、その方は東大在学中に司法試験に合格されたそうです。どうやって勉強したのかと尋ねたら、大学ではなくて、自宅で勉強していたのだといいます。

今は司法試験の勉強をするといえば、大学で勉強するのではなく、受験専門の司法予備校に通うのが一般的です。つまり、大学では司法試験に合格できるような能力は育たないということなのです。

アメリカでは、私立大学の場合、高い授業料を取りますが、大学院自身も、学生を教育することに熱心な大学院は、本当に学生をできる人にするというのを売り物にして教育しますから、教授陣も使命感を持ってある程度教育をやります。ところが、州立大学はあまりやりません。どうぞ勝手にやってください、という態度でいます。州立大学の場合は、形式的にはよさそうに見えますが、一人ひとりの個性に合わせた指導はしてくれません。

私は教員を雇う側ですが、日本人の教員に比べると、アメリカ人の教員はたいしたものです。学問的な業績も素晴らしいものがあります。

心理学では、困っている人の心理の分析を行っていますが、一般論は言うものの、本当に分析ができているとは思われません。アメリカであれば、PhDを持っている人なら、きちんとした分析が可能です。問題点を明確に指摘し、治療方法も明示するでしょう。日本は、難しい事例になってしまうと、どうしたらよいか分からないので、解決できないままに放置してしまうのではないでしょうか。

今の日本は、一人ひとりが生き残っていくために、能力を磨（みが）かざるを得ない状況です。かえって、大学や大学院でやっていくよりは、民間企業に進んだ方が、能力は磨かれるものなのかもしれません。民間企業は、「売れるか売れないか」という、結果のはっきりと出る競争の世界です。そのような中でやっていけば、おのずと自分の能力を磨かざるを得ません。学問的とは言えませんが、企業に入れば社内研修で社会人として育ててもらうという手段もあります。

ともかく、能力を磨こうと本気で思い立ったら、アメリカで一流の大学院に進み、学位を得ることが最良の方法であると思われます。

アメリカに留学しようとする日本人は、ほとんどが語学留学を目的としています。そして、ある程度の英会話をマスターすれば、修士課程には簡単に入学できてしまいます。もっとも、ハーバード大学のロー・スクールや医学部ともなると、簡単に入学することは不可能でしょう。ところが、入学できたとしても、卒業ができないのです。大学院はもちろんのこと、大学でもなかなか卒業できる人はいません。日本人は、日本の大学と同様に、アメリカの大学も入学できれば簡単に出られる、という間違った感覚を持っていますが、そのようなわけにはいきません。

アメリカの大学でも、州立大学では、なかなか学生をできる能力まで親切に教えて、レベルを上げられるようにして卒業させませんが、フォーダム大学では学生をきちんと指導して、できる学生にして卒業させています。教員は、学生を卒業させるために大変苦労しますが、勉強をさせてレベルを上げて卒業させることに誇りを持っているようです。

州立大学では、落第する学生は四割にものぼりますが、本来はそうあるべきではないと考えます。できない学生がいたとしても、簡単に落としてしまうのではなく、ある一定のレベルになるまで、徹底的に勉強をさせ成長させるべきなのです。

教員の教育訓練を行うと、特に年を取った教員は若返ります。厳しい訓練をさせられることによって、くやしいと感じる教員もいるようですが、くやしいと感じたら、そのぶん恩返しと思って学生をしごけばよいのです。その結果、学生にも学力が付くことになります。

二〇〇三年四月に、東京福祉大学の大学院を開設いたしました。能力の高い学生は、修士まで取らせて、もう少し高いレベルをめざすようにさせたいのです。博士課程は特殊で、博士号を取得できるまでに十年もかかるほど、毎日学生が勉強に苦しむような厳しい内容にしたいと考えています。

大学院生の文章力はなぜ低いのか

大学院に進学した人々は、他の人々より、少なくとも時間的には長く勉強してきているわけですから、読み書きの能力についても、一般の人々よりも優れていなければなりません。ところが、日本の場合、実際には必ずしも大学院卒業生が優秀であるとは限りません。

日本では、大学生ばかりか大学院生さえも、母国語の文章力、読み書きの力が足りない、ということが問題になっています。なぜそうなってしまうのでしょうか。結論から言えば、これは、日本の社会構造にも原因があると言えます。日本では、四年制大学を卒業したあと、すぐに就職するというコースが普通であり、就職をより有利にするために、さらに大学院に進もうという人は少ないのです。特に文科系においてはそうだと言えます。成績優秀な学生は、大学院に進学することよりも、名の通った大きな会社に就職するか、不況でも安定した公務員になること、または、試験に合格して、弁護士や公認会計士となるか税理士などを望みます。また日本では、就職の採用試験に際して女子も男子も年齢制限があり、大学院を出てからでは就職先がないかもしれないということを心配しなければなりません。つまり、学部卒業生のうち、大学院に進む人には、就職ができなかった学生等も多く含まれ、必ずしも成績トップの学生ではないので、おのずと大学院のレベルも下がってしまうのです。自分は研究者になりたい、専門分野をもっと深く勉強したい、と考える人が大学院に集まってくるのも事実ではありましょうが、研究したいと本人が考えることと、その人自身の研究者としての能力や資質というものは、また別問題です。

日本では、なぜ、大学院にまで進学しても、読み書きのような基本的な学力が育たないのでしょうか。

日本の大学院の授業の実態

日本の大学院の学生数については、文科系の修士課程について言えば、多いところで二十人程度、少ないところで五人程度とまちまちですが、十人から十五人程度のところが多いようです。

また、授業内容は、講義と演習（ゼミ）の二つに大別されます。とは言うものの、講義と演習は、中身にはほとんど変わりがありません。講義の授業でも、教授が教えるのではなく、学生たちに専門書の何ページというふうに割り当てて発表させる、演習と同じような形のものが多いようです。また、英語の専門文献を読み、各学生がそれぞれ割り当てられた部分を訳して発表する、という英文解釈の授業のようなものが大学院の授業として行われているそうです。

演習（ゼミ）形式の授業は、大体次のような流れで進みます。まず、大学院生同士で互いに課題を割り当て、教室でのディスカッションの対象となりそうなテーマについて、レポートにまとめてくるようにします。学生は、自分がまとめてきたレポートをクラスの皆の前で読み上げ、説明を加えながら発表します。

学生は授業での発表の前に「これが今度授業で発表するレポートの案です」と言って教授に原案を読んでもらいますが、それに対する教授のコメントは非常にわずかです。メモ書き程度で「この部分が分かりにくいから、もっと分かりやすく書きなさい」というくらいのものです。学生は、そのメモ書きを頼りにして、また一週間ほどかけてレポートの内容を手直しし、本番の発表に望むのです。

発表が終了すると、他の学生たちは、発表を行った学生に対して簡単な質問をします。発表者は、質問に対して受け答えは行うものの、その場限りのもので、レポートの文章そのものをより論旨明快にするための修正等は全く行われません。学生のレポートの文章がひどい日本語で、発表の際に周りの学生から「内容がよく分からない」と指摘を受けても、発表者は文章でうまく伝えられなかった部分は、口頭で説明してその場をしのいでしまい、文章自体をきちんと書き直しするということがないのです。聞き手の側も、口頭での説明に対して「そういう意味だったんですか」とうなずいて、それで納得してしまいます。教授の方から「文章の書き方や論証の仕方をこういうふうに直した方がよいのではないか」という、さらに踏み込んだ指導は全く行われません。これでは、論理的文章力が付くはずがありません。結局、自分のレジュメ文章は直さずに、発表を聞いている各学生が、「そういう意味だったのだな」とメモを取って終わりです。発表が終わったあとで、教授から研究についてのアドバイスがありますが、学生はアドバイスを受けたら受けっぱなしという状況で、発表したものをさらに掘り下げて書き直させ、再提出させるという作業は、まず行われませんし、いったん提出したレポートはそのままお蔵入りになってしまいます。

また、学生のレポートに対して、提出の都度、教授が厳密に評価を付けるということもありません。学生のレポートに対して、教授が「君のレポートはここがいい」「ここを直した方がよい」と口頭で評価したり、教授自身が持っている自分の学説を踏まえて、「君のレポートに対して私はこう思う」といった評価は授業の場で行われることもありますが、クラスの皆でレポートに対する批評会を行ったり、ということはまずありません。

これに対してアメリカの大学院の場合は、「そういう意味だったんですか」の部分までも、レポートの文章に盛り込ませます。つまり、授業中に受けた指摘をもとにして、他の人を納得させられる説明を盛り込んで、文章を再度練り直し、書き直すというわけです。書かれた文章を読めば、全てがよく伝わり、読み手がきちんと理解できるような完全な文章にするのです。アメリカでは、全てを文章の上に論理的に表さなければなりません。そして、何度でもその文章を書き直し、考えながら、完璧なレベルの論文にしていかなければなりません。アメリカでは、修士課程では修士論文というものはありませんが、その代わり、普段書かされるレポートの論理構成の指導が徹底しています。

日本の大学院では、考えさせる回数自体が少ないですし、思考のレベルも低く浅いと言えます。書き直すとしても、せいぜい二、三回程度でしょう。教授が他の大学等でのアルバイトに忙しくて自分の研究室にいないことが多いので、どうしても指導が行き届きませんし、個人的に指導してもらうこともなかなかできず、授業での発表の場で簡単なアドバイスをもらうという程度で終わってしまいます。それどころか、教授のなかには学生の発表中に居眠りをしていたり、学生の話を聞いているのかいないのか、はっきりしないような人もなかにはいると聞きました。

科目の単位修得のためのレポートについては、その内容が新しい、未発表のものであるかどうか、また、今その学問分野では、どのような論争があるか、といったことについては、教授からある程度の指導がなされます。また、修士課程の学生が、先輩の博士課程の学生たちから指導を受ける場合もあるそうです。しかしながら、学生がいかに厳密に参考文献を読んだか、その文献の説をどのように理解したのか、レポートに書かれている論証の仕方は正しかったのかどうか、そして特に学生の能力が伸びたのか伸びていないのか、ということについては、教授は全く関心を払っておりません。そして、指導を受けた学生側も、教授から紹介された新しい文献のここの部分がいいとか、こちらの説を採った方が有利じゃないか、という程度に、安易にレポートの内容を訂正して終わりにしてしまいます。学生が教授の指導を踏まえて、自分なりに再考して新しい学説を生み出そうとしたり、理論を再構築する作業を行っているかというと、決してそうとは言い難い状況です。

よって、レポートを何度も書き直し、徹底的に内容を掘り下げて教授の学説を批判したり変えたり、教授と異なる自分の考えを持って発表したりするのは、絶対にいけないことで、将来大学の講師の口も全くなくなってしまいます。新たな学説を次に創りあげていくという作業は行われません。教授と学生とのあいだで、レポートの内容についてやり取りを行う回数が、圧倒的に不足しています。

また日本の場合、大学院生でもアルバイトに時間を割く人が多いのが特徴です。二年間なら二年間、濃密に学問に打ち込んでいるのではありません。たとえば週二日、アルバイトに時間をとられてしまうと、積もり積もればかなり長い時間になってしまいます。

アルバイトの内容は、具体的には塾講師、家庭教師、店員など、研究とは何ら関係のない分野がほとんどです。中には、少数ながら、自分の研究に関連するアルバイトをする人もいますが。

修士課程は普通二年間ですが、必修単位は三十単位前後（科目数にして七、八科目）に過ぎず、最初の一年間で科目履修を終わってしまうケースも多いとのことです。そういう場合、二年目は、修士論文作成に専念するというのが建前ですが、時間が余って、もっぱらアルバイトに明け暮れている大学院生も多いそうです。

アメリカでは、博士課程でもコースワーク（科目履修）が教育学の場合十五科目以上あり、それが当然と思われていますが、日本では博士課程では教授の下働きのお手伝い以外は授業もほとんどなく、文章力もなかなか身に付きません。

日本の大学院教授の実態

日本の大学院の教授のほとんどは、論文は書くものの、それをまとめて実際に単行本を出すということまでは、あまり積極的に行われていないようです。出版するにしても全二百ページ程度の本を二十人ぐらいの教授が共同執筆（きょうどうしっぴつ）しているものが多く、同じ内容の学説が重複していたりします。また、教授が書く論文自体の内容も文章表現も、学生にとっては難解な言い回しや専門用語があまりに多すぎ、専門家であるはずの大学院博士課程の学生にとっても何が書いてあるのか非常に読みづらく、さっぱり意味が分かりにくいとのことです。「何が言いたいのか、文章構成がきちんとしていないので、起承転結もつかみにくく、読まされる側としては、論文の最後の結論部分や「あとがき」だけを先に読んで、筆者の言いたいことを表面的に推理するよりほかありません」、とほとんどの大学院生は仲間同士で不平不満を言っていますが、教授の耳には全く届いていないようです。

学生にとってはもちろんですが、同じ教授同士でさえも、他人の書いた論文の内容は、なかなか理解しがたいものがあるのではないでしょうか。しかし、他人が読んで分かりにくいということを、読み手である学生の実力が欠けているからだと言い訳を言う教授が少なくありません。また、学生の実力が欠けていると言いながら、何がどのように欠けているのか、どういう方向でどのように努力すれば実力を付けるのにいいのか、といった指導は全くしません。「自分自身でとにかく丸暗記するまで読んで考えなさい」「読書百遍、意おのずから通ず」の世界です。しかし、教授等の専門家同士、お互いの論文は本当は読んでいないのが現状のようです。

アメリカでは、論文の中で専門用語を用いた際は、必ずその用語の示す意味について解説を加えなければなりません。日本では、論文の中でいかに難しい言葉を使おうとも、相手にそれが理解されなくとも、使ったら使いっぱなしなのです。分からなければ、自分で調べればよい、調べても分からなかったらそのまま、という具合です。書いた本人さえ、専門用語の意味が分かっていない場合もあるのです。

日本の大学院では、教授が学生の個人的指導をしたり、相談にのる「オフィス・アワー」が絶対的に不足しています。教授も、他のアルバイトに忙しく、自分の担当授業の開始間際にやっと研究室に駆け込んできて、「おはよう」などと言っている始末です。それからおもむろに教室で授業を始めるという不熱心さです。

日本の教授は、大学に来て研究室に顔を出す回数も、週に二回程度、多くても三回程度です。その他の時間は他の大学で非常勤講師等のアルバイトをしているわけです。このような状況では、学生指導に当てるオフィス・アワーの時間は、どうしても不足してしまいます。修士課程の学生は、分からないことがあったら直接教授の指導を受けるのではなく、博士課程の先輩たちに教わることしかできません。教授からの個別指導というのは、なかなか受けられないのです。

こういった状況が、学生たちの読み書きの能力や、努力の度合など、アメリカの大学院生と比較した際のレベルの差として出てきているのではないでしょうか。

日本の大学教員は、私立は「専任講師」、国立は「助手」の地位についてしまえば、全くといっていいほど、論文は書かなくなります。日本の大学は、年功序列で地位が上がっていくわけですから、教員はしだいに努力しなくなっていってしまいます。たとえ論文を書いても、誰に読ませるわけでもありません。教授はもちろん、大学院の学生でも、自分の論文を良い、完全なものにするために他の人に読んでもらい、十回も二十回も論文を書き直すような努力はしません。簡単なアドバイスを受けて、二、三回書き直すという程度のものです。そういった人たちと比較して、私中島はアメリカの大学院で繰り返し情け容赦なく命じられる書き直しに耐え、博士号が取れるまでやり通してきたので、「鍛えられた人間だ」という評価がなされるのでしょう。

勉強するかどうかは本人の責任？

日本の大学の先生の中には、「出たくない人は、授業に出てこなくてもよい」と公言してしまう人がいます。初回の授業では、大きな教室にたくさんの学生がいるのですが、そのような先生の授業は、日を追うごとに学生が減っていってしまいます。授業も分かりにくいですし、これでは大学で勉強するということは、どのように勉強することなのか、分かるはずもありません。

「大学・大学院では高校までと違って、勉強は自分でするものだ。勉強ができず、力が伸びないのは、学生本人の責任だ」。このような考え方が日本ではまかり通っています。

教授が紹介してくれる参考図書は、難解な専門用語の羅列で分かりにくいものが多いのですが、それが分からないと言うと「読み込みが足りないからだ」「もっと暗記するぐらいまで読め」と言われてしまいます。ある大学院生が教授に「参考文献のここが分からないんですが、どういう意味なんでしょうか」と質問したところ、教授は「意味はそこに書いてある通りだ」とひとこと言って終わりだったそうです。質問に答えてくれず、教授が指導して、分からないことを究明することがなかったのです。答えがAでなくBだということは分かっても、なぜAでなくBなのか、その理由や答えを出す過程は分からないままです。

本当は、大学や大学院で学位を取るということは、大変な努力を積み上げることであるはずです。私の学校の、つまり東京福祉大学グループ校の教職員にも、日頃の研修や年間何回も課される試験によって、アメリカ式の勉強の本当の大変さが分かっていることと思います。

日本の大学院卒業者の悲惨な就職状況

経済的余裕があれば大学院にでも進もうかなどと甘く考えている学生が少なくありません。しかし、現実には国公立の大学院卒業者であっても、大学院での専門を生かした就職は非常に困難です。しかも、修士課程、博士課程と進むにつれて、卒業後の就職はますます不利になっていきます。

これだけ院卒者(いんそつしゃ)の就職が厳しいということは、世間が院卒者の能力を認めていないということのあらわれではないでしょうか。大学卒業者を求めている企業であっても、大学院卒業者を求めてはいません。高い給料を出してまで、大学院卒業者を採用するメリットはないと考えているのでしょう。高学歴であるからとその人物に期待しても、その期待の大きさに見合うだけの仕事をする能力を持つ人がいないのです。企業としては、事業を進めていくうえで発生する、難しいトラブルを処理できる問題解決の能力を持った人間を期待しているはずですが、日本では学歴の高さと能力の高さは、学校名は別として正比例しているとは言えないのが現状なのです。

力のある教授について、能力がなくても教授の論文のゴーストライターとして実績をあげた人は、大学院を卒業しても教職等の就職は安心かもしれません。しかし、就職できたとはいえ、その人に実際に学問的な能力がついたわけではなく、そつなく教授にごまをすったため、就職口にありついたに過ぎません。

日本の大学院はある意味で、研究そのものの内容や、成果を競うというより、学問の業績以外のところで、つまり裏で悪口の言い合い等をして、お互いに足の引っ張り合いをしているような傾向にあります。そして能力のない大学院卒業者が、またどこかの大学に教員として就職し、ゆくゆくは教授になり、学生を指導する立場にいたのですから、同じことの繰り返しで、学ぶ環境が整っていくはずがありません。私の学校に専任教員として採用された大学院卒のHさん（女性）は、大学院卒業者の就職について次のように述べていました。

Hさん（社会学専攻）の話：大学院卒業後に就職先がないという理由で、心ある教授たちは学部生に対して、大学院への進学はあまり勧めていなかったようです。

大学院の案内パンフレットには、卒業後に就くことのできる職業として、各種の専門職の名前も出していますが、実際には就職に有利に関連するような授業や指導は行われていませんでした。自分自身で企業を回って就職活動をしていても、院卒者を企業があまり必要としていないため、良い手応えは得られませんでした。女性で修士課程卒業者というだけで、企業からは逆に煙たがられてしまいます。

では、なぜ大学院に進んだのかと言えば、学部生時代から実験が好きで、このままもう少しその分野で学問を続けていきたいと思ったからなのです。大学卒業後に就職することも一時期考えて、企業訪問を行ったこともありましたが、大学卒業資格だけでは、専門職としての就職先があまりないということが分かり、大学院に行ってもう少し勉強をすれば、就職も違ってくるのではないかと考えました。

結果的に、サンシャイン学園に専任教員として採用されることができたのも、修士の学位を持っていたからこそであると思いますので、大学院を出て良かったと感じています。

一般に、大学が教員を採用する際には、確かな人物を採用したいがために、知人の紹介など縁故採用が多く、一般公募はあまり行わないようです。しかし、東京福祉大学では一般公募によって、広く優秀な教員を募集しました。かえって、縁故採用の方が優れた教員を採用できないと思われるからです。

サンシャイン学園では、ディスカッションによって、教員同士も意見交換することができますが、そのような風通しの良さは非常に居心地がいいと感じています。

日本の大学院を良くするには

日本の大学院教育がいかに実社会と遊離しているかを見てきました。それでは、日本の大学院生たちが、彼らの大学院での経験を社会に役立てていくには、どうすればよいのでしょうか。

そのためには、学生の意識改革がまず必要であると思われます。

東京福祉大学グループ校では、私の著書『新・社会福祉要説』等を使用して、教職員に対して研修や論文試験を実施しています。

この『新・社会福祉要説』は、読み手に分かりやすい文章表現を用いて、誰にでも社会福祉学が理解できるようにと考えて執筆したものです。ですから、教職員からも「自分が大学生だった頃の教科書よりも、ずっと分かりやすい」という評判です。各テーマごとに、起承転結や流れがつかみやすい構成になっているため、二、三回繰り返して読むと、書かれている内容がよく分かるという定評を得ています。現在、日本の大学院で書かれている論文の多くが、難解な専門用語を乱用して、専門家であるはずの大学院の修士、博士の学生が読んでもさっぱり分からず、内容が読み手に分かりにくく、ときには表題から論旨がずれてしまうようなものもあることを考えると、万人に対して分かりやすい『新・社会福祉要説』の意味は大きいと言えるでしょう。

　私の学校も日本の大学院のように、ただ「レポートを提出して終わり」で、そのあと何らのコメントも指導もなしであったら、教員の仕事は楽でしょう。しかし、アメリカの一流大学院は、東京福祉大学グループ校と同じような手法で教育を行っているのです。私の学校の教師は、学生に何度もレポートを書き直させ、指導し続けなければなりませんから、大変です。私がアメリカの大学院のような方式で教師や学生を鍛える教育を行うと、日本ではびっくりされてしまいます。

　しかし、私にとっては、これは至極あたりまえのことなのです。日本の大学・大学院で、このような厳格な指導が行われていない、学生を鍛えて優秀にしようという姿勢やシステムが全くないということの方が、驚くべきことです。

　以前、私の学校に新聞社の人が取材に来て、私の学校では「教職員の能力向上のために試験を実施している。成績の悪い人は退職勧告を受けることがある」、という内容の記事を新聞に載せていただいたことがあります。ある大学院の先生は、この新聞記事を読んで、大変ショックを受けていました。その人は、東京福祉大学の教員を志望して応募してきた人でした。私は、その人に尋ねました。あなたは本学で何をなさりたいんですかと。「あなたが本学に来たら、あなたを教師として鍛え、読み書きの力も、教える能力も向上させます」と私は話しました。すると、その人は「私は自分の専門の研究以外のことはやるつもりがない」と言いました。博士課程を出たので、将来は研究者になるというのです。つまり、読み書き能力などを今さら教わるつもりはない、ということです。しかし現実には、博士課程を卒業しても、読み書き能力の不足している人が多いのです。あるとき、東大の博士課程を修了し、保健学の博士号を取得している外国人研究者が私の学校に求職に来たので、教員のミーティングの席で日本語の文章を読んでもらったところ、しどろもどろで、日本語がまともに読めないのに驚いた経験があります。アメリカでは、英語の読み書きがまともにできない人が修士や、まして博士を取ることはありえません。語学力は学問以前の常識です。読み書きの基本的な能力は、非常に大切なものなのです。

その人の専門とする狭い学問分野の中だけに閉じこもり、読み書きの基礎能力が不足しては、世間に通用する学問とは言えません。博士課程を卒業しても、就職口も見つからないでしょう。どこかの学校の非常勤講師になり、複数の学校を掛け持ちして、一生涯乏しい講師料（時間給）で何とか生活をやりくりしていくようなことになりかねません。

私の専門学校では、勉強が苦手で自分ではできなかった生徒が、自分の文章でレポートを書き、普通は何年かかってもなかなか卒業できない大学の通信教育課程を四年間で卒業しています。専門学校の教員が大学通信教育課程のレポートや試験を採点したのではなく、生徒が自力で書いたものが、大学で厳密に評価されて合格したということに価値があるのです。教育学的見地から、生徒に本当の能力を付けさせたといえるわけです。

ところが、日本の大学院では社会に役立つような研究はされていません。たとえば、歴史学なら、単に年号を覚えるのではなく、日本の過去の歴史を振り返って、将来の日本を予測し、日本人の本質を理解し、日本の文化にはこういう特色があるから、こうすれば日本人はより満足するとか、このような商品を作れば売れるだろうとか、社会で役立つような研究は全くと言っていいほどなされていません。

たとえば、ある人が、歴史をたどってみると天皇家と関係のある由緒ある家柄だったとします。すると、その人は天皇家とゆかりのある人ということで、他の人からの信頼が増すものです。

ちなみに私、中島恒雄は、「清和天皇の流れをくむ清和源氏の末流　茶屋四郎次郎清延第十七代の直孫」です。「茶屋四郎次郎」だけでは、一般の人にはピンとこないかもしれないと思い、「清和天皇」から流れる茶屋中島氏の由緒をそえさせていただきました。しかし、自分がまだ世に出ていない段階では、「清和天皇」「茶屋四郎次郎」と言ったところで、それがかえって重荷になり、人に笑われるだけですから、他人には言わずにおりました。このところ大学も創立し、世間でも中島の大学や専門学校はきちんと教育をする良い学校との評価もいただくようになり始めたからこそ、日本人の心のよりどころとも言える「天皇家」の流れを汲む血筋であるということを初めて公に出したのです。

そして、日本人が最も尊重する外国の大学、ハーバード大学大学院で研究したことも肩書に入れています。しかし実際の私は、金持ちだったわけでも、先祖の多くの遺産を継承したわけでもなく、二十一歳のときに資本金五万円で開いた英会話サークルからスタートして、三十年かけて汗と涙で努力してやっと東京福祉大学を創ったのです。

良い学校とは、勉強をさせ学生の能力を伸ばせる学校です。私の学校のように、繰り返し読み書きの基礎能力を訓練し、学生の能力を高めます。何が何でも勉強をさせ、母親がわが子を愛するがごとく力が伸びたらほめて、毎日それを繰り返すなかで、できなかった子（生徒）もできる子（学生）へと変わっていきます。勉強するのは大変苦しいことですが、大変苦しいことは良いことなのです。進歩しているから苦しいし、努力しているからこそ、大変だと感じるのです。大変なことをクリアしたから、一歩進んだということになります。進んだら学生をほめ、それを繰り返して、しばらく経つと変化して少しずつ賢い子へと変わっていきます。

自分の今までやってきていないことをやるから、人間の視野や能力は広がっていきます。そういうふうに新たにチャレンジすることが、正しいことなんだということを、教師は授業の中で繰り返し説明しなければなりません。先生の言ったことや、今日学んだことを、どのようにあなたの日頃からの問題解決に応用するのか、考えてきなさいとか、これについてこの本を読んで、内容を足して文章を書き直していらっしゃいとか、簡単なことから順々に積み上げて指導し、面倒をみていくのが教育なのです。

卒業したときには、全ての科目をパスして、入学したときよりも格段に能力がついたというあかしが、卒業証書であるべきなのです。

ですから、大学を卒業している人よりも、大学院を卒業している人の方が、確実に能力があるとアメリカでは見なされます。したがって、高い学位を持つことによって、給与も上がるのです。良い大学で修士を取った人は、同じでない異なった良い大学院でさらに博士を取ろうとします。

アメリカに留学する前は平凡な人間に過ぎなかった私が、博士号を取ってからは、学問の世界で優秀だと言われるようになりました。なぜでしょうか。話し方により説得力があり、明瞭明快にはっきりと物事を言いますから、聞き手も納得します。また、何度も論文を書き直して、博士号も取得しています。そして、何十回も推敲した著書も数々出版しています。

また、それだけではなく、東京福祉大学も創立いたしました。私は、現実に目に見える努力の結果を常に出し続けているのです。大学設置にあたっては、自ら出かけて行き、アメリカ、カナダ等から優秀な教授陣も面接し集めてきています。日本国内では、社会福祉分野で教授になれるレベルの人材が十分にいなかったから、アメリカ、カナダから優秀な人物を連れてきているのです。

そうして、私は仕事のうえで目に見える結果を出し、勉強に限らず、全てのことを常に「ベター」にする努力を続けているのです。それが、アメリカの博士の学位を持つことの意味なのです。日本で博士の学位を取った人に、ここまでの結果が果たして出せるでしょうか。ここのレベルまでは、彼らは十分に鍛えられていないと思われるのです。

アメリカの教授であれば、私のように、結果を形にして出すことができるに違いありません。論文にしても、千ページにもわたる論文を、きちんと自分で書くことができます。

私は、他人からは「鍛え抜かれた人間だ」と評されます。

自分自身では、私はハングリー精神が旺盛な、野犬のような人間だと思っています。他人から食物をもらうのを待っているのではなく、自分で捜して手に入れるからです。今は学校の評判が高いことから、学生募集が少しは楽になりましたが、まだ学校が小さかった頃には、自分で高校訪問や生徒に直接説明をして生徒募集をしていましたから、大変でした。お金が不足して学校がつぶれはしないかと、夜も眠れないことがありました。専門学校が軌道にのるまでは、特に苦労しました。高校の先生には腰を九十度曲げてお辞儀をしたものです。

私は、当初は、日本人が皆大学の卒業資格を欲しがっているということを十分に知りませんでした。アメリカ人の書いた日本についての本を読み、そのことに気づいたのです。そして、大学や短大の通信教育課程を併修するコースを専門学校に創設しました。

日本では、専門学校といえば「実務能力を付けるのが専門学校なのだから、それだけでよい」という考え方です。ところが、それだけでは生徒が集まりません。日本人は、本音では誰しも高い学歴も欲しいのです。

何となく大学に入ってしまった人には、世の中には大学に入りたくても入れない人が大勢いて、そういう人たちは高い学歴を持つことを望んでいる、ということに気づかなかったのです。

私たち日本人は、そういったわけで、とにかく大学に入りたい、入れなければ将来困るという考え方でいます。それは仕方のないことです。

私は、アメリカに行ってから、勉強するということがどういうことか、何となく分かりました。そして、ハーバードの大学院にも招聘学者として行きました。そこで初めて、他人から「中島の博士の学位って本物なんだな」と認められるようになりました。見た目には太っていて学者に見えませんから、私の博士の学位が偽物だと思った人もいたようです。見た目はともかく、話してみればズバズバと核心をついた物言いで、学問をしっかり身に付けているという印象から、学者らしいと感じてもらえるようですが。学者然と構えて分かったふりをしているのとは、明らかに、私は違うと思われるでしょう。他の大学の先生のなかには、格好ばかりの評論家で、実務的でない人もいます。そのような人は、少し話をしてみればすぐに分かります。

この本を書くときに、当校の教職員の数名にも原稿の段階で読んでもらって、意見をきいてみたところ不思議なことがわかりました。大学学部卒の職員は、まず内容を素直に理解し読み進め、正しいと思われる意見を言うのですが、これが、大学院修士課程修了、博士課程修了と上になればなるほど、まず内容をきちんと素直に読み、今までの自分で思い込んでいた考えと全く異なる、この本の論を理解する読解力が十分にないのです。つまり、内容を読解し理解し、よく把握したうえで、大学院で学問を修めた者にふさわしく、異なる他人の論点をよく理解して自分の論を構築し、展開して意見をまとめてくれればよいのですが、残念ながら、よくこの文書を理解しないで自分の既成の固定概念にとらわれたまま書くので、論証が成り立っていなかったり表面的にゴマをすっているだけで、内容に論理性がなく、深みがでてきません。論理的、学問的にわかりやすく書く力がないわけです。私自身、日本で博士をとった人の力は、かえって、いかばかりであるか、疑問をもたざるを得ませんでした。

文部科学省が、日本の大学院でも博士号をだすようにすすめているようですが、やはり、まず、きちんと大学院博士課程にふさわしい能力開発、研究方法などのシステムを整備し、構築して、いいかげんな学問的な能力のない博士を世に出さないようにしてほしいと考えます。思考が甘くて、深く論理を掘り下げて展開できず、きちんとした文書の論文にならないのでは困ります。学生を教育して、世界的な基準でいう博士のレベルに達したからこそ博士号を授与する、ということが重要ですから、何よりも博士課程の教育課程のシステム整備、構築が急務でしょう。

東京福祉大学には、東京大学以上のレベルの教授陣が集まっており、「大変立派な先生方ですね」と皆さんから言われています。昔からある有名大学の方が、良い先生が揃っているとは限りません。有名大学では、いったん助手や専任講師になってしまうと、そのあと研究業績をあげる努力を続けないからです。普通は、日本の専門学校の教員が、東大の先生になることはできません。しかし私の学校では、専門学校の教員が、学校のなかで鍛えられることでさらに能力を培い、業績をあげて、努力次第で伸びゆく東京福祉大学の教授になれる可能性があります。このようなことは、人からはびっくりされます。

私は茶屋四郎次郎の子孫であるため、楽に学校経営をやっていると思われがちです。しかし、実は私の家庭環境は、ごくごく普通の中流家庭だったのです。ですから私は、中学生になるまでは、清和天皇の流れをくむ小笠原源氏の末裔である茶屋四郎次郎の血を継ぐ家の生まれであることは、全く知らずに育ってきました。

世間の人は、一般に、とかく他人は楽をしており、自分ばかりが厳しい環境で苦労してやってきていると思い込みがちです。二十一歳のとき、資本金五万円からスタートして、努力して汗と涙でここまでやってきたということは、案外知られていないのです。

ヨーロッパは、「職人の子は職人」であると、生まれたときから人生が決まってしまっています。アメリカでも、高い学歴とそれにふさわしい実務能力がないと、私たちの想像以上に、階級間の移動をすることができない国です。

日本でも、貧しい家庭に生まれた人が政治家になろうとすると、生まれた土地に強固な地盤を持っていないと、階級を飛び越えることは困難であるかもしれません。しかし、勉強ができて官僚になれば階級を移動することができます。明治時代には、武士の最下級であった足軽の子どもが天下を取っていました。

いったいどのような人物が、本当に「優秀な人」であると言えるのでしょうか。多くの人は、単純に「勉強がよくできる人」「要領のいい人」のことを、「優秀な人」であると考えるでしょう。大学受験においても、要領よく高得点を取ってしまう人が優秀であると思われがちです。

しかし、東京福祉大学に入学すれば、そのような従来型の「優秀な人」というのは、本当に優秀な人ではないということが分かるでしょう。

東京福祉大学で、繰り返し文章を読み、書く練習を重ね、能力を高めて保ち続ける努力をし、あきらめずに勉強を続け、汗をかき続けることができるかどうか、ということが本当に優秀な人になるために重要なことなのです。ただ丸暗記だけ理解しただけ、ということでは、本当に優秀な人になることはできません。創造的思考力を学問をしながら身に付けた人が二十一世紀には必要とされるのです。

東京福祉大学大学院の開設

本書でも幾度となく述べましたとおり、世界のトップ、ハーバード大学をはじめとしたアメリカの大学院では、世界レベルの優秀な人材・研究者を多数輩出しており、思考力、創造力、問題発見・解決能力を育てる教育メソッドが確立されています。東京福祉大学大学院は、私がハーバード大学教育学大学院に招かれ、アメリカの大学院教育の優れたメソッドを日本の教育に取り入れるべく、研究を重ねてきた成果を生かし、二〇〇三年四月に開設いたしました。大学院は、社会福祉学専攻博士課程前期・後期、臨床心理学専攻博士課程前期・後期、児童学専攻修士課程からなり、修士課程には福祉系大学院では全国でも珍しい通信課程も設置します。大学院では、現実に直面する課題に即した実践的な教育・研究の場を保障し、授業方法の一環として「事例研究」（ケーススタディ・メソッド）なども用い、社会福祉・臨床心理分野のより高度で専門的な知識・技術を有する人材・研究者育成、そしてそのためにあるべき高等教育機関として活動してまいります。

資料⑦　大学院教育の研究（東信堂）

バートン・クラーク編著（潮木守一監訳）『大学院教育の研究』東信堂、一九九九年五月二〇日より部分的抜粋。

アメリカ大学院教育のきわだった能力

ドイツ、イギリス、フランス、日本、その他の国のシステムと比べると、アメリカの高等教育は、驚くほど規模が大きく、分権化、多様化しており、かつ競争的で、経営体としての特色をもっています。二百以上の私立、州立の大学が博士課程を有しており、その他六百以上の大学およびカレッジが修士課程をもっています。この巨大で多様化した大学院制度は、計画に基づいてできあがったものではなく、長期にわたって各大学が自由に競争し、模倣し、多様化を進めた結果生まれたものです。

その結果、数多くの一流大学が出現しました。トップの十校、二十校、五十校、これらは財政的にも運営面でも、大学院教育の強力な研究基盤を有しています。これらの大学院では、各専門分野での組織的な教育と教員が遂行している研究——博士論文作成のための研究の場合もあればそうでない場合もあります――とを結びつけています。こうした活動を各大学は、競争ベースで行っており、大学の威信序列の上位にランクされることを、常に念頭においています。

アメリカ以外の国は、アメリカの高等教育から、主として、大学院教育と研究者養成における効率性を学ぼうとしています。二十世紀後半、世界各国から磁石のように才能を引きつける大学院によって、アメリカの高等教育システムは、高等教育の世界で最も重要なセンターとなったのです。これは十九世紀から一九三〇年までのドイツの大学システムが果たしていた役割を引き継いだものといえます。このような力をつけてきた基本的特徴を要約すると以下のようになります。

まずひとつに、大学院教育の規模の大きさがあげられます。すなわち大学院は巨大な高等教育システムにおける大規模総合大学のなかに、しかも大きな学科のなかに位置しているのです。規模の大きさは、大学院への社会的要請が大きく、常に知識が拡大していく時代にあっては、大きな利点となります。大学院をもつアメリカの大学・カレッジは数百に及び、その学科の数は数千になります。

また、アメリカの大学では、大学間で熾烈な競争がくりひろげられることもあげられます。その場合重要なのは、まず研究能力です。各大学は、非常に激しい競争的環境のなかで運営されています。他国と比較すると、このような大学間の激しい競争は例がないだけではなく、大学院教育の基本的推進力としてきわだった特色となっています。

大学院レベルもしだいに多様化していますが、多くの場合、多様な才能を集中させており、研究の生産性および研究者の養成という点で、国際的にみてもはるかに外国に抜きんでた成功例となっています。

「学士課程」と「大学院課程」の役割のバランス

学位のレベルは歴史的に形成されてきたため、国によってある学位のレベルの重要性が他のレベルよりも強調されています。ドイツ、フランス、イギリス、日本では最初の専攻分野の学位（学士号）が大変重要です。ドイツとフランスでは、大学院教育という概念もありませんし、それに相当するはっきりとした大学院レベルの学位もありません。最初に専攻した分野の学位（学士）こそがすなわち学位なのです。イギリスと日本ではそれぞれまったく違う理由で、大学院レベルの学位は主流から外れています。イギリスでは、昔から学生の関心とエネルギーは、大学三年間の優等学位（honors degree）に集中しています。日本では、どの大学（学部）に入るかが、学生の人生を左右する重要な要素になります。学生は、学位と共に大学の名前と地位を背負って、労働市場へ出ていきます。第一学位（学士）と、上級学位、学士課程と大学院課程のバランスをみると、これら四か国では、それぞれの理由で学士課程（四年制大学）とその学位のほうに重みがあります。

アメリカのシステムは、これとは対照的です。活力ある大学院教育は、大学にとって誇りであり、喜びでした。親、学生、政府関係者は、今でも大学といえば、学士課程段階を重視して考えるかもしれません。しかし大学関係者は、クリストファー・ジェンクスやデビッド・リースマンが「大学革命」と呼んだ状況を経験し、かなり以前から、大学院生のいる博士コースやそこでの研究活動を、個々の大学人、各学部・学科、さらには大学全体のアイデンティティの中心とみなすようになっています。アメリカの大学制度は、第二段階、すなわち大学院こそが中心となっているのです。

現在、アメリカの大学は、大学院教育と研究の統合を可能にするために、さまざまな物質的条件整備と、その統合を支える理念の強化を行っています。

これは、一流の研究大学や自然科学分野でみられるものです。そこでは、経営者と教員は、研究訓練に必要な物質的条件のために十分な資金を提供しなければなりません。優秀な研究者を養成するための質の高い大学院プログラムを維持していくことは、学生が生き残るためにきわめて重要であると考えられています。教員にとっても大学院生にとっても、研究費獲得という問題が頭を離れることはありません。また、個人にとっても大学にとっても、研究業績を上げたいという意識の背後には競争意識が働いています。研究による貢献は社会から高く評価されますし、そのような貢献は多額の研究費で援助されるという意識がそこにはあります。

日本の大学院教育は規模が小さく、しかも脆弱（ぜいじゃく）です。より高い教育を受けようとする人々の動機は、大学院の入口のところで止まり、特に博士課程に入るところでストップします。これらのことは外国人の目からすればきわめて奇妙（きみょう）で、日本を観測する者には謎（なぞ）以上のものです。これほど教育熱をもった国が学士以上の教育に熱意を示さないのは、いったいなぜなのでしょうか。

日本の大学は充実した大学院をもつ理工系と未発達な大学院をもつ人文・社会科学系とに分けられます。そのなかでも強力なのは工学系の修士課程です。工学系そのものが日本の大学組織のなかでは強力な組織で、それは応用化学（たとえば応用物理学）の分野をも含んでいます。これに対して、人文・社会科学では、その雇用市場はほとんど飽和状態に達しており、これがこの分野の大学院の発展を妨げています。人文・社会科学では、ごく一握りの学生が博士課程を通過し、はるか後になってから自分の修了した大学院へ博士論文を提出します。

特に人文・社会科学では、規模の小ささという問題がつきまとっています。一つ一つの大学をみると、各専門分野の院生があまりにも少ないため、組織的な訓練を与えることが困難となっています。全体的にみると、大学院の数は多いが、院生数は少なくなっています。

日本は高度に発達した教育制度をもった国です。しかしそのなかにあって、大学院は例外で、規模が小さいばかりでなく、果たしている役割もまた周辺的です。日本では九年間の義務教育を終えた段階で、ほとんどの者が（約九十五パーセント）高等学校に進学しています。そしてさらに同一年齢層の約三十五パーセント以上が高等教育へと進学しています。ところが大学院への進学者となると同一年齢層の約二パーセントにすぎず、これは大学卒業者の六パーセントにしかなりません。学生たちにとって大学院への進学は必ずしも魅力的ではありません。雇用者側は博士の学位の価値を必ずしも評価しておらず、大学教授の間においてさえもそういう傾向がみられます。

修士課程

修士課程の志願率は専門分野によって、かなりの開きがあります。工学の修士課程は入学志願者が多く、最近では入学定員の約一・六倍ほどの志願率に達しています。ところが他の専門分野では、定員に満たない分野があります。社会科学の修士課程は、定員の約三分の二が空席のままになっています。たしかに入学志願者は定員以上いるのですが、入学できるだけの水準に達する者は約三分の一にしかなりません。こうした状況は人文科学でも同じで、入学定員の四十パーセントは空席のままになっています。院生は修士論文を作成しなければなりません。将来博士課程をめざす場合には、もう一つ博士課程への入試に合格しなければなりませんが、その際ものをいうのが、この修士論文の質です。普段の授業の成績よりも、この修士論文が博士課程に進学できるか否かを決定するうえでの鍵となります。特に人文・社会科学では、博士の学位が大学教員となる条件とはなっておらず、修士の学位が研究者になるための資格とみなされる場合が多いのです。博士課程へ進学するためには、優れた修士論文を書く必要があり、また修士が最終学位になるケースが多いため、学生も教師もこの修士論文に多くの努力を傾けることになります。だから極端な場合には、たっぷり四年間をかけて（通常の二倍の期間、在籍できる最高の年限）この修士論文を完成させるケースも出てきます。院生のなかには五百ページ（語数にして約七万語）もの大作を書く者も現れますが、その反面百ページ以下というケースもあります。

博士課程

博士課程は修士課程よりも、さらに問題的な状況にあります。工学を含めて、ほとんどすべての専門分野で、入学志願者の数は入学定員の約五十五パーセントでしかなく、残りの半数は空席のままとなっています。博士課程の院生の大部分が医学系の院生です。医学教育は学部段階を含めて六年とされています。この六年間を修了した者の多くが博士課程に進学します。医学博士の学位は開業する場合には、顧客（患者）の信用を高める効果をもっているからです。

日本の場合には、コースワークがあまり重視されておらず、また博士課程の院生には必修単位が定められていません。人文・社会系の博士課程院生の地位は不明確なばかりか、さまざまな問題を抱えています。理工系とは異なって、人文・社会系では博士論文の水準がはっきりしていません。たとえはっきりしていても、その水準はあまりにも高すぎて、若い博士課程院生がそこまで到達することはきわめて困難です。その結果、博士課程の院生のほとんどすべてが、博士学位を手にすることなく大学院を離れていくという、驚くべきことが起きています。一九八七年の場合には、人文科学系で八十五パーセント、社会科学系で七十八パーセントの者が、博士号を取得しないまま大学院を修了しています。この数字は理学系の三十四パーセント、工学系の三十二パーセントと比較して、きわめて対照的です。年長の研究者が一つのテーマに二十年、三十年という長い年月をかけて博士論文をまとめあげる（論文博士）のは、このことがあるためです。しかし、専門分野によっては（たとえば経済学や心理学）、この博士論文の水準を、自然科学のそれに近づけようとしているところもあります。こうした動きは、伝統的な固い制度に楔を打ち込み、二十歳代、三十歳代の若い研究者が博士論文をなかなか書かないという傾向を変えようとする動きとみることができます。

このように、本来ならばなによりも博士論文の執筆が、博士課程の院生にとって一番の課題であるのに、人文科学、社会科学の分野では、博士論文を書くことは、研究者としてのキャリアを築いていくうえで、欠くことのできないステップとはみなされていません。むしろ多くの指導教授が勧めるのは、博士課程へ進学すると同時に、できるだけ多く専門のジャーナルに論文を発表し、規則的に学会で発表報告を行い、評価を高め、研究者としてのポスト獲得の機会を多くすることです。そのため博士学位を授与できる特権をもちながら、人文・社会科学の博士課程は名ばかりの機能しか果たしておらず、ごく未発達の状態におかれています。

雇用市場からの需要（じゅよう）

工学系の大学院の人気が高いのに、人文・社会系の人気がないのは、その雇用市場と関係しています。修士課程修了者の雇用機会は人文・社会系の場合きわめて狭く、就職するとなると、多くは高等学校の教員となります。ところが現在高等学校の生徒数は減少期にあり、修士課程卒業生にとっては、高等学校の教員となる機会は減りはじめ、将来回復する可能性はほとんどありません。一九八〇年代後半では、人文系修士課程修了者の十七パーセント、社会科学系の場合には十四パーセントが無職と報告されています。このように修士課程を修了しても就職先をみつけることが困難なため、多くの者は博士課程に進学することになります。ところがすでに述べたように、博士課程に進学しても大部分は博士号をとるまでには至りません。ところがこれに対して、工学ではまったく状況が異なっており、修士課程修了者の九十パーセントが企業に就職していきます。理学、農学の場合も同様です。つまり理工系の修士課程は企業に向けて高度の訓練を受けた科学者、技術者を養成・供給する機関となっています。これに対して、人文・社会科学系の修士課程は博士課程のための予備段階として機能していることになります。その意味で理工系の大学院の機能は、アメリカのプロフェッショナル・スクールに近いといえるでしょう。

　次に博士課程をみると、その雇用市場はほとんどといってよいほど、大学教員に限られています。民間企業も官庁も、博士号所有者を雇用しようという構えはもっていません。彼らは博士号所有者のことをあまりにも専門化しすぎ、職場への適応性に欠けているとみています（教員とか研究職を別として）。卒業者には、大学教員以外への道はほとんどありません。

　理工系博士課程の魅力を低めているもう一つの要因は、大学と民間企業との研究条件の差です。修士課程の卒業者の多くは、民間企業の研究・開発部門に就職していきますが、研究条件は大学よりも民間企業のほうが優れています。研究資金も潤沢だし、実験装置の面でも大学以上に優れています。たとえ民間企業に就職しても、当人が望むならば、研究を続け、博士論文を提出することによって、博士号を得る機会は残されています。しかも、大学院のコースワークを経なくても、それが可能です。つまり修士課程卒業生からみれば、民間企業に就職すれば、卒業と同時に安定した所得が保障されるし、将来博士号をめざす機会もまだ残されているということです。ところが博士課程に進学すると、所得が得られないだけでなく、授業料を払いながら、さらに三年あるいはそれ以上、学習を続けなければなりません。しかも、卒業後どうなるかも定かではありません。このように、理工系の大学院は、修士課程には多くの者を引きつけることができても、博士課程にはなかなか学生が集まりません。

論文博士

一九八六年度の統計によると、人文・社会科学系の博士号の七十八パーセントまでがこの「論文博士」で学位を得ています。これらの博士号取得者の年齢について公式の報告はありませんが、その年齢が大きな幅にわたっていることは明らかです。ある者は三十歳台半ばだろうし、ある者は六十歳を越えていることもあります。これに対して、理工系では大部分の者が規定通り博士課程三年かそれに近い期限内に博士号を取得しています。理工系の博士課程完了率が高いのは、その訓練方式が人文・社会科学系よりも組織立てられて体系化しているためです。

戦前期から専門分野の間で大きな差がありましたが、そうした格差は依然として残っています。たとえば、博士授与数をみると、専門分野によって大きな偏りがみられます。一九八七年に授与された博士号は（課程博士、論文博士を含めて）、九千百五十六件でした。ところがそのうち、六十二パーセントは医学博士であり、十七パーセントが工学博士、九パーセントが理学博士となっています。これに対して人文・社会科学は両者合わせても、わずか三パーセントにしかなりません。

政府の定めた基準によると、教授あるいは助教授になる基礎資格は博士号をもっていることとされています。しかし、人文・社会科学では、この基準はほとんど無視されています。この分野ではほとんどの院生が博士号を取得しないまま、大学院を修了していきます。規定の年限内に博士論文を完了する者はほとんどいません。彼らは大学院に在籍しながら、助手か講師の職がくるのを待機しています。だから三年間の博士課程は、大学教師になるための待合室となっています。博士号をとることは決定的な分かれ目ではなく、研究職に就くための最初のステップとはなっていません。こうした仕組みが長年にわたって行われてきているため、できるだけ早い時期に博士論文を完了させようとする気力を削いでいるのです。人文・社会科学の博士号の授与数が極端に少ないのは、このためです。

先に述べたように、日本の大学は大学院大学になることに強い関心をもってきました。しかし、わずかな例外を別とするならば、十分学生を引きつけることができていません。大学院の多くは「からっぽのショウ・ウィンドウ」となっています。

第Ⅸ章 日本の大学院の現状と改革への提言

はじめに

近年、中国・韓国・台湾といったアジア各国の発展は目覚ましく、バブル期には世界第二位の経済大国で豊かさを謳歌し、高い経済成長率や平均所得を達成し、半導体の製造拡大など、かつては世界を牽引してきた我が日本国ですが、昨今では他のアジア諸国にも後れを取るような場面も増えてきたのは誰もが知るところと思います。

何故そのようなことになってしまったのか、様々な要因が考えられるとは思いますが、私は大学院教育の影響も大きいのではないか、特に大学院教育の改革が今後の我が国の大きな課題となるのではないかと思い、自らの体験も踏まえ、僭越ながらご提言申し上げたく、今回筆を取らせていただきました。

日本の大学院の問題と課題

日本の大学院の問題

数年前に東大が国際化を図ろうと、英語で授業を行うことにし、秋入学を始めようとして、インド数学で有名なインドで留学生を募集しようとしたことがありました。奨学金を出す事にしていたのですが、受験者はいたかもしれませんが現実には入学者はゼロだったそうです。インド人の日本の大学院に対する評価は低く、あの東大ですら国際基準からみるとレベルが低いと言われていたため、アメリカやイギリスの大学院に行った方が将来的に良いというのが理由です。

急激な経済成長を遂げＩＴ業界に多数の優秀な人材を輩出しているインドは、いまだカースト制度が根強く影響を与えているのですが、カースト制度による差別を乗り越え、ＩＴ産業での成功を勝ち取るため、若者たちは熾烈な大学受験競争を繰り広げています。

中でもインド国内最高峰のインド工科大学は、競争率は百倍超で世界でも有数の難関校とも言われています。卒業後は世界各国のＩＴ企業から引く手数あまたである彼らが大学院に進学する際、選ぶのはインド工科大学が設立の際モデルとしたＭＩＴ（マサチューセッツ工科大学）をはじめとするアメリカの一流有名大学院なのです。

そうしたアメリカの一流大学院で学位を取得したインドの学生たちは英語と数学に強く、アメリカで博士号を取得し、実社会で役立つ能力も身に付け、読み書きの能力も鍛えられているため、世界中の企業から引く手数多です。日本でも楽天をはじめ多くの大企業で採用されています。

日本のある国会議員は日本で博士号を取得しても、気の毒と発言されていました。年齢が高くなってしまい、良い就職先がなかなかないことからのようですが、実際に日本の大学院で博士号を取得しても、十分な学力がなく企業等からはあまり評価されず、就職先が無く生活不安な非常勤講師になるしかないのが現実です。

私の学校でも日本では一流と言われている東大、京大や早稲田大の大学院で博士課程満期退学まで修了した教員を採用したことがあります。最初は講師で雇用し、研究業績が不足していたため、准教授になれるように研究し、著書を執筆するようにアドバイスしたのですが、原稿を見てみると全く文章がなっていない。一流大学で博士課程まで修了した教員の文章とは思えないものであったため、本人に話を聞いてみると大学院はでは、ゼミをやっていれば単位が取得できるので、楽で全く学力がつかないと話していました。

なぜ日本の大学院は評価されないのか

日本の大学院を出ても読み書きの学問的学力が伸びず、専門性もつかないことの原因の一つは日本では大学を出てすぐに修士課程に入り、修士を取得した後すぐに博士課程に入ることも影響していると思われます。

アメリカの大学院では学士を取得した後、原則として三年以上の自分の専門の実務経験がないと修士課程には入れませんし、修士を取得した後も、原則として専門家としてのさらに高い実務経験がないと博士課程に入ることは出来ません。実務経験が重視されるのです。大学は実務経験のない学生は研究への問題意識がなく、熱意が低く、研究課題がなく、途中で退学してしまったりすることを知っているからです。逆に実務経験のある学生は自分の経験から来る現場の問題を解くために大学院に入学するため、熱心に研究し、厳しい指導にも耐え、学位を取得していきます。

そうした学生たちを入学させ読み書きの力を徹底的に鍛えるとともに、実務の中で経験した問題をどう解決していくか、何度も何度もディスカッションさせて意見交換させ、実社会で役立つ問題発見解決能力を養い、社会から求められる能力を身につけていくのです。日本の学生は実務経験がないため、仮にディスカッションを行っても、実社会で役に立つ力がつけられないのです。実社会で役立つか分からない机上の空論を交わすのみですから、浮世離れしていき、大学の教員以外使い道のない人材になってしまうケースが少なくないのです。

更にアメリカでは同じ大学の大学院には原則として進学できません。大学院でも修士を取得した後は、別の大学の大学院博士課程に進むよう勧められます。同じ大学にいると教授と馴れ合いになってしまう事、同じ先生についていると、その先生の指導の範囲でしか学ぶことができず、視野が狭くなり、柔軟な思考が出来なくなってしまう事がその理由です。

私は日本で専門学校を経営している経験があったため、フォーダム大学の大学院に入学が許可されました。博士課程は新しいアイルランド系の学科長に隣のコロンビア大学等の他大学に進むように勧められましたが、外国人であり、できれば慣れた環境で学びたいとお願いしたところ、特別に入学が許可されました。その代わり最初は仮入学という形で博士課程に入り、博士課程の科目三科目を履修し、その全てでA評価を取らなければならないという、厳しい課題が課せられました。その課題をクリアしたことで私はようやく、フォーダム大学の大学院の博士課程に正規入学することができたのです。

日本の大学院博士課程は科目履修もなく、学生を鍛えて学力を伸ばす体制になっていないことや、学士も修士も博士も同じ大学で取得できるのは、ヨーロッパの大学院を真似たことが原因と言われています。ヨーロッパの大学院は入学してから科目履修もなく、指導教授から博士論文を書き上げたら持ってくるように言われ、博士論文が書きあがるまで殆ど指導教授と会うこともありません。私が博士号を取得したフォーダム大学にもヨーロッパで博士号を取得した教授がいましたが、その教授もヨーロッパで博士を取得するのはアメリカに比べると簡単とも話していました。

実は私も大分以前にヨーロッパで博士を取得した日本人の教員を雇ったことがありますが、博士を取得しただけあって意思は強いのですが、頑固過ぎて融通が利かず、あまり仕事が出来なかったので、しばらくしてお辞めいただいたことがあります。ヨーロッパの大学院では日本と同じように一人の教授に付いて、その教授の指導通りに研究し、論文を書き上げれば修士や博士が取得できるため、どうしても一つの考え方に凝り固まってしまい、ともすれば頑固になってしまうようです。やはり、アメリカの大学院のように何人かの指導教授が入れ替わって付いたり、別の大学院に進学することで、それぞれ違った角度から指導を受け、柔軟な思考力が身に付いていくのだと、その時感じたものです。

アメリカの大学院で博士号を取得すると、社会からの高い評価もあり、国の機関や大企業、あるいは国連などの国際機関で活躍できます。最近はアメリカ大統領もアメリカの大学院出身者が多くなっています。ビル・クリントン氏はイエール大学のロースクール（法科大学院）出身で法務博士を取得していますし、ジョージ・W・ブッシュ氏はハーバード大学のMBA。バラク・オバマ氏はハーバード大学のロースクール卒業。ジョー・バイデン氏はシラキューズ大学のロースクール出身で法務博士。大統領にはなっていませんが、ヒラリー・クリントン氏もイエール大学のロースクール出身で法務博士を取得しています。

日本人で初めて国連難民高等弁務官になられた緒方貞子氏もアメリカのカリフォルニア大学バークレー校で政治学博士を取得されています。

それほどまでに、米国における「博士号」というのは厳正で重みのあるものなのです。日本の博士課程は構造的な欠陥があり、これをアメリカ式に直すことはほとんど不可能だと思います。ですから、東京福祉大学においても、「博士課程」を履修するときは、真剣勝負、全力を挙げて、記憶力だけでなく創像力も発揮して取り組んでいただきたいと思います。

アメリカの大学院の教育（自らの実体験から）

留学前夜

三十年以上前、まだ本校が専門学校を創設し、東京福祉大学はなかった時代に三十六歳の頃アメリカで教育学の博士号を取得しようと、留学を思い立ちました。

当然高い英語力が必要になりますが、私は英語には自信がありました。父親に勧められ中学校から朝六時二十五分からのラジオの基礎英語や英会話を毎日聞いていましたし、その放送を録音し、食事や何もしていない時間にはそれを必ず聴き、日本にいながら英語漬けの環境を毎日作り、中学～大学までそれを毎日繰り返していました。今で言うスピードラーニングです。

高校の頃はそれに加え、家の近くにある名古屋城に赴き、外国人観光客相手に英語で話しかけ、それを録音して聴くことも英会話学習のメニューに加えました。大学に入学し、東京に来てからも外国人観光客を相手に同じことを続けました。自分の英会話を録音しておくことで、自分の現在のレベルで英語が通じているか確認することが出来ました。

二十六歳の時には自分の学校の短期留学の際に学生達よりも長く二カ月ほど米国カリフォルニアに滞在し、知り合いのマッキンストリー博士の自宅を訪ねては英語の書籍を読んでトレーニングをしてもらっていました。

具体的には英語の書籍を読み、その内容に関しジョン・A・マッキンストリー博士から質問をしてもらい、それに答えるという形です。もちろんこれも録音し、繰り返し、繰り返し聴きました。こうした努力を繰り返したことで、三十六歳の頃には英語に関する不安は全くなかったということも、アメリカの大学院進学を後押ししてくれました。

私が進学先に選んだのは一八四一年に設立され、百七十年以上の伝統のあるカトリックイエズス会系名門大学のフォーダム大学です（日本では上智大学がカトリックイエズス会系の大学として知られています。）。フォーダム大学の教育学大学院からはアメリカの大学の学長が数多く出ていますし、イエズス会の社会的弱者優先という方針も社会福祉の学校を経営する私に合っているのではないかと感じたこともあったかもしれません。

そこで、六月に来日していたフォーダム大学のテッド・ワイゼンソー教授に会いに行き、宿泊していた新宿の京王プラザホテルの宿泊費が高かったので、サンシャイン60のプリンスホテルを紹介し、私が持っていた割引券も使ったおかげで安くなり、御本人は大満足しました。

その際、当時の私の専門学校の非常勤であり、仲間でもあった「百万人の英語」の荒井良雄教授（学習院大学）や上智大の秋山秋雄教授が私をフォーダムの大学院に入学させて欲しいと頼んだのですが、なかなか良い返事がもらえませんでした。そこで、その翌日に、サンシャイン60の五十九階の喫茶店で一対一で私が話をしたところ、ようやく協力しようと首を縦に振ってくれたのです。

カリフォルニアで夏期研修があるから、そこに出向いて、その後ニューヨークにあるフォーダム大学に行くという手はずで、その旨は事前に当時のチェアマン（学科長）だったジョン・ポウスター（博士）に話してありました。ポウスターの話では夏に三～四回行けば「修士号」が取得できるということでしたが、私はできれば秋からフルタイムの留学生として始めたいと考え、その方向で入学手続きをし、英語の試験もパスしました。

その時に協力してくれたのが、以前来日した元ニューヨーク州の教育学区の教育長だったテッド・ワイゼンソー博士でした。彼はユダヤ系で、九月に行った時選択する科目を親切にもアドバイスしてくれたりもしました。フォーダムの大学院には現職の教育長と教育長の経験者も何人かいて、権威のある学校であることがそこからもわかります。

修士から博士号取得まで

九月から修士課程がスタートしたのですが、仲の良かったハーバード大学出身のセーラ・ユーラー博士やワイゼンソー博士は〝A〟をくれるのですが、その科目ばかりというわけにもいかないので、秋に四科目、春に四科目、夏に二科目を履修し、一年間に十科目で、修士課程を終了しました。

ところが、その時点で、チェアマンのジョン・ポウスター氏が突然フォーダムを辞めて、よその大学に行ってしまったのです。米国ではその仕事を辞めることになった場合、おいそれと他人には言いません。言えば、誰も相手にしてくれなくなってしまう。しかも影響力もなくなります。ですから彼の退任は事前に知らされることはありませんでした。修士課程を終わらせ、博士課程に入ろうとしていた私にとっては急にいなくなられ、ポウスター教授と約束していた必要な第二外国語を日本語にすることも認められなくなり、Ph.D. から第二外国語のいらない Ed.D.（Doctor of Education）（教育学博士）へコース変更をさせられる事になったのは、まさに青天の霹靂でした。後に彼はミシガン大学の教育学のディーン（学長）になりました。

米国では新しいトップがやって来ると、多くの場合、前任者のやってきたことは全面的に否定される傾向があります。新しいチェアマンはアイルランド系のトーマス・モルキーン博士で、彼は前任者を全面的に否定し、なんと私が取得した修士課程の資格はけしからんと言い出したのです。新チェアマンが自分の力を誇示するために、私が標的になったのです。前任者が認めた単位を否定し、あと九科目を履修しろと言いだしたのです。「冗談じゃない。それではもう一度修士を取り直せと言っているのと同じではないか」と大喧嘩をして食い下がり、二科目は減らしてもらいましたが、結果的にさらに七科目を履修させられる羽目になったのです。科目履修は合計修士課程十＋七科目＋博士課程十五科目＝合計三十二科目になりました。

アメリカの大学院では日本の大学院と違い、徹底的に読み書きの能力が鍛えられます。日本の大学院ではレポートを書いて提出しても教授が受け取って終わりですが、アメリカの大学院では受け取った後、すぐに教授がコメントをつけて学生に返し、書き直しをさせます。特に私は外国人だったため、英語が母国語ではないので最初のうちは何度も書き直しをさせられました。一つのレポートを四十回ほど書き直させられたのですが、そのレポートを一科目につき三本、一つのレポートで四十回書き直しなので、一科目分で百二十回書き直し、これを三十二科目分こなしたのです。大きすぎる負担ですが、飛躍的に読み書きの力が着いていった実感があります。それに加え余分に一〜二年かかると言われているレジデンスセミナー、博士論文作成準備試験、博士論文作成理論理解セミナーというハードルがあります。このようにしてアメリカの博士課程の学生たちは力をつけていくのです。

それに対して日本の大学院は、アメリカの大学院の学生が、私のように死に物狂いで読み書きさせられているのに比べればぬるま湯です。ゼミを行い適当に発表させて単位取得できますし、提出したレポートも受け取るだけで指導もされない。色々言うことはあるかもしれませんが、具体的な指導は無く、読んでもいないのではないかと勘繰りたくもなるくらいです。

アメリカの大学院では徹底的に読み書きの訓練をさせられるので、アメリカ人でも博士課程に入って博士号取得まで場合によっては二十年くらいかかることもあります。

そう言えば、ワイゼンソー博士の子息がフォーダムの博士課程に入り、同じユダヤ系のワイゼンソー博士の同僚の先生がその博士論文の主査になったのですが、何回もダメ出しをして修正をさせるものだから、とうとうワイゼンソー博士はカンカンに怒り、辞表を叩きつけてフォーダムの教授を辞めてしまったという後日談も残っています。ところが、最終的に出来上がった論文は素晴らしく、同じ教授仲間の子息の博士論文でも手心は加えず、厳しく向き合うということなのです。米国における「博士号」の重みは大変なものだということですね。

ちなみに、私の博士論文の主査だったアンソニー・バラッタ氏は、奥さんの姪の博士論文の主査になるように頼まれたが断ったといいます。結局その学生は十四年かかって博士号を取得したそうです。博士号というのは、それほどまでに重みのあるものなのです。

私は、最終的にやっとの事で修士・博士五年かけてフォーダムで博士課程を終了し、博士号を取得しました。

中国や韓国、台湾等の躍進と大学院教育

中国人留学生の悲哀

フォーダム大学大学院の修士課程で、同級生に北京師範大学出身の中国人の女性がいました。中国ではエリートです。その彼女は、「米国の学生は馬鹿ばかりだ。勉強ができない」と平然と言い

放っていました。ちなみに、彼女の夫は中国で資格を取った弁護士であり、ニューヨークのコロンビア大学法科大学院に来ていました。米国の司法試験もクリアし、米国での弁護士資格も取得していましたから、夫婦揃ってエリートですね。

ところがその弁護士の夫が香港から来た若い女性に走り、彼女は一銭も貰えずに捨てられてしまったのです。その後、アルバイトをしながら苦労して博士課程まで行ったのですが、そこで博士論文を書く際に、他人の論文の一部を引用したと明記すればよいのに、そこを明確にしなかったのか、盗作をしたと咎められ、退学処分になりかかったそうです。

日本の場合、博士論文に盗作があっても、ほとんど教師は気がつかずに終わってしまうことになります。なぜかというと、主査を務める先生方がきちんと十分な勉強をしていないからです。米国の教授たちはものすごく勉強をしていますから、すぐにバレてしまうのです。

彼女の場合は、ほとんど退学になるところでしたがお情けでそれだけは免れ、最終的にはユダヤ系の米国人の作家と再婚したそうです。そして、その夫に手伝ってもらって博士論文を仕上げ、最終的に博士号を取得したそうです。

このことで申し上げたいのは、中国における教育では四書五経等の官吏登用の伝統による暗記力が大切で、修士課程までは米国の大学でも暗記力が大切なのですが、米国では博士課程になると暗記力ではなく創造力が大切になるということなのです。修士課程で米国の学生たちを馬鹿にした彼女は、そのことに博士課程でやっとのこと気付いたのでしょうね。

米国籍を取得したい

一緒に学んでいたポーランド人の留学生は、英語以外に四ヵ国語も堪能な優秀な女性で、フォーダムではほぼ私と同じころ入学し、教授の助手などをしていたのですが、彼女も博士号を取得するのに大変な苦労をして私より三年ほど卒業が遅れました。

当時はまだポーランドは共産圏であり、米国への留学自体が大変な時代でした。アルバイトや助手をしながら勉強していたのですが、彼女は最終的に米国の国籍が欲しかったのですね。

そこで、フォーダム大学大学院で博士号を取った後、彼女は米軍に入隊したのです。博士号を持っていると、入隊と同時に将校になれ、前線にも行かずに済み、高給で楽ができたのですね。そのまましばらく軍隊にいれば、除隊をすると同時に米国に尽くしたその功績が認められ米国籍が取得しやすくなるのです。そういえば、あのキッシンジャーも元来はドイツ籍のユダヤ人だったのです。外国人だった彼がハーバードに行き、政治学の博士号を取得して、それから米国籍を取得したのです。

中国大発展の秘密

私がハーバードに来てわかったのは、日本からの留学生はほぼ三十人、学士課程や、修士課程ばかりということでした。私と同じ頃にいた中国人留学生は修士や博士課程に三百人ほどでしたが、彼らは口を揃えて「天安門事件の後で、中国には戻りたくない」と言っていました。

米国では「博士」を取らないと専門家にはなれませんし、高給はとれません。米国で生きていくために、中国人留学生は必死で「博士号」を取っていたのです。

そもそも中国でトップクラスの学生が来て、必死になって勉強しているのです。中国の人は暗記は強いのですが、アメリカの大学院では思考力と想像力が問われるのでものすごく苦労するのですが、必死になってそれを克服して更に優秀になり博士号を取得していくのです。彼らは米国で勉強し、米国で就職し、骨を埋める覚悟をもっていました。

ところが、少し情勢が良くなったせいもあり、中国政府が米国の会社よりも良い給料を出すからと呼び戻しにかかりました。なんと家屋敷まで用意するという歓待ぶりです。そうして数多くの中国人の「米国の博士」たちが米国から中国に戻りました。約十年が経ち、その後中国の急激な大発展の礎となったのです。中国が、経済力、軍事力、そして宇宙科学まで、発展を遂げお金持ちになり、GNP世界二位にもなり、豊かにもなったのはご存知の通りです。

余談ですが、日本の優秀な研究者は、研究費が潤沢に提供されない日本を捨てて米国に渡りました。今では優秀な人材が定年を迎え、いまやその渡航先が中国や韓国、台湾等になっているのです。その成果の象徴がファーウェイやサムスン、鴻海の大成功だとも言えるでしょう。

韓国と台湾の躍進

韓国は朝鮮戦争があり、身の危険を感じた韓国人移民や留学生は、ベトナム戦争の時に韓国の兵隊が米国側で戦い、優秀な戦果を挙げています。その見返りという意味で、当時米国は韓国人移民や留学生を大量に受け入れていました。米国の大都市にはコリアンタウンも多くできました。その韓国人たちも、再び朝鮮戦争の危険を感じ、米国では「博士号」を取らないと生きていけないことを知っていました。そうした「博士号」を取得した韓国人たちが帰国して、現在の韓国のサムスン等の基盤を作ったのです。

さらに韓国の企業は日本の一流メーカーを定年退職した研究者を高額の給料でスカウトしました。そうやって日本から流出した技術が韓国の白物家電の市場拡大の基盤となっているのです。

一方、台湾は、いつ中国共産党に侵略されるかわからないという危機感から、米国に行く留学生たちは必死になって勉強をしています。もちろん、彼らも「博士号」を取得し、帰国後母国の発展に大いに寄与しています。それがＴＳＭＣという世界第三位（二〇二一年）の半導体メーカーの基盤となったのです。ちなみに、半導体生産の世界第一位は韓国で、二位は台湾、米国に留学した博士たちの功績はとても大きいと思います。だからバイデン米国大統領は日本ではなく、まず韓国（サムスンの工場）に行ったのでしょうね。

バブル期の日本人留学生

かつてバブル時代に多くの日本人が米国に留学しました。ところが彼らが目指したのはせいぜい修士課程です。残念ながら、その時代に必死になって博士号を取ったのは中国人と韓国人、そして台湾人やインド人の留学生たちだったのです。ハーバード大学の日本人留学生三十人中博士課程は一～二人程度で中国人の三百人とは桁違いでした。その頃日本の景気が良かったので、日本人は本気で努力しませんでした。

私に意地悪をした学長のトーマス・モルキーン博士に、「日本に招待するからうちの日本人の生徒にレクチャーをしてくれないか」と誘ったのですが、私が博士号を取得するまでは金輪際行かないと言うのですね。そんなことをしたら不正をしたと思われるのが嫌だというのです。私が博士号を取ってから、一度来てくれました。もちろん、約束通り盛大に接待し、大喜びでしたが、数年後に心臓発作で亡くなってしまいました。

うちの大学にも東大卒、京大卒の教員がいて、大学に入学した頃はエリートだったと思いますが、修士、博士課程に進むにつれて、学力がアメリカのようには伸びなくなってしまいました。日本の大学院はゼミ等に参加していれば科目履修もないそうで、基本的な学問的読み書きの訓練が全くなされない、レポートも教師が採点したり、書き直しをアメリカのようにさせたりしないそうなので、読み書きの学力がつかないそうです。ですから博士を日本で取得しても、学力が十分になく、すでに歳をとっており、就職先がないそうなので、日本の大学院に入学してくる学生は将来性がないので少ないそうです。

今後の大学院教育のあり方

ヨーロッパ式からアメリカ式の教育方法への転換

以上述べてきましたように米国における「博士号」というのは厳正で重みのあるものなのです。日本の博士課程は構造的な欠陥があり、これをアメリカ式にすぐに直すことはほとんど不可能だと思いますが、少しずつでも改善していくことが今の日本には必要と考えます。私の考えでは以下のプロセスで改革を進めていくことが必要と考えます。

はじめに実施すべきこととしては、

（一）原則として同じ大学で学士、修士、博士を取得できなくする。
（二）原則として実務経験三年以上があることを入学資格とする。
（三）指導教授は複数名とする。
（四）科目履修（コースワーク）を取り入れる。（形骸でなく、実質を伴うもの）
（五）大学教員の指導責任の明確化

アメリカのようにコースワークを必須とし、同じ大学では、学位を取れないようにし、複数の指導教授から指導を受けるようにする。そして、実務経験のあることを原則とする。また、恥ずかしながら私の大学の大学院でも昨年までそうでしたが、指導教授が全く指導していないで、多くの学生が博士号を取得できずに満期退学していっている現実を改めるため、指導教授の責任を明確化することです。入学試験をクリアし、一定の学力を持っていると評価され入学してきた学生たちの多くが博士を取得できないのは、学生ばかりの責任ではなく、指導する側にも責任があると思います。

実際に本学で何年も博士課程に在籍しても博士が取れない学生に聞いてみると、指導教授から全く指導を受けていないという声も聞こえてきました。昨年、そうした学生を私がアメリカ式できっちり指導したところ、指導を受けた学生は今春全員博士を取得し、卒業していきました。そして学生も実務経験のある学生を入学させるようにすれば、彼らは現実の社会での問題を知り、それを大学院で研究することで解決しようとする訳ですから、熱心に研究し、厳しい指導にも付いてきます。

こうするだけでも、まずは一定の読み書きの学力や、思考の柔軟性が鍛えられると考えられます。効果が出れば、日本国内の企業の採用姿勢に変化が生じてくるものと考えられ、日本の大学院の評価にも変化が生じてくるはずです。もちろん国際化の時代であり、外国人にも評価される大学院にしていく必要はありますが、先を急いでも東大の例のように上手くいかなくなってしまいます。

日本の企業が日本人の大学院生を採用しようとしないのは読み書きの基礎学力が十分になくて企業の利益を上げるのに役に立たないからです。現実的な問題解決ができなくて屁理屈ばかり言って、プライドばかり高くて会社の命令を聞かず、常識がなく十分能力がなく十分に使いづらいからだそうです。これでは、外国人に評価されるはずがありません。まずは日本人の大学院生に対する社会的な評価を上げるところから始めるしかないのです。

次の段階として、

（六）　英語での履修と論文作成。
（七）　九月入学の導入。
（八）　教授の国際化。

日本人の大学院生に対する評価が上昇し、企業等での採用が活発になれば当然海外の学生たちの日本の大学院への関心も高まってきますので、国際公用語である英語で学べる環境を整えるのです。そして教員も日本人の教授ばかりでなく、海外にも視野を広げ優秀な人材を海外から呼び寄せるのです。

さらに世界でも多くの国で導入されている九月入学の導入です。こうしていけば日本の大学院で学びたい外国人も自然と増えていき、国際的な評価も高まっていくでしょう。「言うは易く行うは難し」。一朝一夕にできることではないことは私も十分に分かっているつもりです。

良い教育にはお金がかかる

良い教育をし、優れた成果を残し続けるためには、お金がかかります。私の経営する東京福祉大学は現在私立大学等経常費補助金をいただいていませんが、良い教育を行うために是非多く補助金を交付してもらいたいと思っています。交付されれば以前のようにアメリカから博士を取得した優秀な教員を連れてきて、本物のアクティブラーニングをより高度に実践できる日本一公務員、教員に合格できる福祉系大学にできます。中国では大学受験も非常に厳しいものです。入試の競争も日本よりも厳しいですし、学生も良く勉強します。アメリカでも学生は必死に勉強し、入学後の学生の競争も日本よりもとても厳しいのです。

アメリカ、中国といった現在世界をリードしている国々は教育に力を入れ、厳しい競争を強いる中で成長してきているのです。しかし、大きく経済発展している中国も、社会福祉の分野はまだまだです。福祉分野を学ぶ大学生たちの学力を高める教育つまり本物のアクティブラーニング（能動的学習）によって、中国でも未知の問題に対応し、解決していける能力を身に付けさせる必要があると思います。日本の大学は近年どんどん世界から置いて行かれてしまっていますが、教育は国家の将来の根幹をなすものです。

最後に

日本の企業も厄介者扱いをするし、十分な評価もされず、日本人自身も積極的に入学しようとしない大学院に外国人を呼ぼうとしても上手くいかないのは当然です。まずは日本人の誰もがチャンスがあれば入学し、研究したい、学びたい、十分に能力をつけられると思う魅力ある大学院にすることが先決なのだと私は思います。

大学院を改革し、アメリカの名門大学院のような評価を受けるのはほぼ不可能なのではないかと私も思いますが、何も行動を起こさなければ何も変わることはありません。「千里の道も一歩から」、「教育は国家百年の大計である」と言われているように、アメリカで名門といわれる大学院は百年以上の長い年月をかけ、現在の社会的評価を確立させてきたのです。

日本の将来のためには少しでも早く行動を起こすことが肝要ではないかと思い執筆を思い立ちました。拙文ではございますが、ご参考にしていただければ幸いです。

第Ⅹ章 教育の成果——東京福祉大学大学院修士課程における実践

東京福祉大学大学院における論文指導

　本書の「まえがき」でも述べましたが、今までの日本の教育ではあらゆる学問の基礎である「読み、書き」の訓練がきちんと行われてきませんでした。そのため、大学や大学院の先生でさえ、日本語の「読み、書き」の基礎的能力が十分でない方が珍しくありません。本章では、私が東京福祉大学大学院修士課程において実践している臨床心理士（大学院修士課程修了レベルの資格）の資格試験対策講座を例として、大学院レベルの日本語の「読み、書き」をどのように指導しているのかご紹介したいと思います。

「臨床心理士」の資格試験は合格率が低く、難関と言われています。一次試験は択一式（マークシート）の筆記試験と論述試験ですが、特に論述試験は、限られた時間内に与えられたテーマについての小論文を規定の字数（試験の年度によって変わる場合もありますが、現在は一千一字以上千二百字以下）で書かねばなりません。この論述試験は臨床心理士をめざす学生にとってむずかしいだけでなく、指導する教員たち（学部ではなく大学院の教員です）にとってさえもむずかしいもので、大学院で博士号を取得した教員でさえもなかなか時間内に規定の字数の論文を書き上げることができません。彼ら教員たちの話を聞くと、日本の大学院では、論文を書くにあたって一番肝腎な「論述のしかた」については、担当教授から何も指導してもらえず、しかたがないので有志の院生同士で集まって、お互いの論文を交換しあったりして自主的に勉強するという状態だったそうです。そのため、論文の書き方というものは、教員が学生に指導できるものではなく、学生が自ら勉強して身に付けるしかない、と先生方は思い込んでいたようです。

　ところが、私が東京福祉大学大学院で、修士課程の学生を対象に臨床心理士試験対策講座を実施したところ、初めは自信なさそうにしていた学生たちが、一回の講座を受けただけで、きちんと論述展開ができるようになり、参加学生全員が合格基準に達する論文を規定時間内に書けるようになりました。私の指導方法は日本の他の大学院では行っていないもので、日本の先生方にはショッキングなものだったようですが、「論述のしかた」は適切に指導をすれば身につくものなのです。

　それでは、大学院レベルの論述展開ができ、規定時間内に論文を書き上げる力をつけられる指導方法とは具体的にどのようなものであるのか、以下にご説明しましょう。

臨床心理士の資格試験とは

説明に入る前に「臨床心理士」とはどのような資格であり、その資格を得るための試験はどのようなものであるのかを簡単に説明しておきたいと思います。臨床心理士とは、人々の心理的な悩みや不安を解決するための援助をする「こころ」の専門家で、大学院修士課程修了レベルの高度な資格です。臨床心理士の資格を得るためには、財団法人日本臨床心理士資格認定協会が実施する試験に合格する必要があります。この試験は誰でも受験できるわけではなく、日本臨床心理士資格認定協会が指定する大学院（指定大学院）を修了することが受験資格となっています。したがって、臨床心理士を目指すにはまず、この指定大学院に入学する必要があります。東京福祉大学大学院もこの指定大学院の一つです。

臨床心理士の試験は一次試験（筆記）と二次試験（面接）があり、一次の筆記試験はさらにマークシート式試験と論述試験に分かれています。マークシート式試験は、択一式で、百五十分（二時間半）の間に百問に答えなければなりません。百五十分と言うとかなり余裕があるように思えるかもしれませんが、実際には、問題文を読むだけで相当に時間がかかり、効率よく回答しないと、百五十分はたちまち過ぎてしまいます。論述試験は、与えられたテーマについて定められた字数で論述するものです。

過去に出題された論述問題の例を挙げてみます。

一、治療終了期に気をつけなければならないことについて
二、臨床心理士以外の専門技能者との協力と連携について
三、器質的障害を疑う患者に対して試行するテスト二つについて
（平成七年度の問題）

論述試験の形式は試験実施年度によって多少変わっています。以前は二つないし三つのテーマのうちから一つを選択して答えるものでしたが、平成十二年度からは出題されるテーマは一つだけになっています。論文の字数は現在は「一千一字以上千二百字以内」で、制限時間は九十分となっています。論文は「一千一字以上千二百字以内」に収めることが最低条件で、これより一字足りなくても、一字オーバーでも失格になります。

論文作成にあたって大切なこと

東京福祉大学の臨床心理士試験対策講座では、本番の試験と同じ一千一字～千二百字の論文作成を学生にさせるのですが、これがなかなか大変で、学生だけでなく、彼らを指導する立場にある大学院の教員にとってもむずかしいものです。実際、私の大学の教員でも定められた字数の論文をまとめることができない、まとめ方を知らない人が多いことには私の方がショックを受けてしまいました。

この論文作成がなぜむずかしいかと言うと、教科書にも参考書にも模範解答が載っていないから

です。択一式の「正しいものを一つ選べ」という試験であれば、日本的な暗記型の試験なので、過去問題をしっかり勉強して暗記すれば合格できます。択一式の試験の場合、正解は一つしかありません。仮に自分の個人的意見と違っていても、出題者が「正解」とするものが正解なので、それを暗記するしかありません。つまり、択一式試験の場合は、過去問題を見て、問題と正解の両方を徹底的に暗記すれば合格できます。ところが、論述式試験の場合はそうはいきません。論述式試験の正解は一つではなく、無数に存在します。どのような内容であっても、筋道を立ててきちんと論述され、読み手を納得させられるものであれば、それが「正解」です。論述試験において試されているのは、あなたの暗記力ではなく思考力です。

たとえば、上に例を挙げた「治療終了期に気をつけなければならないことについて」という論述問題の解答を書こうとしても、教科書や参考書には模範解答が載っていません。そこで多くの人が陥る誤りは、臨床心理学の専門書や事典を見て答えを探そうとすることです。私の手元には『心理臨床大事典』（培風館刊）という、電話帳のように分厚い事典がありますが、これを見てキーワードを探そうとすると、千二百字どころではなく、一万二千字くらいの文章で、むずかしい専門用語を使った解説がページ一杯に書いてあります。この解説を読んでもむずかしくてわかりません。わからないから、さらに別の本を見て調べることになります。こうしていろいろな専門書を見ることによってますます頭が混乱してわからなくなり、書けなくなってしまいます。私が大学院の学生や教員に指導しているのは、「大きな事典は見るな」ということです。大きな事典は最後のよりどころとして参照するのはよいのですが、最初から事典を見ると頭が混乱してしまいます。それより、自分が普段から使いなれている本（大学院で使っていた教科書など）を見て、論文作成に必要なキーワードを探すことです。キーワードを見付けたら、それをもとにして、過去の自分の経験や臨床実習での体験などを踏まえてふくらませていけば、合格レベルに達する論文が書けます。その具体的な手順をまとめると次のとおりです。

①　キーワードを探して理解する。

(1)　資料としては、大きな事典は原則として使わない。自分の使い慣れた好きな本を使用する。（大学院で使っていた教科書が最もよい。）

(2)　その本の中から、論述試験の問題と関係のありそうなキーワードを「目次」や「索引」を使って探す。

(3)　探したキーワードやポイントのあるページに付箋を貼り付けたり、重要な所に線を引く。

(4)　重要なことは、原則として専門の事典を見ないこと。図書館等で他の専門書を探して読まないこと。理由は、そういうむずかしい資料を見るとかえって混乱し、ポイントが分からなくなってしまうから。どうしても、手持ちの教科書等に該当するキーワードを見つけられない場合は、教員に相談すること。事典はどうしてもわからなかった場合の最後のよりどころとする。

②　読み手を説得できる、きちんと論述された文章を書く。そのための留意点は次のとおり。

(1)　自分が「これだ」と思って抜き出したポイントを中心に、出題に対してきちんと答えた論文になるように、うまくつないで文章化する。

(2)　その上に、自分の臨床上の経験や体験も含めて文章化し、自分なりの解答（論文）を創造する。なお、各自の体験や経験はさまざまに違うものであるから、解答も一つだけではなく無数にある。自分がよく知っている、得意な領域について作文して勝負すれば、良い論述ができる。

(3)　論文は難しく書くのではなく、誰にも分かりやすい文章で、簡潔明瞭に書く。また、誤字、脱字のないように書くことが大切である。難しく考えすぎないことがコツ。

私が臨床心理士試験対策講座で大学院生を指導する際は、以上のような方法を基本として、まず学生同士でディスカッションをさせ、教科書の中のどこがポイントか、どこを使うかを話し合ってもらいます。そして、書き終えた文章は教員が採点するのでなく、学生同士で採点させます。教科書に書いてあるポイントはせいぜい数行であることが多く、それだけでは千二百字の論文にはなりません。しかし、臨床心理士試験を受験する人は最低でも大学院の修士課程修了者ですから、実習などで臨床経験もあり、本もたくさん読んでいます。したがって、それらの経験を踏まえて応用すれば、自分なりにきちんと論述した文章作成ができるはずです。

日本では大学院の先生さえも論述展開ができない

このように、キーワードを探し、理解し、自分の経験も踏まえて文章作成するという方法は、アメリカの大学・大学院では当然のことですが、私が指導した、日本の大学院の先生方はこの指導方法を聞いて、かなりショックを受けたようです。彼らの受けたショックがあまりにも大きかったため、私の方が逆にショックを受けたほどでした。

誰か偉い人の作った「模範解答」があって、それを暗記して答えれば正解、というのが日本の大学の文化ではないでしょうか。指導教授の学説を暗記してそのまま書けば正解ということです。ところが、臨床心理士の論述試験のようなものは正解が一つではなく、たとえ他の人の考えと違っていても、筋道を立てて論証されているものはすべて正解であるわけです。

模範解答を求めるのは学校だけに限りません。たとえば役人さんにとっては「前例」というものが「模範解答」にあたります。模範解答や前例にしたがうという日本式の文化にももちろん良い点はあります。日本では、皆が周りの状況を見て、皆と同じように行動しようとする傾向があります。そのため、日本人は仕事も勉強も国全体としての平均的レベルは高いのですが、何か新しいことや前例のないことを率先してやってみようとする人が少ないのです。「暗記力」や「模範解答」が役に立つ場合もあります。しかし、今、世界のどこの国も歴史上経験したことのない超少子・高齢社会に突入した日本の社会は、「前例」や「模範解答」の存在しない課題を突きつけられているのです。このような時代には暗記だけではなく、自分の手元にある資料から適切なキーワードを探し、自分の今までの経験や知識を応用して、新しい文章を創造していくという思考力、創造力がますます必要になっていくと思います。

教員の感想文

以下に、私の行った臨床心理士試験対策講座に参加した教員の感想文を引用します。今までの日本の大学院では行われてこなかった指導法に対する驚きが率直に現れています。

「臨床心理士試験対策講座」に参加しての感想文

学術博士　佐藤裕紀子（東京福祉大学講師）

今回の研修会は論述試験のための講座であり、書くことの「できない学生」を、書くことの「できる学生」にし、見事全員、臨床心理士試験に合格させるという目的で行われました。まず、私が驚かされるのは、大学の創立者先生が、学生全員を臨床心理士資格試験に合格させるために、自ら過去問題を分析し、目の前にいる学生の能力に合わせ、自ら教壇に立って授業をなさるということです。私が卒業したお茶の水女子大学はもちろん、他の大学でも学長先生自らが学生全員に資格を取得させるための対策授業をされるというのを聞いたことがありません。他の大学の学長や教育学者は、「このように教育すればよい」と教室以外の場所で論じることはあっても、中島創立者先生のように自ら学生のために、学生の将来にとって大切な資格を取得させるための授業をするというのは見たことも聞いたこともありませんが、これこそ真の教育学者・教育者だと感じ入っています。

今回の授業では、最初に創立者先生は、「択一式の試験対策は、問題も答えもすべて暗記すればよい。しかし、論述試験では答えは一つではないから暗記ではない」と、はっきりと問題を解く方向性を学生に提示されました。私は、このように試験問題の種類に合わせて明確に方向性を示す授業は体験したことがなく、驚いたと同時に大変勉強になりました。また、創立者先生は、「勝手に専門用語を用いたりせず、設題文に用いられている用語を用いて論述する」ことや、「設題に対して論述しようとする内容の概要が分かる記述を冒頭に示す」ことなど、学生が迷わず、悩まず、不安に陥らずに問題に取り組めるよう、論述試験合格への必要最小限の的確なポイントを学生に示されていました。そして、設題の答えを考える学生一人ひとりに対し、「他にどのような理由が考えられるか」、「他のケースではどうか」などと問いかけ、対話型の授業のなかから多様な角度からものごとを考え、学生一人ひとりが論述問題を解けるよう、授業を展開していかれました。こうした教育方法は、少なくとも私が卒業したお茶の水女子大学、また修士・博士号を取得した同大学院ではまったく行われていませんでしたので、ショックを受けるとともに、まさに創立者先生が博士号を取得されたアメリカのフォーダム大学大学院や、世界最高峰のハーバード大学での研究によって導き出された、目的に沿って、暗記が必要なときは徹底して暗記させ、答えが一つではない論述問題を解くときは、今回のような授業により学生全員の能力を伸ばし、できる子に変えてしまう教育そのものだと実感しました。論述問題に取り組む学生たちは、最初は参考書をみて答えを探していましたが、創立者先生からのさまざまな問いかけに刺激され、しだいに参考書を離れ、現場での経験や見聞したことなどを総動員して必死で考えるようになり、わずか一時間半という短時間のうちに、みるみる自分たちなりの答えを導き出せるように変わっていきました。こうした教育こそが、学生たちの真の思考力や問題解決能力を育み、ひいては彼らを最終目的である全員合格へと導いていくのだと、改めて感銘致しました。

また、創立者先生は、学生たちの提出する解答を一人ずつ丁寧に読み、ときには朱を入れて添削されたりしながら、「これなら合格間違いなし」とか、「よく出来ている」など、力強い励ましの声をかけられていました。その言葉により、それまで自信なさげに小さくなっていた学生たちが、ガッツポーズをしたり、「やった！」などと声を上げたりして、みるみるうちに自信をつけ、嬉しそうに席にもどっていくのを見て、「厳しく鍛え、優しく励ます」という教育・指導の基本を目の当たりにしたようで、大いに勉強になりました。私自身、自分の論述に対し、目の前で創立者先生から「よく出来てる」と「A」をもらったときは、すっかり学生にもどり、感激も一入でした。

短時間のうちにすべての学生に目的に沿った問題解決ができるよう能力を伸ばし、また最大にほめて励ますことにより学生のやる気を引き出す教育。今回の研修会を通して私が体験したこの教育こそが、社会福祉士国家試験および精神保健福祉士の国家試験合格者数三年連続日本一、理学療法士国家試験全員受験・全員合格という輝かしい実績を生んだ教育なのだと、改めて認識致しました。

今回の研修会で学んだことを今後に活かし、学生にとって最善の授業ができるよう努めて参ります。

「臨床心理士試験対策講座」に参加しての感想文

心理学博士　林　美都子（東京福祉大学講師）

先週一週間、私は九月三日（平成十八年）の臨床心理士資格試験対策講座に参加することを大変楽しみにしておりました。なにしろ、創立者先生がどのような学生でも必ず合格する「論述」が書けるようになる指導をなさるというのです。私自身は筑波大学大学院心理学研究科博士課程を修了し、つたないながらも博士論文を上梓いたしましたが、その過程において〝論述〟の指導を受けたことは一度もありませんでした。大学の学部で卒業論文を書く際に、諸先生方から論文の書き方、「論述」の仕方などをご指導いただけるかと思っていたのですが、担当教授も含めて先生方からの指導は一切なく、仕方なく有志の同級生同士で集い、お互いの論文を交換し読みあって勉強をいたしました。このような経験から、私は、「論述」の書き方とは、指導できるようなものではなく、自分で実際に多くを読み、書くことによって、自力で体得するものなのだと思い込んでおりました。しかし、九月三日の創立者先生の授業は、私のそのような思い込みをこなごなに砕くものでした。授業の始めの頃には、本当に「論述」の書き方が身につくのだろうかと不安な様子だった学生や教員たちも、創立者先生のご指導のあとは、晴れ晴れとした笑顔を見せ、合格レベルの「論述」をものにした喜びに「よっしゃ」とガッツポーズをとる学生までいました。創立者先生の教育方法・授業方法によって、本当の教育者・学者は学生の目的にそって学生を導き、「論述」の書き方を指導できるものであるということを知り、大変驚きました。

今回の対策講座で学んだことは、創立者先生の「論述」の書き方に関するご指導は決して学生にとって難しいものではないということです。私はてっきり、ことこまかで覚えきれないほどのテクニックをご紹介いただいたり、模範解答文を丸暗記させられたりするのではないかと思っていました。それは全然違っていました。創立者先生が指導なさったのは、ごくわずかな本当に重要なポイントだけでした。すなわち、「『論述』問題の正解は一つだけではない。多くあるが、論述されていればすべて正しい」「試されているのは、あなたの暗記力ではなく、思考力である」「出題の意図を押え、要件を満たし、自分の知識と経験を踏まえて分かりやすい文章を書けば良い」というだけでした。創立者先生が、学生にただこれだけを指導なさると、ほんの二時間ほどの間に、学生全員が次々と資格試験に合格可能なレベルの論述問題を仕上げていったのです。これが一時間の授業の中で、学生の目的、つまり「臨床心理士の論述問題」に合格基準と要件を満たして解答できるよう、全ての学生の実力を伸ばし、出来ない学生も出来る学生も全員が合格できる学生に変えてしまう本物の教育者なのだと感銘を受けました。

しかも、このような創立者先生のご指導により学生たちがぐんぐんやる気を出していったのです。創立者先生は、学生の書き上げたすべての「論述」に目を通した後、細かな問題点を指摘するのみではなく、「良く書けている」「これなら合格間違いなし」と力強く褒めて学生たちを励ましていらっしゃいました。そうすると、最初は論述問題には手も足も出ないとあきらめ顔だった学生たちの表情がみるみるうちに変わっていき、最後には自信と意欲に満ちていくのです。そして、2問目3問目の論述問題も、学生全員が合格基準を満たす文章をすらすらと作成できたのは圧巻でした。私も、学生時代に創立者先生にご指導いただけていれば、そんなに苦労しなくても済んだのに、と残念でなりません。しかし、九月三日の臨床心理士資格試験対策講座に参加させていただくことが出来、〝論述〟の書き方についてのみではなく、その指導方法についても学ぶことが出来たことを幸運に思っております。今回の体験により、アメリカの良いレベルの高い大学では、創立者先生が学生に教えられたような方法で学び、教えているのではないかと想像いたしますが、学ぶということに遅すぎるということはないと信じ、これからも創立者先生の本物の教育力に触れ、その力のひとかけらでも自分の力と出来るよう、研鑽に努めたいと思います。未熟者ですが、精一杯頑張っていきたいと思いますので、今後もご指導・ご鞭撻いただけますよう、お願いいたします。

博士号論文（博士学位志願提出論文）は、大学院に在籍している博士後期課程の博士号学位取得を目指す全ての学生が、自身の研究テーマの〝まとめ〟として提出する論文のことです。その内容は、書き手自身が大学院で行ってきた独自の研究でなくてはならず、研究結果として最後に出す論文であることから、研究の継続と成果をまとめあげる必要があります。文科系博士は取得が大変困難です。

つまり博士論文は、それぞれの学生が大学院で続けてきた研究の集大成であり、さらにその後の**研究者としての人生のスタートするための免許証**でもあるのです。

過去十年ほど、東京福祉大学における社会福祉学の博士課程と臨床心理の博士課程において、なかなか博士論文が通らないという状況が発生し、結果的に約三十人もの学生たちが博士論文を完成させないで満期退学で卒業してしまったという事態が続いていました。その背景にあったのは、指導している教授たちによるそれぞれ異なった独自のアドバイスが学生に混乱を招いたことでした。数人の先生がそれぞれ別の方法で指導をしたために、論文を書く側である学生の頭の中が、どうしたら良いかわからなくなり、混乱して、結局は博士論文と言えるようなものが完成しなくなってしまっていたのです。

これを気の毒に思った中島創立者は、実際にその五人の学生の論文を読み博士論文になるようにアドバイスをしました。現実には二〇二一年の十月から二〇二一年の十二月まで、三ヵ月間の指導でしたが、五人が揃って博士論文を完成させ、二月の口頭試問も合格し、全員が涙を流していました。博士論文とは、あくまでも書き手である博士後期課程の博士号学位取得を目指す全ての学生本人の研究テーマの〝まとめ〟であり、必要なのは博士論文の〝書き方〟の論理構成の指導であったのです。現実に、国立大学においても、同様な満期退学者が少なくないといい、博士号を取れないとほとんどの大学の教授にはなれず、結果的に非常勤講師で一生薄給に甘んずるという事態になってしまうと聞いています。その時点で普通のサラリーマンに方向転換しようとしても、年齢制限があり良い就職先をみつけるのはとても困難な事です。そのようになってしまうととても気の毒なので、今回創立者が博士論文の指導に乗り出したのです。

何故創立者が指導すると学生は博士論文を完成させられるのか。手始めに「君の書いた論文を見せてください」と言って読んでみると、学生の書いた論文は博士論文とはほど遠い体験談、感想文つまり作文でしかなかったのです。本学の大学院の博士課程の教授陣は、学生指導の際、「博士の学位を取得するのは難しい、もっと勉強しなさい、こんなことを書きなさい、こんなことを研究しなさい」とばかり言っていたそうです。博士論文は間口が狭く奥の深い学問です。従って学生にとっては自分の得意な事、好きな事しか書けません。教授の指導したことは学生の考えと異なるので、書けることはありません。三人の教授が学生の書けない事を書けと言えば学生はパニックに陥ります。そのような状態だったので七年もたっても博士論文らしいものが書けなかったのが事実だったようです。教授は「論文を書けないのは自分たちのせいではない。学生の勉強・研究が足りないからだ」とか、学生に能力がないからだと思い込んでおり、またそのように言っています。創立者は学生に「君の書きたい事と好きな事を書きなさい。しかし、博士論文らしく理論化するには、君の論文のここを直した方がいいよ」と指導しました。学生は創立者の指導通り必死に博士論文を提出期限で書き直して再び持ってきました。創立者は「大分博士論文らしくなってきたね。でももう少し、ここをこのように直せばもっと博士論文らしくなるよ」と指導しました。短期間にどんどん博士論文らしくなり、ついに博士論文として学生は完成させたのです。

本学の教員で東大、京大に合格したエリートが、それぞれ東大、京大の大学院の博士課程に進学しましたが、二人とも教授が全く博士論文の指導をしてくれなくて、時間切れで満期退学になったそうです。

どうしても博士号が取りたいのならば、百万円でも二百万円でも包んで最初に持っていく。そうすることで、より良い博士論文指導を受けるといった話が耳に入ってくることもあります。

終章　私の学校経営歴——東京福祉大学・大学院を創るまで

英語への取り組み

もともと私は英語が好きで、中学生時代からラジオのＮＨＫの英会話講座で英会話を勉強していました。しかし、お金がなかったので外国人の教師がいるような、英会話学校の類には通った経験がありません。

私は、二十代の頃はお金が全くありませんでした。大学生時代に英語サークルをやっていたので、メンバーを十四人ぐらい集め、自分の分の旅行代はタダにしてもらって、二週間ハワイに行ったことがあります。初めてワイキキビーチの砂浜に立ったときの感覚は、今でも忘れることができません。海の水もまろやかで、日本の冷たい海とは全く違っていました。

卒業してからは、英語のスクールをつくり、夏休みには海外ツアーをメインにしたプログラムを組んで、次第に人を集めていきました。

私が二十八歳のときに、ジョン・マッキンストリー博士という、カリフォルニア州立大学の教授が、サバティカル（研究休み）で一年間私の英会話学校に教えにやってきました。その教授がアメリカに帰国した後、今度は私が自分の学校の学生を引率して、カリフォルニア州立大学を訪ねました。私の学校のカリキュラムの一環である「アメリカ夏期短期留学」を同大学で実施するためです。せっかくアメリカまで行くのだから、夏休みをフルに使った方が良いと思い、二か月ほどカリフォルニアに滞在しました。そして、私自身もその期間、学生とは別にカリフォルニア州立大学の教授のところへ行き、アメリカ社会について英語で書かれた本を買って読み、教授とディスカッションし、そして講義を受け、また本を読んで予習し……ということを、滞在中ずっと行いながら勉強したのです。

三十七歳のとき、フォーダム大学教育学大学院に留学して授業を最初に受けたときは、英語がよく分かりませんでした。留学して最初のうちは、かなり苦労しました。しかし、修士課程の勉強では、理論自体は平易であるため、次第に英語も分かるようになっていったのです。ただし、博士課程は理論もかなり高度で、授業内容も難解でした。

日本人では、十人アメリカへ語学留学すると、大学に入学しかつ卒業もできる人はそのうちの一人しかいないとまで言われます。語学スクールであれば誰でも入学できますし、大学であっても、州立大学やシティ・カレッジならほとんどの人が入学することができます。ところが、卒業することはなかなかできないのです。それは、読み書きがかなりハードだからです。日本の大学受験に落ちたから、とりあえずアメリカに行ってみよう、というような中途半端な心構えでは、卒業はなかなかできないのです。

もし、大学受験に落ちたのなら、私の経営する専門学校の「東京福祉大学併修コース」に入学するのが良いでしょう。なぜなら、日本語で授業を行うから、誰でも理解することができますし、頑張れば卒業ができます。文化圏の違うところであれば、そういうわけにはいきません。

アメリカでは、日本人ばかりのコミュニティが作られていて、日本人だけのグループで、日本語だけで生活している留学生が多く見受けられました。それでは、せっかくアメリカに留学しても、英語力が全く伸びません。私は、このような状況（じょうきょう）は望ましくないと考えます。

劣等感をプラスに転化する

私自身、今になってみると、よく一流大学の博士課程を卒業できたものだなあ、と思うときがあります。結局私は、人一倍意欲が高いのだと思います。それは、何が何でも卒業したいという強い欲求です。学位が取れずに、落第して日本に帰ったら教育者として食べていけないのではという、そんな思いがありました。しかも、修士ではなく、より高い学位、博士号を取得したいと考えていたのです。ですから、修士課程のときには、卒業式にも出席しませんでした。

あくまでも、「博士の学位が欲しい」という、喉（のど）の渇（かわ）きにも似た強い欲求がありました。そしてもう一つは劣等感です。劣等感の強さが、成功に結びつく大きなバネとなったのです。劣等感が劣等感のままに終わる人もいますが、私は劣等感を払拭（ふっしょく）し、目標を達成し、優越感にまで変えようと努力したのです。

私は大学は学習院大学法学部法学科に進学しましたが、本当は「士魂商才」に憧れて一橋大学経済学部を志していました。しかし、その夢はかなわなかったのです。

また、私が中学生の頃に、自分が茶屋四郎次郎の第十七代の子孫であるということを初めて知りました。ところが、現実には子孫という名前だけがあり、中身が伴っていなかったのです。それだけではなく、私の家にはあまりお金もありませんでした。両親も、茶屋四郎次郎の子孫であるという誇りは持っていたものの、さほど能力はありませんでした。

私の父は名古屋で名門と言われる東海高校を卒業後、早稲田大学へ入学というコースを歩みました。愛知県出身の元内閣総理大臣、海部俊樹氏とは、高校・大学を通して先輩にあたります。大変誇り高き人でしたが、気の弱いところもある人でした。

母は昔風に言ういい家の出で、昭和の経済恐慌の時つぶれはしましたが、京都の銀行（旧三和銀行系）頭取の令嬢でした。東京にある女子大学、つまり当時の専門学校から現在の大学院にあたる専攻科に進学しました。結婚後も、戦争が激しくなり田舎に疎開するまで、名古屋の椙山女学園大学で家政科の教員をしておりました。母もまた、プライドが高いけれど気の弱い面があり、世間を気遣い暮らしておりました。が、自分の仕事では、負けん気は人一倍強く、努力を重ねる人ではありました。

また、私の祖父であるその先代は、実は跡取りの長男が道楽者で廃嫡となったため、その妹で私の祖父の妻にあたる家付き娘が、祖父を養子に取り、中島の家を存続させたわけです。

江戸時代の初期の頃、日本の三大長者と言われた家柄ではありましたが、こうして代々家名を存続させるばかりで、家を富ませ財産を増やし、繁栄を築くための、代々の「家訓」はありませんでした。

私は、名門のプライドだけで生きること、それがいやだったのです。人一倍、劣等感もありましたし、ハングリー精神も強かったのです。しかし、年数はかかりましたが、最近になってやっと劣等感を持たない自然体の自分になることができたと言えます。

自分も「やればできる」と思ったのは、博士号を取得したときでした。しかし、フォーダムという大学を、日本の一般の人は知りません。だから、「ああ、良い大学ですね」と人から言われることはありませんでした。昔は、上智大学と同じイエズス会系の名門大学フォーダム大学を「いんちき学校」と思う人もいたかもしれません。

研究論文を出し、ハーバードへの招聘学者として、朝日新聞でも紹介されましたが、そのときにようやく、「へえ、中島って結構本当は実力あるんだな」と思われるようになったと思います。ひょっとしたら中島って優秀かもしれないし、まともな人間なのかなと思われるようになったのは、ごく最近のことなのです。

なぜなら、ようやく私の夢であった学校法人東京福祉大学が設立されたからです。ここまで到達するのに、汗と涙でものすごく努力しました。やっとの思いでした。これまでの私は、劣等感のかたまりだったわけですから。

人間は、ハンディキャップがあった方が良いと考えています。なぜなら、それを乗り越えようとする力が湧いてくるからです。この年になってみると、私は一橋大学に入れなくてよかったと思うのです。入りたい大学に入れなかったからこそ、ここまで来られたのだと思います。仮に一橋大学に入って心が満たされていたら、普通のサラリーマンになり、しかも、生意気だからとクビになっていたかもしれません。どちらにしても今頃はリストラにあっていると思います。

劣等感を持ち続けて、いくつになっても頑張り続けることが大切です。年数がかかったとしても、新しい世界をめざしていった方が良いと思います。

人間は誰しも、たいへんな苦しい努力をしていくと思いますが、社会の常識ばかりを追わない方が良いと考えています。自分の信念に従うことです。また、自分の信念を確立するときにも、できるだけいろいろな異なった人と会話し、いろいろなものを見て、自分の考え方をかたちづくっていくと良いでしょう。自分自身の殻に閉じこもらずに、いろいろな人と会話することで、ものごとがより合理的に進むことがあります。現時点でも、誰しも自分の信念というものを持っているとは思いますが、それがより広がりをみせた方が良いのです。そうすれば、幸せをいつかつかむことができるのです。

日本人は、四十歳ぐらいを境にして、能力が下降線をたどっていく人が多いようですが、私は年齢と共に伸びてきたはずです。そういう意味では、若い頃の失敗はかえってよかったと考えています。

日本の博士と米国の博士は違う

ニューヨークにあるフォーダム大学の大学院に留学していた時につくづく思ったのは「博士」という称号の重さの違いです。

フォーダム大学に限らず、米国の大学には多くの留学生がいます。もちろん日本からも多くの留学生がやってきますが、私がフォーダム大学大学院で博士号を取得するために留学した四十年ほど前は、バブルの時期とも重なりそれはたくさんの日本人留学生が米国におりました。

ところが彼ら日本人留学生は、基本的に勉強を十分にしません。日本人同士集まり、たむろして日本語でしゃべっているばかりで、学ぶことへの意欲や熱意が感じられないのです。もちろん、他国の留学生たちとの交流もほとんど見られない状態でした。そして彼ら日本人留学生が取得しようとするのは博士号ではなく、修士どまりがほとんどでした。

一方、中国からの留学生は、まず人数が多く、そして全員が博士号の取得を目指して米国にやってきた学生ばかりです。時あたかも天安門事件の直後で、中国の国内事情が混迷を極めている時期であり、そうした動乱をかいくぐって、しかも中国政府や米国の大学からの奨学金を全額受給しながら米国留学を果たした彼らは、なんとしても博士号を取得し、そして中国には帰国しないという決意を胸に秘めた学生たちだけだったのです。

まるでぬるま湯のように、ぬくぬくと日々を送っている日本人留学生たちを尻目に、必死の形相で学び、論文に取り組み、そして天下国家を語る姿には鬼気迫るものがありました。

台湾からの留学生も、いつ共産主義中国に侵略されるかという国家の不安を背景に、やはり何としても博士号を取得し、米国で生きていきたい、あるいは自国の将来に役立ちたいという意欲にあふれており、必死に勉強や論文に取り組んでいました。ひとり日本人留学生ばかりが物見遊山のような生ぬるい時間を過ごしていたのです。

なぜ、日本人以外の留学生たちは博士号の取得を目指すのでしょうか。それは、日本では考えられないほど重い、博士号という資格の価値にあります。米国では、いくら大学を修了して修士になったとしても、それは単なる通過儀礼のようなもので、本格的専門家にはなりえません。あくまでも一般人の域を出ないのです。ところが博士号を持つと、圧倒的に高い社会的地位と、専門家としての尊敬と信頼を獲得することができ、ある意味で一生安泰とも言える将来が約束されることになるのです。

つまり、米国で博士号を取得することができれば、そのまま米国の社会に根を下ろし、しかもしっかりとした基盤の上に高収入と豊かな人生を築いていくことが可能になるのです。

残念ながら、日本や欧州では、単に博士号を取得しても、米国のように高い社会的なステータスが得られるわけではありません。しかも、日本の博士号は名ばかりの感があり、本校で教鞭を執っていただいた日本の一流大学出身の博士たちの何名かは、米国の博士号とは大違いの低い学力の持ち主なのです。

このままでは、日本の博士号は凋落するばかりです。日本の未来のためにも、わが国における博士号取得のハードルを上げ、取得までのシステムを充実させ、きちんと研究し、学ぶことを身に付けさせることを前提としなければならないと思います。

学生は何故博士論文を仕上げることができないのか

またここでは、日本の大学院の学生は何故博士論文を書くことができないのかについて述べたいと思います。日本の大学院の学生は自分の知らないことを書こうとしたり、難しい言葉を使って難しいことを書こうとしたり、難しい漢字を使っていないと博士論文らしくないと思っていることが原因として挙げられます。

自分の知らないことを書こうとするから、途中で書いていることが分からなくなり、なかなか進めることができないのです。他人の論文を引用したり、他人の本を丸写ししたりするのではなく、自分の知っていること、現在本人が一番やっていることを書いた方が良いのですが、どうしても他人の論文などを参考に自分の知らないことを難しく書こうとしてしまうのです。そうやって書いていくと進めていくうちに知らないことばかりになって証明できなくなり、行き詰まって博士論文が書けなくなってしまうのです。自分の知らないことを書こうとしている訳ですから満期退学となってしまいます。

実は私もアメリカのフォーダム大学の大学院で博士論文を書こうとした際、自分の書こうと思う論文に関連しそうな他人の博士論文を五十冊ほどちょっと積みあがるくらい集めてそれを参考にして書こうと思ったことがあるのですが、様々な学説があり教授によって書いていることも違うので、却って混乱するだけであまり役には立ちませんでした。

結局、私は自分が一番よく知っていることを書くことにしました。私の場合はフォーダム大学大学院の教育学経営管理学科に所属していたので、また、日本で専門学校を経営していたため、自分自身が経験して知っている自分の専門学校の経営方法のことを基に博士論文を仕上げました。入学者定員が何人か、その時の入学試験はどのようなものか、毎日授業に使う教科書は、どのように授業を展開し、どうやって学生の学力を伸ばすのか、学生の満足度はどうか、卒業後就職はできるか、どんな職種か等についてです。さらに、英会話も教えていたので、どのように教えるか、例えばクラッション先生の理論で英語を音楽のように流して聞いて英語の流れる環境を日本で作り、習うより慣れる訓練をする等、専門学校を経営していたので必死に努力していたこと等他の人には経験できないことを書きました。自分のよく知っていることをベースにして、そこを深く掘り下げていき、他の研究者の学説も引用して自分の主張を裏付けていく、そうやって論文を書き上げていったのです。

もちろん博士論文ですから、非常に大変ではありました。論文の体裁や文章はものすごく直しましたが、肝心の内容の部分は自分の知っていることを書くのですから、何を書いて良いか分からないということはなく、無事に書き上げ、博士号を取得することができました。

学生が博士論文を書く際、他人の論文を見て、これは良いのではないかと思ってそれに類似するような文章を作成したりするのはもちろん駄目です。自分だけが知っていることを基本的に書いて、他人の書いた学説や文章も引用してそれを裏付けていく、それも分かりやすい文章で。そうすれば、博士論文を作成することができるのです。

先日私のところに相談に来た女子学生は、自分が良く分かっていないことを無理に書こうとしていました。自分の知らないことを無理やり、論理的に書こうとするものですから、書ける訳がないのです。途中までは何とか書けたとしても、途中で行き詰まってしまうのです。その学生には先ほど書いたように、自分の知っていることのみ、最も興味のあることを深く掘り下げ、順序だてて文章を構成するようにアドバイスしてあげました。

博士論文は結局自分しか知らないことを書けば良いのです。他の所でも述べたかもしれませんが、私自身の博士論文も自分の経験に基づいて、自分しか知らないことをテーマに仕上げたものです。私が学んだのはフォーダム大学の教育学大学院の経営管理に関するコースだったのですが、私は三十六歳の頃日本に専門学校を創って認可を受けた後、三十七歳でアメリカにわたって大学院に入学するとともに、日本の専門学校の経営をしていました。今流行りの二刀流ですね。当時の自分が一番詳しいのは自分の経営している専門学校のことなので、それを博士論文で書くことにしたのです。自分の創立した学校で、自分が経営者ですから、どのような教員がいて、どのようなレベルの学生がいるか、その学生たちをどう指導して卒業まで導いていけばよいか、全て自分が一番よくわかっているのです。

また論文を書くのに多くの資料も必要となりますが、自分の経営している学校のことなので、資料も簡単に集めることができました。どのように教えたのか、どのような入学試験を行って、入学者を選抜したのか、入学式・卒業式などの学校行事をどのように行ったのか、自分の経営している学校のことなので、資料はすぐに自分の手元に集められる訳です。そうして、博士論文を作成していったわけです。

それに対し、日本の博士課程の学生は自分の知らないことを書こうとするので、資料を集めることすら、ままならないのです。難しい、自分の知らないことを書こうとするのと同時に、難しい、知らないことであるが故に資料も集められない。これが博士論文が書けなくなってしまう大きな要因なのです。

実は昨年も、私の学校（東京福祉大学大学院）で博士課程に在籍していた五人の学生に私が指導したことがありました。第X章でも述べましたが、長年博士課程に在籍していたものの博士論文が書けずに挫折しかかっていた学生たちを私自身が指導してみたのです。その学生たちに聞いてみますと、やはり予想通り、自分の知らない難しいことを書こうとしているのです。修士号を取得し、入学試験をクリアして一定の能力は持っている学生たちが、十年近くも在籍していても書きあがらないはそのせいです。

何故難しく書こうとするのか尋ねてみますと、「難しい方が高尚だから。」とか「難しい方がアカデミックに見える。」といった答えが返ってきました。分かりやすく書いてはいけない、分かりやすい文章は博士論文らしくなく、安っぽいと思っていたようです。こうした考えを持ち続けて、難しい文章を書こうとして、段々と自分の書いていること、書こうとしていることがわからなくなってしまい、結局博士論文が完成しないのです。

博士論文が完成しないもう一つの要因は指導教員にあると思います。指導教員もまた学生がこのような状況になり、行き詰っていても、きちっとした指導ができなかったようです。学生に対し、どういった理論建てをしてどのように書いていけばよいのか、具体的に指導をすれば良いのですが、指導教授それぞれが、思い思いに色々なことを言うだけなので、学生はますます混乱し、博士論文が書けなくなってしまっていたのです。

博士論文をどう書けば良いのか分からない学生に対し、教授がきちっと指導できない訳ですから、博士論文が仕上がるはずはありません。こうして過去には私も大学でも過去十年間一人も博士論文を仕上げることができず、全員満期退学になっていました。

最終的に昨年私が指導した五人の学生たちは、私の指導を受けると目から鱗が取れたようで、博士論文を書き上げて、新発見をして全員が博士の学位を取得でき、大変喜んでいました。

私の指導は学生の持ってきた論文を見て、博士論文の形を作れるように、修正しなければならない箇所を指摘して、修正させる。その修正した論文を見て修正すべき個所を的確に指摘してあげる。その繰り返しです。博士論文にするために、具体的にどこをどのように修正すれば良いのか具体的に指導してあげるのです。学生たちは具体的に指導されれば、次までにしっかり修正してきます。

指導教授が学生を上から目線で見て、自分の指導力不足を棚に上げて、この学生は出来る訳がないなどと平気で言ったり、更に勉強を、研究をといっても、限られた時間の中で学生たちにも限界があると思います。

私の考えでは、博士取得は研究者としてのスタート地点で、博士を取得した後、努力して更に研究を深めていけばよいと思っています。博士を取得する前に論文を何本書かないといけないとか、そういったことはアメリカの大学院で指導されることはありません。一番大事なのは博士論文を仕上げるためのみに学生を具体的に指導してあげることなのです。

しかしながら、学生たちにどういった指導を受けているのか聞いてみると、言い回しとか、言い方など全体から見れば大した問題ではない細かいことばかり指摘されているようで、指導教員が学生の博士論文の全体の構成を指導することができていないようです。

学生は細かいことばかり言われ、なかなか全体的な構成が仕上がらないうちに、長期間が経過し、今まで指導を受けていた教授が定年などで退職してしまい、違う教授から指導を受けることになり、今まで受けてきた指導と違う指導に従ってまた一からやり直しのようになってしまうのです。ですから、いつまでたっても博士論文が完成しないのです。指導教授も自分が退職するまでに学生の博士論文を完成させてあげようという責任感もなく、今まで指導してきた学生の博士論文が未完成のままでも平気で退職してしまう。指導教授は責任をもって自分の在任中に指導してきた学生の博士論文が仕上げられるように学生を導いてほしいと私は思います。指導教員は重箱の隅をつつくような細かいことを指導したり、もっと勉強しなさい、もっと研究しなさいというだけでなく、学生たちが、博士論文は難しいことを書かなければならない、あるいはカッコをつけて書かないと、と思っている思い込みを無くして、素直な博士論文の書き方、博士論文の全体の構成の仕方をしっかり指導してあげることが指導教授には必要であると私は思います。

また別の問題としては、日本は国土が小さくコミュニティも少ないので、博士号を取らせると競争相手になってしまうと思い、熱心に指導しないようです。また、指導している学生に対し、自分とはレベルが違う、自分の方が上だという事を保ちたいという気持ちも内心あるようです。そのため、何とかして博士号を取らせてあげようという気持ちがないのです。

その点アメリカは国土が広く大学もとても多く（三千九百八十二校：公立の四年制及び二年制大学：千六百二十五校、私立の非営利四年制大学と二年制大学千六百六十校、私立の営利目的の学校　六百九十七校：全米教育統計センター二〇一九－二〇二〇年度発表）、日本（千百十七校：大学八百二校、短大三百十五校：令和三年学校基本調査）の三倍以上の学校数があるためか、学生が博士号を取得できるよう、熱心に指導してくれます。

またアメリカの博士と日本の博士は同じ博士という学位であっても中身が違うこともあるかもしれません。博士号取得に至る途中の経緯も、日本ではゼミに参加して単位を取得できれば博士論文作成に入れますが、アメリカでは実社会で実務経験を積んだ学生が入学し、コースワークなどもしっかりと収めた上で、博士論文の作成をするため、読み書きの力もしっかりとつきますし、実務経験のある学生が自分の経験に基づく問題点を研究するので、実社会で役立つ専門的能力が身につけていき、実社会で高く評価されています。そのため、アメリカで博士号を取得した者は、大学以外の場所でも、政界・財界・ベンチャー企業など様々なところで広く活躍していることもあり、自分の競争相手という感じはあまりないのかもしれません。

日本でも私が別の論文の中で提言したように、社会で求められる専門知識と読み書きの能力を身に付けた優秀な人材を送り出せるようになれば、このような問題は解消されていくのではないかと思います。今のままでは、大学院に在籍している優秀な学生たちを、潰してしまっているのではないかと懸念しています。学生たちをより優秀に育てて、研究者以外の道にも多数送り出していくことこそが、大学院の使命ではないかと思います。

日本の大学院は、一刻も早く改革を進めていくべきです。それが日本の社会のためでもあるし、学生のためでもあると、改めてここで申し上げておきます。

東京福祉大学

東京福祉大学は、日本一の教育内容が充実した大学になったと思います。何より、集まっている教授陣が日本のトップクラスであり、他とは違います。創立時にはハーバード、フォーダムのコネクションでアメリカから優秀な人材を集めてきたからです。

福祉と教育は、これから日本の中心になっていくでしょう。他の学部学科は、日本の中心にはならなくなるでしょう。そして、福祉と教育の中心は東京福祉大学になるはずです。他の分野の大学よりも、福祉と教育の大学が中心となる時代になりますから、まさに東京福祉大学は日本でトップの大学になると思います。教授たちも、そのために努力していくことでしょう。

次なる目標としては、良い医療系の学部も創りたいと考えています。そして、優れた人材を多数、世に送り出したいとも考えています。政治家をやってはどうか、などと言う人もいますが、私は全く考えていません。政治家よりもむしろ、教育者の方が、社会に対する影響力もありますし、貢献もでき、また、信用も得られるものと信じています。

良い本を執筆し、福祉、保育、医療そして教育の知識を持つ良い人材を世に送り出したいのです。そういった実績をあげることに全力を尽くし、一生を終えたいと考えています。それ以外のことは私は望んでいないのです。

なぜ私が教え方が上手かと言えば、それは、危機感があるからなのです。それは、私がやらなければ、私が教員たちを良い教員に育て上げなければ、学生募集ができなくなり、学校がダメになるという危機感なのです。ですから、私は一生懸命にやりますし、それが成功に結びついていきます。基本的には、どんなことでも一生懸命に取り組むということです。たとえ、もともと能力が無かったとしても、やっているうちに次第に能力は伸びていくのです。

私は、まさか自分に大学や大学院を創ることができるとは考えていませんでした。創りたいという願望は持っていましたが、可能性が無いと思っていたのです。それが、こうして現実のものとなりました。やっていくうちに、いろいろな夢を実現に結びつけることができる、そんな可能性がどんな人の人生にも、あきらめなければ、まだあるのではないかと考えています。最後まで、力の尽きるまで、自分の可能性を信じて、まずやってみることが大切だと思います。最後になりますが、本書は文部科学省が推奨中のアクティブラーニングの教育学説の礎になっていることを記して、筆を擱きたいと思います。

資料⑧　中島恒雄創立者インタビュー
「できない子供たちを受け入れ、できる学生にし、公務員試験に合格させ世に送り出す」

東京福祉大学に入学するのは、AランクやBランクの高校から一流大学に行くような子供ではなく、難しい大学に行けない、塾や予備校にも通ったことのないような子供たちです。さらに多くは、働きながら学校に行かなければならないことから、そういうクラスの高校に行かざるを得なかった子供が多いのです。ですから奨学金や助成金を受けている例も少なくありません。言い換えれば、厳しい家庭環境で育った子供たちが多いのです。

しかし、本校で公務員資格を取ることによって、社会に出てから受け取る給料も下手をすれば倍ほども違いますし、生活も安定させることができるのです。つまり、公務員になるということはエリートになるということなのです。

それを聞いて、多くの学生たちが頑張って公務員資格を取るようになると、例え育った家庭が貧しくとも、母子家庭のような環境でも、公務員の資格を取ることができれば、安定した生活と収入が確保できるのです。

ですから私はそのことを学生たちに伝え、叱咤激励するのです。社会情勢とともに新型コロナウイルス感染症によるパンデミックのせいで貧困家庭は増加傾向にあり、母子家庭で母親が仕事を失うような例もあるといいます。

そうした状況下で、各都道府県からの奨学金を受けて入学してきた子供たちに対して、別枠で公務員講座の学費を取るようなことをせずに学ばせているのが東京福祉大学の特徴なのです。

いま特筆すべきは小学校の教員不足です。少子化と言いますが、クラスの人数を少なくする方針のせいでクラスが増え、担任の教諭が不足しています。

中でもＩＣＴ教育を実践できる教諭の不足が顕著となっています。今は算数や理科の教員が教えていることが多いのですが、ＩＣＴ教育の重要性が高まる中、専門の教員の養成が急務となっています。私の大学ではこれまで多数の教員採用試験合格者を出してきましたが、令和五年度からはＩＣＴ専門の教員を養成するコースを開設し、社会に貢献していこうと思っています。

小学校の教員は、採用試験の一次試験さえ受かれば、たとえ二次試験に落ちても非常勤で臨時採用されることが可能です。そのまま臨時採用で一年間勤めれば、翌年の一次試験は免除となり、二次試験の面接のみで正規採用されることが可能なのです。

では公務員試験に受かるための勉強とはどのようなものでしょう。単純に言ってしまえば、それは暗記です。本学における一般の学問は思考力が問われ、書く力・読む力が大切ですが、公務員になるための勉強はひたすらに暗記が重要なのです。

学問だけでなく、社会生活の中でも、常に正解は一つではありませんし、正解が後になってわかるような例も少なくありません。ところが公務員になるための試験における正解はとにかく一つしかありません。しかも選択で選ぶ問題で、科目も多い。ですから、できる限り多くの過去問題をひたすら暗記することが大切です。暗記したらそれを、家に帰っても、夜寝る前、食事の時、風呂に入るとき、何回も復習するのです。そうすれば深く記憶に残る暗記ができ、忘れることもなくなり、試験前になって慌ててやるするよりもはるかに楽に、そして確実に覚えることができるのです。

過去問題が大切です。とにかくひたすら五～十年分を暗記する。繰り返し復習する。そうすれば国家試験に合格することができるのです。教員試験だけではありません。理学作業療法士の国家試験なども同様です。

ですから教える側も、いかに暗記しやすく教えるかが大切なのです。難しいことを難しく言うのではなく、難しいことをやさしく理解できるように解説して、ひたすら覚えさせるのです。

数的判断や数的理解という数学の問題は、もちろん難しいものもあります。そこで数字を入れ替えただけの類題を五つ作るのです。一問目で半分しか理解できなくても、数字を替えて二問目を解き、さらに三問目とやっていけば、四～五問目にはほとんどの学生が自分で理解できるようになります。

理科系・数学系の問題というのは、正解か不正解しかありません。○か×なのです。ですからその科目で満点を取っておけば大変有利になるのです。

地方公務員には初級・中級・上級とありますが、もちろん甚だ難しいとは思いますが上級になれば副知事まで視野に入ります。東京福祉大学で頑張れば、貧しかったり母子家庭だったりした子供たちにも、日本社会におけるエリートの道が開けるのです。だからこそ、学生たちも頑張るし、教える側も真剣に取り組まなければならないのです。

ただ、多くの先生方が、なんとかこの学生をすくい上げよう、道を開いてあげよう、そして優秀なエリートにしてやろうという気持ちを持っているかといえばそうではないと思います。もちろん一定の勉強を教えるというお気持ちはあると思いますが、なんとかこの学生の明るい未来、豊かな未来を切り開いてやろうという意欲は必ずしも高いとは言えないと思います。よく、物理の授業などで先生が「これは難しい」と前置きをしてしまうのですが、そうなると学生の八割が落ちこぼれてしまいます。私は友達同士を隣にさせない、できる限り前方に着席させる、などの物理的な方法とともに、いかにわかりやすく説明し理解させるかを重視します。そうやると、私の授業では一般の物理学の授業で落ちこぼれていたクラスが、全員で満点を取るのです。

教師というのは、ただ学生の前でしゃべるのではなく、いかに理解させるかが肝心なのです。先生方は先生方なりに一所懸命取り組んでいらっしゃるのだと思いますが、学生たちの個性やバックグラウンドにまで考えが及ばないのではないでしょうか。下手をすれば、できる学生とできない学生に分けてしまい、できない学生を置き去りにしてしまうことすら起こっていると思います。できない学生をできるようにするのが教師の役目なのではないでしょうか。

東京福祉大学というのは、そうした様々な環境から勉強ができない子供たちを受け入れて、できる学生にし、そして公務員試験合格資格を持たせて送り出す大学なのです。

資料⑨　教職員研修会（二〇二二年十月十三日（木）開催）での中島恒雄創立者先生のご高話について

以下は、東京福祉大学グループが二〇二二年十月十三日（木）に行った研修会に参加した教職員による、中島恒雄創立者先生のご高話についての感想です。

大学全体が同じ方向を向いて取り組んでいる成果

池袋キャンパス教務課　Ｋさん

私は本学卒業生ですが、在学当時は今のように公務員や教員採用試験に合格する学生は多くありませんでした。そもそも公務員を目指す学生や教員採用試験を受験する学生自体が少なく、キャリア科目や対策講座もない中で、合格した人は自分自身で勉強し、出身高校は県内でも有名な進学校出身者ばかりでした。

それが今では公務員、教員採用試験一次合格者のどちらも百名を超えており、目に見えて年々増加していることに喜ばしく思いました。更に出身高校を見ると当時では考えられないレベルから合格者を輩出していることに大変驚いております。

この結果は中島創立者先生のご指導とそれを実践する先生方の効果的な学習方法の賜物であり、大学全体が同じ方向を向いて取り組んでいる成果だと存じます。

学生が良い将来を得られるように尽力したい

池袋キャンパス教務課　Aさん

公務員試験の合格者がより多くなってきているとの発表を受け、素晴らしいことだと思いました。本学は有名大学と比べ、入学者の卒業高校のレベルが高いというわけではありませんが、それにもかかわらず公務員試験合格者を多く輩出しています。

またキャリア開発教育科目に力を入れたことにより、以前より合格者が増えており、今後ますます増えるだろうとの事でした。

それは中島創立者先生のおっしゃったように、教員の意識が学校として同じ方向を向いているのが、結果に結びついているのだと思います。入学当時のレベルでは公務員試験合格は難しかった学生を公務員試験合格ができる学生へと導いているのだと感じました。

今後とも学生が安定し、より良い将来を得られるように、尽力していきたいと思いました。

「できなかった子をできる子にする」という本学の使命

池袋キャンパス教務課　Ｉさん

今年度の公務員採用試験の一次試験につきまして、先週十二日の時点で百六名が合格したことを先週の教職員研修会でお伺いいたしました。

「できなかった子をできる子にする」という本学の使命が結果として数字に表れていると感じます。合格することが大変難しい公務員試験を目指す学生の日々の勉強は相当に大変なものであると思いますが、その勉強方法が間違っていないことを証明している数字でもあると思います。学生の努力はもちろん、教員の先生方が公務員試験合格に向けて行っている日々のご指導やご協力があってのものだと感じております。

わたくしも高校・大学時代に公務員採用試験合格に向けて勉強をしていた友人が近くにおり、試験の難しさについては知っておりました。試験合格において大学の教育レベルというのは一つのポイントとなると思いますし、勉強が苦手・不得意な学生が公務員試験に合格するということは本学の教育の高さを表していると感じます。合格が大変に難しいとは言われておりますが、勉強が不得意であった学生も合格を果たしており、今後さらなる合格者数増加に向けて学生の支援に取り組んで参りたいと思います。

しっかり復習すれば知識が定着

池袋キャンパス教務課　Oさん

今回ミーティングにて、中島創立者先生より公務員試験の合格者数を聞いて、大変驚きました。コロナ禍により経済も不安定な状況が続き、公務員の需要は高まり年々受験者は増加してます。単純に競争率が激化しているわけですが、その中で合格者が増えるのは表現が難しいですが、異常な事だと思います。しかも、昨年の同じ時期に比べて数人とかではなく三十人近く増えているというのは私の中での常識では常識外な事でした。

それぐらい驚きもしましたが、同時に納得していた自分もいました。というのも、私自身二十四歳の頃、当時公務員になりたいと思い、働きながら公務員を目指すために所謂テレビCMでやっているような資格専門学校に半年ほど通い勉強したことがあるのですが、範囲が広いので覚えることが多く、授業も難しく、ついていくのがなかなか厳しく、やっぱり公務員試験は難しんだなと改めて実感しました。勿論その後公務員試験は惨敗でした。ですが、昨年入職間もない時に中島創立者先生が教員の先生方に授業の研修をされるという事で私も参加させて頂いたのですが衝撃でした。

授業は必要最低限に絞られておりとても分かりやすく、逆にこれだけでいいのかと思ったほどです。ですが、その日のみの授業でも内容がしっかり頭に入ってくるのです。これで中島創立者先生がいつも仰られるように、しっかり復習すれば知識が定着するなと思いました。また、同時に私が難しいと感じた専門校の授業は無駄が多かったのだと、そこで初めて気づきました。

実際業務で何回か公務員試験対策の授業の授業見学もしましたが、中島創立者先生の教えの通りの授業をされていて、最後の確認テストではほとんどの学生が満点をとっていました。

中島創立者先生の提言する方式をほとんどの教員の方々が信じて行い一丸となって学生たちの公務員試験をサポートした結果が出始めているのだと感じました。そう言ったこともあり、心のどこかで公務員試験合格者が増えたことに納得しました。

私は当時半年で三十万円を支払い、とても無駄が多い授業を受けていましたが、学生は学費のみで公務員試験対策のこれだけ分かりやすい授業を受けることができるのは本当に羨ましい限りです。オンラインの授業方式も確立してきており、今後オンラインのままでも対面になっても来年はさらに合格者が増えるだろうと感じております

私は教務課として、教員の先生や学生がより学校生活に集中できるよう今まで以上に業務に励みたいと思いました。

参考・引用文献

American Association for the Advancement of Science. /1989, *Research and Development FY 1990*, Report XIV. Washington, D. C.

American Council on Education. /1987, *1986–87 Factbook on Higher Education*. New York : Macmillan.

Association of American Universities. /1980, *Report on Instrumentation Needs*. Washington, D. C.

Astin, Alexander. /1987, *Achieving Educational Excellence*. San Francisco : Jossey-Bass.

Becher, Tony. /1984, "The Cultural View." *In Perspectives on Higher Education : Eight Disciplinary and Comparative Views*, ed. Butron R. Clark. Berkeley, Los Angeles. London : University of California Press, pp. 165–198.

Becher, Tony. /1987, "The Disciplinary Shaping of the Profession" *In The Academic Profession : National, Disciplinary, ana Institutional Settngs*, ed. Burton R. Clark. Berkeley, Los Angeles, London : University of California Press, pp. 271–303.

Becher, Tony. /1989, "Academic Tribes and Territories" : *Intellectual Enquiry and the Cultures of Disciplines, Stony Stratford* (Milton Keynes, Eingland) : The Open University Press.

Ben-David, Joseph. /1977, *Centers of Learning*. New York : McGraw- Hill.

Berelson, Bernard. /1960, *Graduate Education in the United States*. New York : McGraw-Hill.

Bowen, William G. "Graduate Education : Prospects for the Future," Educational Record (Fall 1981) : 20-30.

Brademus, John. "Graduate Education : Signs of Trouble and Erosion," Change 16, no. 2 (March 1984) : 8–11

Brown, E. Richard. / "Public Health in Imperialism : Early Rockefeller Programs at Home and Abroad," *American Journal of Public Health 66*, no. 9. (1976) : 897–903

Bruce, Robert V. /1987, *The Launching of Modern American Science : 1846–1876*. New York : Alfred A. Knopf.

Carnegie Foundation for the Advancement of Teaching. /1987, *A Classification of Institutions of Higher Education*. Princeton, N. J. : Princeton University Press.

Chubin, Daryl, and Edward Hackett. /1990, *Peerless Science*. New York : SUNY Press.

Clark, Burton R. /1983, *The Higher Education System : Academic Organization in Cross-National Perspective*. Berkeley, Los Angeles, London : University of California Press.

Clark, Burton R. / "Places of Inquiry" : *Graduate Education in Advanced Industrial Societies* (tentative title). Forthcoming.

Clark, S. M. /1992, "Vitality" in B. R. Clark and G. Neave, eds., *The Encyclopedia of Higher Education*, Vol. 3, pp. 1648–1658.

Coggeshall, Porter, and Prudence Brown. /1984, *The Career Achievements of NIH Postdoctoral Trainees and Fellows*. NIH Program Evaluation Report by Commission on National Needs for Biomedical and Behavioral Research Personnel and Institute of Medicine. Washington, D. C. : National Academy Press.

Cordes, Colleen. "Berry Research Center at Rutgers, Ridiculed by Reagan, Will Get Funds After all." *Chronicle of Higher Education* (July 20, 1988) : A17-A19.

Council of Graduate Schools (U. S.). CGS Communicator (April 1989) : 1, 8.

Crane, Diana. "Scientists at Major and Minor Universities : A Study of Productivity and Recognition."

American Sociological Review 30 (1966)： 699–714.

Cummings, William K. /1990, *Education and Equality in Japan*. Princeton University Press.

Department of Education and National Center for Education Statistics. /1989, *Digest of Education Statistics 1989*. Washington, D. C.： U. S. Government Printing Office.

Dickson, David. /1984, *The New Politics of Science*. Chicago： University of Chicago Press.

Geiger, Roger L. /1986, "To Advance Knowledge"： *The Growth of American Reserch Universities, 1900–1940*. New York： Oxford University Press.

Glaser, Barney, and Anselm Strauss. /1967, *The Discovery of Grounded Theory： Strategies for Qualitative Research*. New York： Aldine.

Glasser, William. /1969, *Schools Without Failure*. New York, Harper & Row, Publishers.

Gumport, Patricia J. /1991, "The Research Imperative." *In Culture and Ideology in Higher Education： Advancing a Critical Agenda,* ed. William Tierney. New York： Praeger, pp. 87–105.

Jencks, Cristopher, and David Riesman/1968, "The Academic Revolution", Garden City, N. Y.： Doubleday & Co.

Kennedy, Donald. /1998, *Academic Duty*. Harvard University Press.

Kerr, Clark. / "A Critical Age in the University World： Accumulated Heritage Versus Modern Imperatives." *European Journals of Education 22–2* (1987)： 183–193.

Malone, R. J. /1999, "Professional Development and Advancement" in V. Bianco- Matis and N. Chalofsky, eds., *The Full-Time Faculty Handbook,* Sage Publications, pp. 143–164.

Metzger, Walter P. /1987, "The Academic Profession in the United States." *In Academic Profession： National, Disciplinary, and Institutional Settings,* ed. Burton R. Clark. Berkeley, Los Angeles, London： University of

California Press, pp. 123–208.
Ministry of Education, The University Research System in Japan, 1986.
Nakajima, Tsuneo, Ed. D. /1989, *A Case Study of Sunshine College's Policy and Administrative Dimensions for Teaching Conversational English to Japanese Students*. New York, Fordham University.
National Research Council. /1987, *Summary Report 1986: Doctorate Recipients from United States Universities*. Washington, D. C.: National Academy Press.
Rosenzweig, Robert M. (with Barbara Turlington)/1982, "The Research Universities and Their Patrons." Berkeley, Los Angeles, London: Universities of California Press.
Rohlen, Thomas P. /1983, *Japan's High Schools*. Berkeley, University of California Press.
Silberman, Charles E. /1970, *Crisis in the Classroom*. New York, Random House.
Snow, C. P. /1959, *The Two Cultures*. Cambridge and New York: Cambridge University Press.
麻生誠・潮木守一編『ヨーロッパ・アメリカ・日本の教育風土』有斐閣新書、一九七八年。
穴吹史士「国鉄、国立大、その次は?」閑話休題、朝日新聞、一九九九年。
天城勲編『エリートの大学・大衆の大学』サイマル出版会、一九七九年。
天城勲編『大学の入口と出口』サイマル出版会、一九八一年。
天野郁夫『変革期の大学』リクルート出版、一九八〇年。
有本章編『諸外国のFD/SDに関する比較研究』広島大学大学教育研究センター、一九九三年/V. Bianco-Matis and N. Chalofsky, eds., *op. cit.* など参照。
有本章・江原武一編『大学教授職の国際比較』玉川大学出版部、一九九六年。
大久保利謙『日本の大学』創元社、一九四三年。
尾佐竹徇「技術革新と大学」『東京大学公開講座　日本の大学』所収、東京大学出版会、一九六八年。

E・O・ライシャワー（西山千訳）『地球社会の教育』サイマル出版会、一九八四年。

E・ボイヤー（有本章訳）『大学教授職の使命――スカラーシップ再考』玉川大学出版部、一九九六年／C.E. Glassick, M. T. Huber, G.I. Maeroff, eds. *Scholarship Assessed*, Jossey-Bass, 1997. など参照。

科学技術庁編『科学技術白書』一九八七年度版。

科学技術庁編『科学技術白書』一九八八年度版。

科学技術庁編『科学技術白書』一九八九年度版。

川成洋編著『だから教授は辞められない……大学教授解体新書』ジャパンタイムズ、一九九五年。

倉敷芸術科学大学教養学部『大学の教養教育に関する実態調査報告書』一九九九年。

国立教育研究所『特別研究　大学院の研究―その2―』一九七九年。

国立大学協会旧設大学院問題検討委員会『旧設大学院の改善について』一九七五年。

堺屋太一『「次」はこうなる』講談社、一九九七年。

堺屋太一『あるべき明日』PHP研究所、一九九八年。

坂本太郎『日本の修史と史学』至文堂、一九五八年。

佐藤和夫『アメリカの社会と大学』日本評論社、一九九〇年。

潮木守一『近代大学の形成と変容』東京大学出版会、一九七三年。

大学審議会『二一世紀の大学像と今後の改革方策について（答申）』一九九八年。

田中一『研究過程論』北海道大学図書刊行会、一九八八年。

帝国大学学友会編『帝国大学大観』帝国大学学友会、一九三九年。

デレック・C・ボック（小原芳明監訳）『ハーバード大学の戦略』玉川大学出版部、一九八九年。

東京大学編『東京大学百年史』第一巻　東京大学出版会、一九八六年。

東京帝国大学編『東京帝国大学一覧』一九四〇年度版。

トマス・ゴードン（近藤千恵訳）『親業』サイマル出版会、一九七七年。

T・E・デール、K・ビターソン（中留武昭監訳）『校長のリーダーシップ』玉川大学出版部、一九九七年。

中島恒雄『社会福祉要説』東京福祉大学教育資料「コミュニケーション教育について」一九九九年。

中西信夫編『人間形成の心理学　ライフサイクルを解明する』ナカニシヤ出版、一九九七年。

中山茂『帝国大学の誕生』中公新書、一九七八年。

野口悠紀雄『「超」勉強法』講談社、一九九五年。

ハイム・ギノット（久富節子訳）『先生と生徒の人間関係』サイマル出版会、一九七八年。

バートン・クラーク編著（潮木守一監訳）『大学院教育の研究』東信堂、一九九九年。

福祉士養成講座編集委員会編『改訂　社会福祉士養成講座9　社会福祉援助技術各論I』中央法規出版、一九九二年。

藤野正三郎『大学教育と市場機構』岩波書店、一九八六年。

マーサ・N・オザワ／木村尚三郎／伊部英男編『女性のライフサイクル――所得保障の日米比較』東京大学出版会、一九八九年。

宮坂広作『大学革命と生涯学習』明石書店、一九九七年。

森田保男・大槻博『実践的大学教授法』PHP研究所、一九九五年。

文部省『学校基本調査報告』一九八八年。

文部省編『文部省年報』各年度版。

文部省編『わが国の学術』一九七五年。

文部省編『学生生活実態調査』一九八五年。

文部省編『教育指標の国際比較』一九八八年度版。

文部省編『大学資料』一九八八年九月号。

慶伊富長編『大学評価の研究』東京大学出版会、一九八四年。

ラッド、リプセット（中野秀一郎訳）『ひび割れた大学——大学知識人と政治志向』東京創元社、一九八〇年。

『全国官公界名鑑』同盟通信社、一九九七年。

『文部省名鑑　一九九七年版』時評社、一九九六年。

『文部統計要覧』平成九年版。

資料編

東京福祉大学の沿革・教育実績

- 就職率６年連続文系大学日本一（2010年現在）
- 社会福祉士・精神保健福祉士合格者数大学グループ合計合格者数　昼間部通学課程第１期生卒業以来，７年連続全国１・２位堅持‼（2010年現在）
- 公務員・教員採用試験114名合格（2010年３月卒業生実績）

年	沿　革	教　育　実　績
2000年	• 東京福祉大学開学	
2003年	• 通信教育課程３年次編入学２期生卒業 • 大学院社会福祉学研究科開設	• 社会福祉士国家試験合格者数関東エリア第１位 • 精神保健福祉士国家試験合格者数日本一
2004年	• 昼間部通学課程１期生卒業	• 社会福祉士・精神保健福祉士国家試験大学グループ合格者数日本一
2005年	• 社会福祉学部保育児童学科開設	• 社会福祉士・精神保健福祉士国家試験大学グループ合格者数２年連続日本一 • 就職率文系大学日本一※1
2006年	• 短期大学部こども学科開設	• 社会福祉士・精神保健福祉士国家試験大学グループ合格者数３年連続日本一 • 就職率文系大学日本一※2
2007年	• 教育学部教育学科開設 • 大学院社会福祉学研究科児童学専攻開設	• 就職率大学日本一※3 • 社会福祉士・精神保健福祉士国家試験大学グループ合格者数全国２位
2008年	• 大学院心理学研究科が社会福祉学研究科から独立	• 就職率文系大学日本一※4 • 社会福祉士・精神保健福祉士国家試験大学グループ合格者数日本一
2009年	• 心理学部心理学科開設	• 就職率私立大学日本一　大学女子全国２位(文系日本一)文系私大日本一※5 • 社会福祉士・精神保健福祉士国家試験大学グループ合格者数全国２位
2010年		• 社会福祉士・精神保健福祉士国家試験大学グループ合格者数全国２位 • 公務員・教員採用試験114名合格 • 就職率　文系大学日本一※6
2011年	教育学研究科臨床教育学専攻開設	

※東京福祉大学グループとは，東京福祉大学（通学課程・通信教育課程），東京福祉保育専門学校，東京医学柔整専門学校，公務員・保育・介護・ビジネス専門学校，理学・作業　名古屋専門学校をさす。(財)社会福祉振興・試験センター発表のデータを元に作成。
※1 週刊エコノミスト2005年7月12日号（毎日新聞社）
※2 週刊エコノミスト2006年8月1日号（毎日新聞社），読売ウイークリー2006年8月13日号（読売新聞社），週刊東洋経済2006年10月14日号（東洋経済新報社）
※3 読売ウイークリー2007年8月12日号（読売新聞社）
※4 読売ウイークリー2008年8月3日号（読売新聞社），週刊東洋経済2008年10月18日号（東洋経済新報社）
※5 サンデー毎日2009年7月19日号（毎日新聞社），AERA 2009年9月28日号（朝日新聞出版），週刊東洋経済2009年10月24日号（東洋経済新報社）
※6 週刊東洋経済2010年10月16日号（東洋経済新報社）

東京福祉大学グループの概要

学校法人茶屋四郎次郎記念学園（本部所在地　東京都豊島区）
ホームページ http://www.tokyo-fukushi.ac.jp/　代表 03-3987-6602
池袋キャンパス／東京都豊島区東池袋4-23-1
伊勢崎キャンパス／群馬県伊勢崎市山王町2020-1
名古屋キャンパス／愛知県名古屋市中区丸の内2-13-12

東京福祉大学

各学部とも1年次入学と，大学・短大・専門学校卒業生のための3年次編入学がある。また，留学生入学や社会人入学もある。さらに，留学生のための学部研究生制度もある。特に名古屋キャンパスは外国人留学生の受け入れ体制が充実している（下記コラム参照)。いつでも，どこでも，誰でも，安く学べる通信教育課程もあり，通信教育なら高校卒業資格がない方に正科生入学の道を拓く特修生制度もある。

教育学部教育学科（通学課程・通信教育課程）（4年）

通学課程は池袋・伊勢崎・名古屋キャンパスで開講。学士〈教育学〉，小学校・高等学校（英語・情報・保健）・中学校（英語・保健）の各1種免許状を取得。

心理学部心理学科（通学課程・通信教育課程）（4年）

通学課程は池袋・伊勢崎・名古屋キャンパスで開講。学士〈心理学〉，認定心理士・社会福祉士受験資格・精神保健福祉士受験資格などを取得。大学院心理学研究科臨床心理学専攻博士課程前期への内部推薦制度あり。

社会福祉学部社会福祉学科（通学課程・通信教育課程）（4年）

学士〈社会福祉学〉を取得。社会福祉専攻社会福祉コースは社会福祉士

受験資格等を取得。通学課程は池袋・伊勢崎・名古屋キャンパスで開講。社会福祉専攻介護福祉コースは介護福祉士・社会福祉士の各受験資格等を取得。通学課程のみで伊勢崎キャンパスで開講。編入学はできない。精神保健福祉専攻は，精神保健福祉士・社会福祉士の各受験資格等を取得。通学課程は池袋・伊勢崎キャンパスで開講。通学課程のみの開講だが，通信教育課程は社会福祉専攻で精神保健福祉士受験資格が取得できる。その他，全専攻・コースで高等学校教諭（福祉・公民）・特別の支援学校教諭の各1種免許状等を取得可能。

社会福祉学部保育児童学科（通学課程・通信教育課程）（4年）

通学課程は池袋・伊勢崎キャンパスで開講。学士〈保育児童学〉，保育士，幼稚園教諭・小学校教諭各1種免許状，社会福祉士受験資格等を取得。3年次編入学以外に3年制の保育系短期大学・専門学校卒業生は4年次編入学が可能。

東京福祉大学短期大学部こども学科（通学課程・通信教育課程）（3年）

3年制のため，現代の保育ニーズに対応できるよう，保護者へのカウンセリングや社会福祉も学べる。また，大学保育児童学科4年次編入学への内部推薦制度がある。通学課程は伊勢崎キャンパスで開講。短期大学士〈こども学〉，保育士，幼稚園教諭・小学校教諭各2種免許状，社会福祉主事任用資格等を取得。

東京福祉大学大学院

他分野の学部出身者にも門戸を開き，留学生も受け入れている。留学生のための外国人研究生制度もある。修士課程（博士課程前期）は通信教育もある。

社会福祉学研究科社会福祉学専攻博士課程前期（通学課程・通信教育課程）（2年）・博士課程後期（通学課程）（3年）

修士〈社会福祉学〉，博士〈社会福祉学〉を取得。通学課程は，池袋キャンパスで夜間・土曜に開講。

社会福祉学研究科児童学専攻修士課程（通学課程・通信教育課程）(2年)

修士〈児童学〉を取得。通学課程は，池袋キャンパスで夜間・土曜に開講。

心理学研究科臨床心理学専攻博士課程前期（通学課程・通信教育課程）（2年※通信教育は3年）・博士課程後期（通学課程）（3年）

修士〈心理学〉，博士〈心理学〉を取得。通学課程・通信教育課程ともに，日本臨床心理士資格認定協会第1種指定校のため，臨床心理士受験

資格が取得できる。通学課程は，伊勢崎キャンパスで昼間に開講。

教育学研究科臨床教育学専攻修士課程（通学課程のみ）（3年）

2011年4月開設，伊勢崎キャンパスで昼間に開講。修士〈教育学〉。

東京福祉大学日本語別科（2年）

留学生のための日本語教育機関で，池袋・名古屋キャンパスで開講している。4月入学と9月入学がある。2年次編入学もある。

名古屋キャンパスの留学生対象コース

名古屋キャンパスには，別科・学部・研究生・大学院まで留学生が学ぶための環境が整っている。スタッフは中国語・英語でも対応可能である。日本語学校等からの指定校推薦や学部3年次編入学など受け入れ体制も整備されている

電話 052-203-0576　E-mail : nagoya-info@ad.tokyo-fukushi.ac.jp

教育学部教育学科「日本語通訳コース」（4年）

日本語能力，日本人とのコミュニケーション能力を身につけ，日本語教育，通訳，翻訳の仕事で活躍できる人材の育成。3年次編入学もある。

社会福祉学部社会福祉学科「経営福祉コース」（4年）

福祉ビジネスの経営を学び，福祉施設・福祉事業の経営者を育成。先進国の福祉と経済・市場原理・経営学・情報処理なども学べる。3年次編入学もある。

学部研究生（半年～2年）

教育学・社会福祉学・保育児童教育学・心理学の専門分野の勉学と，それに必要な日本語・日本文化などの勉学と研究を希望する者を研究生として受け入れる制度（学部研究生は学部3年次編入学するための準備課程〔聴講生のようなもの〕で，原則として研究生修了後本学の学部正規3年次編入学課程への進学を前提としている。

大学院研究生（半年～2年）

上記学部研究生と同様の専門分野等の研究希望者を受け入れる制度だが，大学院研究生は大学院修士課程に入学するための準備課程〔聴講生のようなもの〕で，研究生修了後大学院修士正規課程への進学を前提としている。

大学院修士課程（2年）

社会福祉学研究科社会福祉学専攻博士課程前期，社会福祉学研究科児童学専攻修士課程，心理学研究科臨床心理学専攻博士課程前期，教育学研究科臨床教育学専攻修士課程がある。

学校法人たちばな学園【東京福祉大学・大学院系列研究施設】

ホームページ http://www.nagoya-college.ac.jp/　代表 052-222-5637

理学・作業　名古屋専門学校

(2011年4月名古屋医療福祉専門学校より校名変更)

第1期卒業生は，足きりなしで理学療法士国家試験を全員受験で100パーセント合格という偉業を達成した。本校と系列の東京福祉大学通信教育課程の両方に在籍するダブルスクールで学び，専門学校の科目では理学療法士・作業療法士の資格課程科目を学ぶとともに，大学通信教育課程で社会福祉について理解を深め，大学卒業資格を取得し，社会福祉の幅広い知識も身につけたレベルの高い理学療法士・作業療法士を養成。

理学療法学科Ⅰ（4年)

東京福祉大学社会福祉学部社会福祉学科社会福祉専攻を併修し，理学療法士受験資格に加え，福祉の資格も取得可能。リハビリテーションの専門知識と社会福祉・心理・精神保健の知識を持つ理学療法士を養成。

作業療法学科（4年)

東京福祉大学社会福祉学部社会福祉学科社会福祉専攻を併修し，作業療法士受験資格に加え，福祉の資格も取得可能。福祉の心と専門知識を有する作業療法士を養成。

公務員・保育・介護・ビジネス専門学校

(2011年4月名古屋福祉保育柔整専門学校より校名変更)

本校とグループ校の東京福祉大学通信教育課程の両方に在籍するダブルスクール（社会福祉学科　保育士・幼稚園教諭コースのみ）で学び，専門学校卒業と同時に，東京福祉大学通信教育課程卒業時の大学卒業資格である「学士」の学位を取得が可能。また，社会人のキャリアアップ・キャリアチェンジを応援する通信課程もある。このほか，留学生対象の学科もある。2011年度からは，高い教育力により公務員試験の合格指導にも力を入れるため校名を変更し，夜間の公務員学科，公務員受験講座を新設した。

〈昼間部通学課程〉

社会福祉学科　保育士・幼稚園教諭コース（4年)

東京福祉大学社会福祉学部保育児童学科通信教育課程を併修し，保育士，幼稚園教諭・小学校教諭各1種免許状，社会福祉士受験資格等を取得。他分野の大学・短大・専門学校卒業者は3年次に編入学できる（保育士の取得希望者は2年次編入学)。3年制の保育系短期大学・専門学校卒

業生は４年次編入学が可能。

介護福祉学科（２年）

学生主体の授業と実習重視のカリキュラムにより，お年寄りや障がいのある方の日常生活の支援を行う，介護の専門職を養成。

〈夜間通学課程〉

公務員学科（１年）

国家Ⅱ種，地方上級の公務員試験合格に向け，１年間週５日の夜間通学で，合格に必要な知識を確実に修得し，合格をめざす。

公務員受験講座（６か月）

国家Ⅲ種，地方初級，警察，消防の公務員試験合格に向け，６か月間週２日の夜間通学で，教養試験から適性試験，作文，面接まで総合的にサポートし，合格をめざす。

〈留学生対象学科〉

国際ビジネス情報学科（２年）

外国人留学生対象コース。国際化社会で活躍できるビジネス実務と情報処理能力を備えた人材を育成。一層レベルの高い日本語能力をマスターし，日本文化，日本国内外の経済やビジネスの知識及び情報処理能力と実務運用能力を修得。また，専門士を取得できるため，大学３年次編入学も可能。

日本語学科（２年）

外国人留学生対象コース。学生主体で実践的な教育法と，学生一人ひとりを大切にサポートすることにより，四技能（読む・聞く・話す・書く）のバランスの取れた日本語力を養成。

〈通信課程（厚生労働大臣指定養成施設）〉

社会福祉士養成通信課程（１年10か月）

１年10か月という余裕を持った学習期間で，教員のきめ細かな指導を受けながら国家試験対策を行い，課程修了と同時に社会福祉士国家資格の取得をめざす。

精神保健福祉士短期養成通信課程（９か月）

保健・福祉系大学で法令に定める基礎科目を履修した方や社会福祉士登録者を対象に，９か月という短い期間で，必要となる精神保健福祉士の専門科目のみを履修し，修了と同時に精神保健福祉士国家資格の取得をめざす。

学校法人サンシャイン学園【東京福祉大学・大学院系列研究施設】
東京福祉保育専門学校（所在地　東京都豊島区）
ホームページ http://www.sunshine.ac.jp/　代表 03-3987-5611

日本で初めて，都内で唯一，第1期目の介護福祉士養成施設として厚生労働大臣から指定された（1988年3月31日）最も古い伝統校。グループ校の東京福祉大学または東京福祉大学短期大学部通信教育課程と東京福祉保育専門学校の両方に在籍するダブルスクール（併修制度）で学ぶコースがあり，専門学校卒業と同時に東京福祉大学通信教育課程卒業時の大学卒業資格である「学士」の学位取得が可能。社会人のキャリアアップ・キャリアチェンジを応援する通信課程，夜間／土日通学課程もある。このほか，留学生対象の学科もある。

〈昼間部通学課程〉

介護福祉士学科（2年）

介護福祉士受験資格，准介護福祉士に加え，社会福祉主事任用資格も取得できる。

介護福祉士学科　社会福祉士コース（2年＋研究科2年）

初めの2年間で介護福祉士受験資格，准介護福祉士等を取得できる。3年目からは東京福祉大学社会福祉学部社会福祉学科社会福祉専攻通信教育課程と併修。東京福祉大学卒業時に学士（社会福祉学）や社会福祉士受験資格等が取得できる。

こども学科（3年）

東京福祉大学短期大学部こども学科通信教育課程と併修。東京福祉大学短期大学部卒業時に短期大学士（こども学）や保育士，幼稚園教諭2種免許状等が取得できる。その他，訪問介護員（ホームヘルパー）2級も取得可能。

保育児童学科　保育児童学コース（4年）

東京福祉大学社会福祉学部保育児童学科通信教育課程と併修。東京福祉大学卒業時に学士（保育児童学）や保育士，幼稚園教諭1種免許状等が取得できる。その他，訪問介護員（ホームヘルパー）2級も取得可能。高校卒業資格のない方のための特修生コースと，保育系3年制短大・専門学校卒業者のための4年次編入学コースもある。

〈夜間／土日通学課程〉

大学講座A　保育士・幼稚園教諭コース（3年）

東京福祉大学社会福祉学部保育児童学科通信教育課程と併修。2年次編入学のみ。東京福祉大学卒業時に学士（保育児童学）に加え，保育士，幼稚

園教諭１種免許状等が取得できる。

大学講座Ａ　小学校教諭コース（２年）

東京福祉大学教育学部教育学科通信教育課程と併修。３年次編入学のみ。東京福祉大学卒業時に学士（教育学）に加え，小学校教諭１種免許状等が取得できる。

大学講座Ｂ　社会福祉士コース（２年または４年）

東京福祉大学社会福祉学部社会福祉学科社会福祉専攻通信教育課程と併修。１年次入学は夜間通学課程のみ。東京福祉大学卒業時に学士（社会福祉学）に加え，社会福祉士受験資格等が取得できる。

大学講座Ｃ　認定心理士コース（２年または４年）

東京福祉大学心理学部心理学科通信教育課程と併修。１年次入学は夜間通学課程のみ。東京福祉大学卒業時に学士（心理学）に加え，認定心理士・社会福祉士受験資格等が取得できる。

〈通信課程（厚生労働大臣指定養成施設）〉

社会福祉士養成　通信課程（１年10か月）

大学卒業者，相談援助業務経験者が対象。社会福祉士受験資格が取得できる。

精神保健福祉士養成　通信課程（１年10か月）

大学卒業者，相談援助業務経験者が対象。精神保健福祉士受験資格が取得できる。

精神保健福祉士短期養成　通信課程（９か月）

保健・福祉系大学卒業者，社会福祉士有資格者等が対象。精神保健福祉士受験資格が取得できる。

〈留学生対象学科〉

国際福祉ビジネス学科（２年）

国際ビジネス情報コースでは，英会話，コンピューター，会計学，経営学，ビジネスを中心に学ぶ。日本語ビジネス通訳コースでは，ビジネスの世界で通用する高度な日本語能力を養成する。

日本語学科（２年）

日本語の「読む」「書く」「聞く」「話す」の四技能のいずれをも重視し，バランスのとれた日本語力を育成する。

東京の４畳半のアパートから始めました

東京福祉大学創立者
教育学博士中島恒雄の
教育理念とその背景

1. 校章の茶屋船にたくして

東京福祉大学ならびにグループの専門学校の校章に古典的な船がデザインされていることにお気付きでしょうか。これは「茶屋船交趾渡航貿易絵巻」（愛知県指定文化財）にある，大海を渡る茶屋船――つまり，徳川家康より朱印状を頂戴し江戸時代初期に海外貿易で活躍した「朱印船」を模写したものです。この時代の御朱印船貿易は，日本と海外を結ぶ公式な貿易経路であり，日本の国際化の一翼を担っていました。この御朱印船貿易に従事したのが，後に京都の三長者として栄えた豪商，茶屋中島氏でした。東京福祉大学の創立者の中島恒雄博士は，この茶屋四郎次郎清延の第17代目の直孫にあたり，尾州（名古屋）茶屋家の当主です。初代茶屋四郎次郎清延は，徳川家康の側近としても知られ，御朱印船貿易は三代・茶屋四郎次郎清次の時に始まり，その渡航範囲は当時の交趾国（現在のベトナム中部）をはじめ東南アジア各地に広がっています。

校章の茶屋船は，日本の教育とハーバード大学やフォーダム大学といったアメリカの一流大学の教育学大学院の効果的な教育方法のそれぞれの長所を融合させ，世界にはばたき，国際社会でも活躍で

茶屋船交趾渡航貿易絵巻（部分）

き，新たな時代にも対応できる優秀な人材育成を目指す，本学の象徴となっているのです。

2. 初代・茶屋四郎次郎清延と徳川時代

茶屋は本姓を「中島」と称し，清和天皇の流れをくむ武家の名門・小笠原源氏の末流です。茶屋四郎次郎清延の祖父にあたる宗延の代に，山城国（今の京都府）中島郡に領地を持っていたことから，「中島」姓を名乗るようになりました。室町幕府の将軍・足利義輝が，しばしば中島氏の屋敷を訪れ，千利休と並んで茶人であった茶屋四郎次郎明延より茶の接待を受けたことにちなんで「茶屋」の屋号（店の呼び名）が使われるようになったと言われています。現在も，尾州茶屋家には江戸時代に徳川幕府に提出されていた代々の「由緒書」（出身及び経歴書）が残されています。

茶屋家は，後藤家や角倉家と並んで，江戸初期の京都の三大長者の一つに数えられ，豪商としても知られていますが，前述のように，そのルーツは清和天皇の流れをくむ源氏の末流で，武士の血が脈々と流れていたようです。初代・茶屋四郎次郎清延は，若い頃から徳川家康の側近として仕え，家康の天下統一を助けるために重要な働きをしました。家康は京都に来られると，茶屋四郎次郎清延の邸に泊まるのが常でした。清延は徳川家康とともに数十回合戦（戦争）に出陣したという記録からも，商人であると同時に，勇敢な武士としての側面が浮かび上がってきます。そして，こ

茶屋四郎次郎清延夫妻像

うした茶屋家と徳川家の深いつながりは，何代にもわたって続いていくのです。

清延の功績のうち，最も広く知られているのは，家康の生涯最大の危機といわれる「伊賀越え」を助けたことです。天正10（1582）年，本能寺の変（明智光秀が織田信長に謀反を起こした事件）で信長が自害するという大事件がありましたが，当時，堺に遊びにきていた徳川家康にこの事件の情報をいち早く伝え，危機を知らせたのが茶屋四郎次郎清延でした。

堺に鉄砲の買い付けに来た帰りで，十分な軍備もなく，側近数名を連れただけだった徳川家康は，三河岡崎（愛知県）の自分の城に帰らねばなりませんでしたが，そのためには，山賊や忍者が出没する伊賀（三重県）の山道を通らねばなりませんでした。これが，家康生涯最大の危機とされる「伊賀越え」です。当時の伊賀には，「本能寺の変」の情報がすでに伝わり，極めて危険な状態でした。十分な武装もなく，少人数だった家康一行にとっては命がけの旅でしたが，茶屋四郎次郎清延は，山賊，盗賊と化した伊賀の落武者や村人たちに「家康様のお通りである」といって，あるときは銀貨を配って話をつけ，またあるときは脅して道を空けさせるなど，あらゆる手段で道中の安全を確保してまわり，おかげで家康は無傷で三重県の白子の

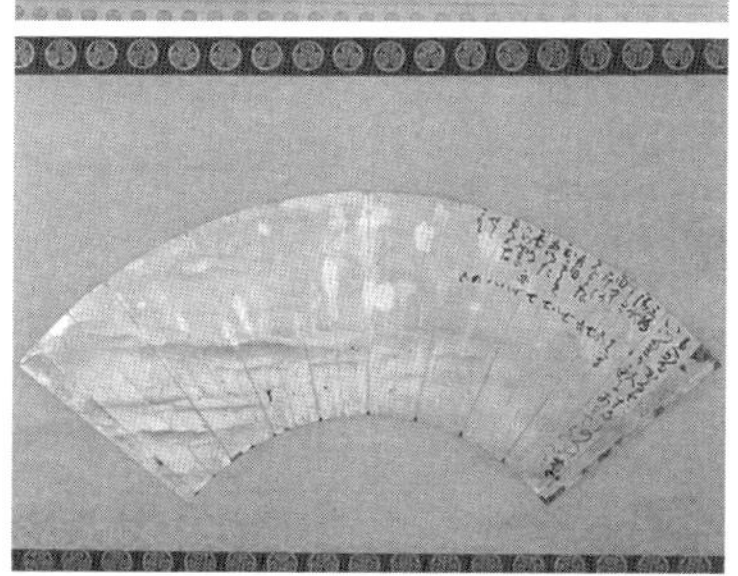

徳川家康公より拝領の直筆扇面和歌

茶屋四郎次郎清延が家康公より拝領した扇子の扇面料紙。清延三男の新四郎長吉が譲り受け，尾州茶屋家に代々伝わる。

浜より船で岡崎城（愛知県）にたどりつくことができました。この功績により，清延は家康の命の恩人といわれています。もし，清延の助けがなく，家康が殺されていたら，その後の徳川幕府創設もありえず，日本の歴史は大きく変わっていたことでしょう。

織田信長が亡くなって，豊臣秀吉の天下になると，茶屋四郎次郎清延は豊臣秀吉と家康の間を取り持ち，京都の情報を収集して家康に伝える役目を果たしました。このように，清延は，その情報収集能力，分析力，問題を発見し解決する能力によって，家康の天下統一を陰で支えていったのです。

茶屋家の二代目にあたる茶屋四郎次郎清忠（きよただ）も，家康に仕え，京都において町人の掌握（しょうあく）に努めるなど，国内の治安維持に尽力（じんりょく）していました。そして，三代茶屋四郎次郎清次（きよつぐ）は家康の許しを得て御朱印船貿易を始め，安南国（ベトナム）との交易を行うなど，江戸時代初期の日本の国際化の一翼を担いました。尾州茶屋家により同家の菩提寺（ぼだいじ）である情妙寺（名古屋市）に寄進された前述の「茶屋船交趾渡航貿易絵巻（ちゃやぶねこうちとこうぼうえきえまき）」は，当時の海外貿易の様子を知るための貴重な文化遺産として，愛知県の指定文化財となっています。この絵巻によれば，茶屋船の乗組員は総員三百余人。尾州茶屋家二代目の茶屋新六郎（しんろくろう）が，交趾国の国王に貢物（みつぎもの）を献上するところが描かれています。

その後，茶屋家は京都の本家，尾州（名古屋）の新四郎家（しんしろうけ），紀伊の小四郎家（こしろうけ）に分家をしました。尾州，紀伊でもそれぞれのお側役と出入商人として徳川家につかえ，江戸（東京）にも屋敷を持ち（茶屋家の江戸屋敷跡地は，現在の日本銀行本店の所在地附近です），公儀（こうぎ）（幕府）呉服師として将軍の側近御用なども務めました。また，尾州（名古屋）の茶屋新四郎長吉（ちゃやしんしろうながよし）は，尾張徳川家に仕え，さまざまな事業に携わりました。御朱印船貿易も手掛けていましたが，鎖国後，海外貿易ができなくなってからは国内の新田開発も行いました。名古屋市港区には茶屋新田・後新田（ごしんでん）という地名が今日まで残っており，その広さは64万５千坪（212万

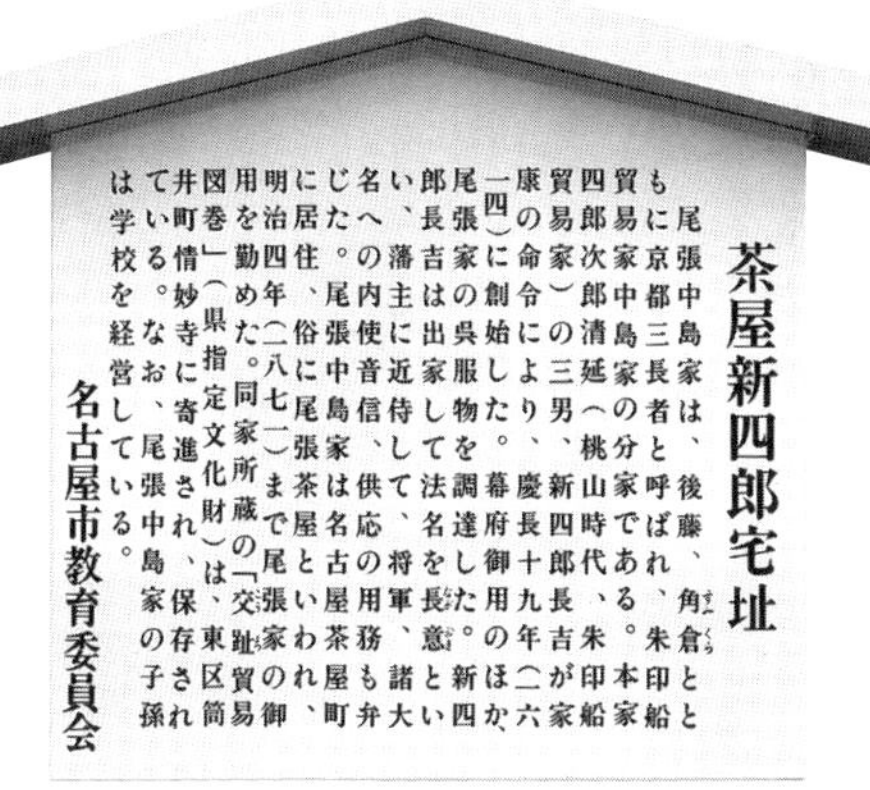

尾州茶屋家跡を示す名古屋市教育委員会作成の立て札

850平方メートル）という，名古屋市の1つの「区」が丸ごと入るほどの巨大な規模のものでした。

現在，名古屋城近くの尾州茶屋家の屋敷跡には，学校法人茶屋四郎次郎記念学園名古屋福祉保育柔整専門学校が創立され，このような先祖の偉業が称（たた）えられています。

3. 時代の変化と茶屋家の衰退

江戸時代，代々徳川幕府の御用を務め繁栄を築いた茶屋家でしたが，江戸時代が終わり，その後の時代の推移（すいい）とともに衰退（すいたい）の道をたどることになります。その当時，あまりに幕府に親密で特権商人として幕府とともに歩んできた茶屋家としては，しかたのないことだったかもしれませんが，それはひと言で言えば，新しい時代の流れや変化に対応できず，ついていけなかったということです。当時，同様に繁栄した商家で，なお明治維新後今日まで続いた三井家（三井銀行，三越デパート，その他），住友家（住友銀行，住友鉱山，その他），名古屋の伊藤家（松坂屋や東海銀行を創立）などの活躍とは対照的で，武家出身（江戸時代の士農工商の身分制度の「士」にあたる）の茶屋家は，三井家，住友家，伊藤家という庶民感覚と商才に秀でた商家とは全く異なっていました。

茶屋家は，明治になると，幕府からの禄（ろく）という収入源が途絶え，長く

遺産を売って食いつないでいる状態でした。中島恒雄博士の両親は，名門茶屋家の血筋であるという誇りをもって真面目に誠実に生きておりましたが，第二次世界大戦の空襲で焼け出され，先祖伝来の遺産や土地をほぼ全部失うなどの災難が続き，中島博士の代には，歴史的な功績のある茶屋家の子孫であるという事実が残るのみでした。

ところで，中島恒雄博士の母・中島範（のり）学校法人茶屋四郎次郎記念学園理事長・東京福祉大学短期大学部初代学長の伯父にあたる八木冨三氏は，戦前の名古屋の有力な財界人でした。八木氏は，名古屋ゴルフ倶楽部和合コース（ゴルフトーナメントの中日クラウンズが開かれることでも有名なチャンピオンコースであり，東海地区で最も古く由緒のある，名門のゴルフ場）の初代理事長でもありました（ちなみに同倶楽部の２代目の理事長は，松坂屋の創業者である伊藤次郎左衛門氏です）。なお，八木家はその後，後継ぎが絶えて分家が残るのみとなっており，本家は存続していません。また，中島範の父親（中島博士の母方の祖父）は，三和銀行（現三菱東京 UFJ 銀行）系の銀行の頭取をつとめていましたが，この銀行は大正末期の経済恐慌の時につぶれてしまいました（当時は20世紀末のバブルがはじけた時と同様に銀行の倒産や合併が相次いでいました）。このように，名門といえども，新たな時代の変化に気付かず対応していけない家や企業は，やがてつぶれていく運命にあるのです。

この当時の茶屋中島家は，江戸時代に比べて衰退したとはいえ，まだ名家としての名が通っていたので，先代中島修氏（中島恒雄博士の父）は，当時の商家の名門の血すじにあたる令嬢・中島範を夫人に迎えることができたのです。

4. 教育が人生を切り開く

世界の民族のなかで，もっとも教育熱心な民族のひとつとして知られるのがユダヤ人です。ユダヤ人は歴史上，中世の頃も世界の至るところ

で宗教的な理由で迫害を受けてきました。第二次世界大戦前もナチスに追われ，身一つで命からがらアメリカなどへ移民あるいは亡命したユダヤ人も大勢いました。彼らユダヤ人はそうした移民先の国でも何が何でも教育だけは受けようとし，まず最初にその国の名門の良い学校に行き，良い教育を受けることを第一に考えました。そこにはユダヤ人が生き抜くための知恵として，自分の身に付けた教育だけは「誰にも奪われることがない」という考えがあるからです。たとえその国の政権が変わって，すべての財産を没収されたとしても，受けてきた教育と時代に適応した実用的な知識だけは盗まれたり奪われることはありません。そういう意味では，良い教育を身につけることこそが「本物の財産」であり，人生を切り開いてくれるものなのです。

前述の八木冨三氏はじめ母方の縁者には慶應義塾大学出身者が多く，また東京大学の出身者も少し含まれていましたが，中島修氏とその兄弟や親戚の多くは早稲田大学を卒業しています。故・中島修氏は，健在であれば94歳になりますが，現在の早稲田大学商学部を卒業しました。また，母親である中島範は大学の専攻科（現在の大学院にあたる）を卒業しています。

中島恒雄博士は，このような教育を受けることの大切さを両親から学びました。教育熱心な家庭に育ったことが，その後中島博士が教育界で身を立てていく原動力になったようです。

指導教授 バラッタ博士とともに
（フォーダム大学教育学大学院卒業式にて）

青年期にさしかかった中島博士は，「士魂商才」にあこがれ一橋大学の経済学部を目指していました。「士魂商才」つまり，武士としての誇りを持ちながら商人として社会的に成功する才能がある，という意味なのですが，世の中はそれほど甘くなく，

実行はなかなか難しいことです。そして，大学受験に失敗して結果としてはその夢がかなわず，一時は大学進学をあきらめようと思ったこともありましたが，やはり大学を卒業しないと将来困ると周りから説得され，思い直して学習院大学法学部法学科に進学したのです。

名門の家を何とか再興したいと願い，内心は「世が世ならば」と思いながらも世間に恥だけはさらしたくないと考えていた両親の姿を見るにつけても，中島博士にはなんとか世の中の役に立ち，奉仕しながら自己実現を図る道はないものかという焦(あせ)りにも似た気持ちが常にありました（中島博士本人は，茶屋四郎次郎の17代目の直孫にあたることを，中学生の時に初めて知ったとのことです）。

財産こそなかった中島家ですが，「継続は力なり」「身に付けた教育や知識は誰にも奪われない」という考えを持つ父親中島修氏のスパルタ式教育の下で，中島博士はあらゆるものに努力を続けました。スポーツの分野では，小・中学校の時には水泳部で活躍し，高校・大学では柔道部に所属し，柔道の技が上手であったわけではありませんが，とにかく継続は力なりとけいこを続けていました。その後柔道は32歳まで続け，最終的には講道館で黒帯である四段をとるに至っています。また，勉強の分野では，ラジオでNHKの「英語会話」を毎朝6時15分から聞き続けるなど，英語を重点的に勉強しました。本当は勉強したくなかったそうですが，厳しかった父親に無理やり朝早くたたき起こされ早朝の勉強を強制されたのです。しかし，それが結果としては中島博士の米国留学，つま

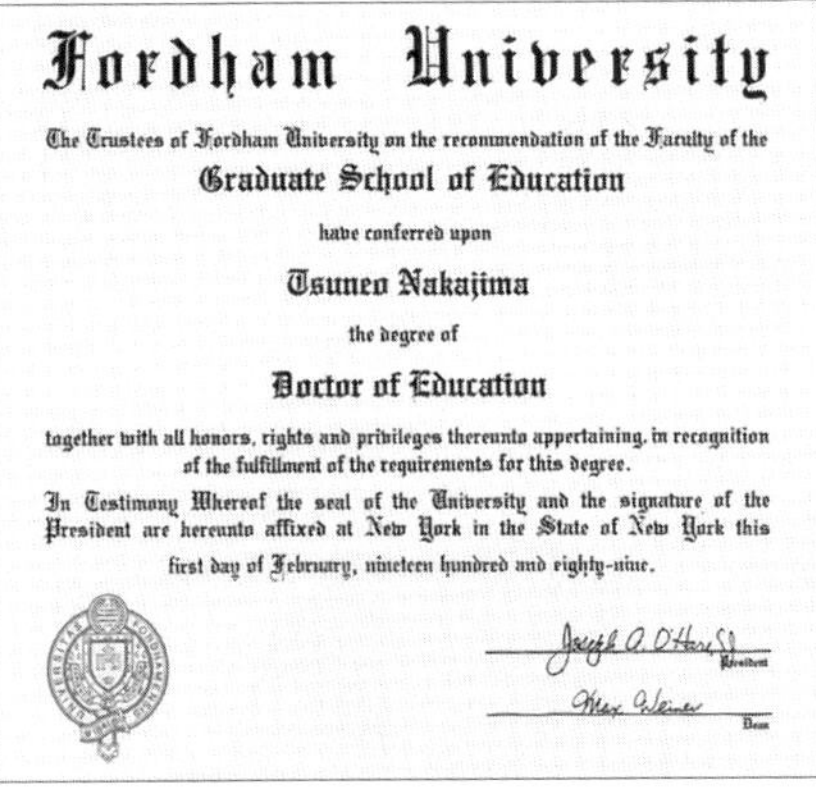
Fordham University

The Trustees of Fordham University on the recommendation of the Faculty of the
Graduate School of Education
have conferred upon
Tsuneo Nakajima
the degree of
Doctor of Education
together with all honors, rights and privileges thereunto appertaining, in recognition of the fulfillment of the requirements for this degree.
In Testimony Whereof the seal of the University and the signature of the President are hereunto affixed at New York in the State of New York this first day of February, nineteen hundred and eighty-nine.

Joseph A. O'Hare, S.J.
President

Max Weiner
Dean

フォーダム大学で取得した教育学博士学位記

り，上智大学と同じキリスト教系の一流名門大学であるフォーダム大学教育学大学院での教育学博士号取得につながっています。中島博士は後に，自分が学校経営者として，さらに教育学博士として新しい未来を切り開けたのは，やはり，そうした父の厳しい鍛錬のおかげであり，40歳代後半になり，やっと心から両親に感謝の気持ちを持てるようになったと述懐しています。

5. 教育者としてのスタート

1968（昭和43）年２月，21歳の中島恒雄博士は両親に借りた５万円を資本金として，自分が借りて住んでいた東京の豊島区雑司が谷の４畳半のアパートに，英会話サークル「英会話を楽しむ会」の事務所を設立しました。これが小さな学校経営者としての中島博士のスタートでした。当時の大卒初任給が３万円弱だったそうですから，まだ大学生だった当時の中島博士にとっては大きな決断でした。20歳代の若輩で，地位も後ろだてもなく，それまで目立った業績を持たず，自分が得意だった英会話以外には取りたててこれといった才能を見出せなかった中島博士は，教育の分野で身を立てるという目標を立て，自分自身他にとるべき道はないと思えたからこそ，ここまでの決断ができたのでしょうか。

この「英会話を楽しむ会」から始まり，各種学校の設置認可，専門学校の設置認可を経て，2000年４月の東京福祉大学創立，2003年の同大学大学院修士・博士課程の開設，2006年の短期大学部こども学科開設までの道のりは，決して平坦なものではありませんでした。

その当時，新聞のサークル欄に投稿して50名の生徒を募集したところ，最初はたったの３名しか集まらなかったこともありました。英会話サークル時代から今日に至るまで，中島博士の学校経営は苦難の道のりで，「汗と涙」の連続でした。

東京の４畳半のアパートの一室を事務所にして公民館で授業を行った

東京福祉大学・大学院の正門

時代から6年程たった27歳の時，少し進歩して，その近所の東池袋の雑居ビルへ移り，全部で11坪の教室と事務所を借りました。そのビルの窓からは，当時の日本一の高層ビルだったサンシャイン60ビルが見え，中島博士は「俺もいつかは，あのビルに入居するぞ」と決心したのです。当時は英語学校としての規模が小さく，資金もままなりませんでした。そして中島博士が31歳でサンシャイン60ビル9階に，当時貸してもらえる最低の坪数であった40坪を借りて入居するまでには，金銭的にも大変な苦労がありました。少子高齢化の現在も過去も，どの時期にも語り尽くせぬ苦労があり，それを乗り越えた時の喜び，嬉しさを楽しみとする毎日だそうです。

それまで効果的な語学教育方法を模索してきた中島博士ですが，やっと小さな専門学校を東池袋に創設した36歳の時に，大きな決断をします。それは，今まで学んで来た英語の力を本場でさらに磨きつつ，効果的な教育方法を大学院で研究し本物の教育者となるために，米国留学をすることでした。日本では，37歳にもなった事業家が，さらに42歳までの5年間も米国の大学院で高等教育を受けることなど，ほとんどなかったと言っていいでしょう。中島博士と同様に塾や専門学校などを経営される立場の学校経営者の方からみれば，この行動はおどろくべき突飛なものだったに違いありません。

中島博士は，「良い教師は良い学生」でなくてはならないと常に考えています。良質の授業を提供する学校を経営することに専念していた当時の中島博士は，教員に学び続けろといいながら，自分は十分に勉強が

フォーダム大学大学院（ニューヨーク市）

できているのか，どうなのだと自問を続ける日が続いたといいます。当時，中島博士は大学は卒業していたものの，大学に通って自分の能力が伸びたとはあまり実感できませんでしたし，その頃の日本の大学はレジャーランドと化しており，学生の能力を伸ばす教育方法など，ほとんど考えられていなかったのです。

そこで，効果的な教育法を研究するために，上智大学と同じローマ・カトリックイエズス会系でニューヨーク市にある，名門フォーダム大学教育学大学院の修士課程へ留学しました。そこでの一外国人留学生としての体験は，いかにアメリカの大学院教育が，徹底した努力を学生に要求し，人間の学問的な能力を鍛え上げるかということを実証する場だったといいます。修士課程のコースワークは慣れないながらも１年というかなりハードなスケジュールで無事修了したものの，博士課程は入学するところから最後の口頭試問にパスするまで，それこそ毎日教授たちから，いじめとも思えるほど寄ってたかって厳しく指導され，そのシゴキにも似た勉強に汗水たらして堪（た）え抜いて，心底疲れきった経験だったようです。42歳でついに博士課程を修了し，教育学の博士号を取得した時，様々な異なった教授の考え方や基準に適応できる，成長した自分を感じると同時に，「学んだら，自ら変化して良くならなければならない。それが教育である」ということを学んだといいます。（『新版できなかった子をできる子にするのが教育』ミネルヴァ書房刊，第Ⅳ章私の信念「勉強のできない生徒はいない」参照）

ハーバード大学

その後は，47歳の時にハーバード大学の招聘(しょうへい)学者としてさらに「効果的な教育方法」について研究を深めるなどして，学生の見方，つまり学ぶ側の視点やレベルを常に忘れないようにしながら学生が学びやすい学校作りを目指した結果，運にもめぐまれ近年では，52歳で東京福祉大学を創立し，さらに55歳のときには大学院の博士課程まで創りあげることができたのです。通信教育によって働きながら「いつでも，どこでも，誰でも」学士や修士課程を修めることができる東京福祉大学と大学院は，現実の問題と現場の問題を学生が教授と共に学びながら考えることができる，理想の教育研究環境だといえるでしょう。

6. 社会の役に立つ学問を目指して

中島恒雄博士が口癖(くちぐせ)のように東京福祉大学及びグループ校の教職員に言って聞かせていることの一つに，「学問は，現実社会の問題を発見し解決する，応用が利(き)くものでなければならない」ということがあります。アカデミックでプラクティカル，つまり学問的で実践的な知識を提供することが高等教育機関の使命であり，そこで学んだ者はその学問的で実践的な知識を実社会に生かすことこそ当然の使命であるということです。これは中島博士がアメリカのハーバード大学等で研究し，自ら学んで身につけたことです。

もともと学問や理論は，現実におこる問題点とその解決方針を系統立

ハーバード大学学芸大学院
アート＆サイエンス院長とともに
（夏期短期研修にて）

てたものでなくてはならないはずですし，理論を良く学んだ上で日本国民が幸せになれるように現実の問題を解決する手段にしようという姿勢に疑問の余地はないはずです。ところが，米国留学から日本に戻った中島博士があらためて気がついたのは，日本では「学問」という言葉には，何か難しくて一般の人にはわからず，難解な専門用語だらけで学生にとってはわかりにくい，あたかも現実には何の役にもたたないものが高級な学問であるという誤解がつきまとっていることです。

中島博士は初めからアメリカの優れた教育を受けていたわけではなく，修士・博士はアメリカで取りましたが学士は日本の学習院大学法学部法学科で取得しています。日本の大学でもっぱら教えられている，なぜだか複雑でわかりにくい学問上の理論は，説明している教授ですら自分の言っている意味がわかっていないのではないかと思われるようなものがほとんどでした。もちろん，身近な法律の知識などについては，役立ちそうだと実感ができたようです。そうしたなかで，学問は現実をより良く変えるための手段であり，実用的なものでなくてはならないのだとアメリカで初めて学んだのです。

そして，ここ数年中島博士は，学生の学問の手助けになるようにと，高度な内容でもわかりやすく明快な文章で表わした学術書の執筆に勤（いそ）しんでいます。しかしながら，この明快な文章で学問の内容を一般の方々にもわかりやすい形で本を出版するという試みが，日本の学問の世界になかなか受入れられないのはどうしてでしょうか。中島博士は，日本の大学に国際競争力が生まれにくいのは，学問に携（たずさ）わる人々が自分の“狭

い村社会的な考え”や時代遅れの大学組織運営方法にしがみついてきた結果なのではないかと考えています。学問が現実社会の問題とは関係のない，深遠で特別なものであるという間違った思いこみも，そのあたりから生まれてきたのではないでしょうか。

毎年夏に行われる，ハーバード大学・フォーダム大学キャンパスにおけるアメリカ夏期短期研修。アメリカの最新の医療・福祉に実際に触れ，将来に役立つ勉強ができる。

また，日本の高等教育機関には，学生の能力を伸ばし，優れた能力を持つ人間に生まれ変わらせる教育システムが根付いていないことも，日本社会の大きな問題です。日本の大学院は，勉強したいという学生を入学させますが，入学した後は「勉強は学生の努力次第で，本人のやる気が大切である」という考えが根底にありますし，卒業までに学問ができるようになろうがなるまいが，それは「学生が勉強しないから」と，学生の責任とされがちで，大学は責任をとらされていないのです。しかし，アメリカの大学院では，授業は全日出席が基本ですし，ただ教室に座っていればいいのではなく，活発に発言したり質問したりしなければ良い成績がもらえません。もちろん，各科目とも１学期間（３か月）にレポート３本の提出が義務付けられており，４科目を履修すれば計12本ものレポートを何回も書き直しさせられて，完璧なものに仕上げねばならず，寝る時間もなくなるほど勉強を強制されます。さらに，別の視点からみると，アメリカでは普通，大学の学部を卒業してから，いったん社会に出て，社会人としての経験を積んでから大学院に入ります。社会福祉学なら福祉の現場，教育学なら学校教育の現場での自らの経験を踏ま

えて，現実に直面した問題をどうやって理論的に解決するかを大学院で学ぶわけです。一方，日本では，学部から直接大学院に進む人が大部分なので，学生が現実社会の問題を知らない，現実離れした非常識な人間になってしまう傾向があるのではないでしょうか。

こうして，日本の大学院では，一部のよく勉強する人はするが，それらのひとにぎりの学生を除けば平均としては勉強せず，入学時より卒業時の方がかえって学力が下がって終わるのに比べ，アメリカでは学ぶことを厳しく強制する結果，平均としては良く勉強する学生が多いということになります。1学期ごとに，1年ごとに，学力がかなり伸び，卒業証書を手にする時は，人が変わったように優秀になっているのです。

中島博士が42歳の時米国で取得した学位は，教育行政管理学の博士号です。その研究内容は，『新版できなかった子をできる子にするのが教育』（ミネルヴァ書房刊）にもまとめたように，日本人への効果的な教育方法，効果的に学べる教育機関についての考察を深めたものでした。博士論文を書き上げて帰国した後の中島博士は経営者としての業務に追われていましたが，忙しい合間をぬって教育方法論や大学教育改革への提言を，わかりやすく明快な日本語で発表しました。例えば『二十一世紀の大学教育改革』（ミネルヴァ書房刊）では，中島博士は教育界への問題提起とその解決方法を明快に提示しています。それらが多くの教育者にも読まれ，また，文部科学省の推進する大学教育改革についても，いわゆる大学審議会「21世紀答申」等にその影響がみられます。さらに，提唱された教育方法が，実践的で効果的であることは，中島博士の理想に基づく教育システムの学校から，確実に優秀な人材が育っていることが証明しています。

このように，複雑で激変する今日の社会では，何が問題でそれをどう解決すればいいかを発見する能力，つまり，問題発見や解決能力が求められています。

他人の異なった考えを理解できるようにするためには，1人の教授の

みに付き従って教えを乞い，恩師の学説のみが正しいと思い込むのではなく，異なった人生経験，学歴，バックグラウンドなどをもつ複数の指導教授からそれぞれの異なった考え方に基づいて教わる教育システムが大切です。今後は日本の大学・大学院にもそのような，新しい優れた教育指導体制が必要なのです。そして，教育方法をもっとわかりやすくし，学生の能力を高めるための思考力，理解力，読解力，作文力などを育成するシステムが必要です。複雑な国際社会で日本が生き残るためには，このような時代の変化についていける能力を備えた人材育成が不可欠なのです。

中島博士が創立者を務める東京福祉大学やグループの専門学校では，これらの能力を伸ばすためにディスカッションを通じて学生が主体的に参加できる，まさに「ソクラテスの問答方式」の授業を学生に提供しています。日本の大学には，異なったバックグラウンドを持つ複数の人々との対話で他人の意見に耳をかたむけ，「自分が無知であること」を悟ることにより自分の考えをさらに磨くという方式があまり取り入れられていません。たいていの人は，自分の恩師の先生一人だけの学説が正しいと思い込み，他人の意見を雑音として無視したり，排除すべき異物として攻撃しようとするのではないでしょうか。しかしながら，価値観の多様化や社会変動の激しい現代の日本でこそ，他人の意見や書物の知識を新たな情報源として理解し，その中から最も良い解決方法を見出すという学習方法を身につける意義があるのです。

7. 東京福祉大学の教育力とは

東京福祉大学は，2000年の開学当時は，誰でも入学できる新設の大学として，世間からは低く見られていましたし，偏差値も決して高くはありませんでした。開学初年度に入学した第一期の学生の中には「自分は本当は東京福祉大学ではなく，名門の日本社会事業大学へ行きたかっ

た」「日本福祉大学に落ちたからしかたなく東京福祉大学に入った」と言う学生もいました。そうした学生の中には「自分には『夢』や『あこがれ』があった。今もそれを捨てきれない」と言って，２年次から３年次へ移る時点で名門校と思われる他大学の３年次編入学試験を受けて転学してしまった学生も少なくなかったのです。しかし，東京福祉大学グループにおける社会福祉士・精神保健福祉士国家試験の合格者数合計は，昼間部の第一期生（偏差値が低く勉強ができなかったはずの学生）が卒業した2004年度，その翌年の2005年度と，２年連続して日本一になり，創立50年以上の伝統的名門校や入試の偏差値の高い大学をはるかにしのぐ教育実績を挙げました。このような高い「教育力」の秘密はどこにあるのでしょうか。

中島恒雄博士の運営する東京福祉大学グループ校には，福祉・保育系の学科のほかに理学療法学科，作業療法学科，柔道整復学科のような医療系の学科も設置されています。これらの学科の学生たちは専門学校卒業とともに東京福祉大学の通信教育課程も同時に卒業して「学士」の学位を取得しますが，彼らの真の目標は学位取得とともに，理学療法士，作業療法士，柔道整復師の国家試験に合格し，卒業後はそれぞれの国家資格をもった四大卒の医療の専門家として就職することです。（理学療法士および作業療法士はリハビリテーションの専門家であり，柔道整復師とはいわゆる「ほねつぎ」のことで，骨折，ねんざ，脱臼などの身体の故障を薬物や手術によらずに自らの手で施術し治す専門家です。）中島博士は，これら医療系の学科の学生に対しても独自の教育メソッドを用い，国家試験全員合格をめざして，自ら医学の科目（例えば，生理学，運動学，解剖学など）を教えました。新人の教員たちも中島博士の教育方法を自ら体験して学ぶために，学生と同じように授業に参加し，中島博士は教員と学生を同時に指導し教えます。

医学系の科目，たとえば解剖学や生理学などの教科書はむずかしい専門用語が多く，専門外の人が読んでも理解できません。まして，高校を

卒業したばかりの若い学生たちには教科書に書いてある内容が，最初のうちは全く理解できないわけです。こうした医学系の科目を専門の先生（医学部の教授や医師など）が教えると，大学の医学部の学生を教える時と同様に，むずかしい内容をむずかしい専門用語を使って教えるので，専門学校レベルの学生たちは授業の中味を全く理解することができません。理解ができないので授業内容に興味もわきませんし，実力も伸びず，テストの点数も上がりません。

東京福祉大学グループ校に理学療法学科，作業療法学科，柔道整復学科が開設された初年度のことですが，医療系の各分野の専門家である講師の先生方は口々に次のように主張して，中島博士の教育メソッドには大いに反発し，最初は従いませんでした。

「医学系の科目は，福祉や保育系の科目とは違う。中島創立者のメソッドで教えるのは無理だ」「専門用語はあくまで専門用語であって，簡単な言葉で言いかえたり，わかりやすく教えることはできない」「専門用語は細かく解説しなければだめだ」「レベルは下げられない」「医療系の科目は一方通行の授業にならざるをえない」

専門家の先生方ほど，たとえ若い人でも，彼らが学んできた従来型の古い授業スタイルに固執する傾向があります。自分の持っている専門知識を学生に伝達することが授業だと考えており，むずかしい専門用語を１つ１つ細かく解説したり，教科書以外に大量のプリントを配布したりします。教室では先生が一人で一方的にしゃべっており，大部分の学生は先生の話を聞いても意味がさっぱりわかりませんし，いろいろなむずかしいことが書いてあるプリントを配られるとますます頭が混乱してしまいます。結果として，国家試験の模擬テストを行っても学生は全く点数が取れません。つまり，ほとんどの学生が国家試験不合格組に入りました。

ところが，中島博士が教壇に立って，同じできないはずの学生に同じ国家試験科目を教えると，ほとんどの学生が満点が取れてしまうのです。

つまり，国家試験に合格できるような点が取れる「できる子」に変化してしまったのです。

専門家の先生方は口々に「中島創立者は医療の専門家ではない。素人が教えても学生に能力をつけさせるのは無理だ」と言っていました。また，学生の力が伸びないのは学生の責任だし，できない子を入学させたからだ，と言い「こんな勉強しないだめな学生たちは今まで見たことがない」「今年の学生はだめだから，来年に期待しよう」と言い放つ先生もいました。これに対する中島博士の反論は明快です。「自分はたしかに福祉や医療の専門家ではない。しかし，教育の本当の専門家であり，教え方のプロである」と。

理学療法士，作業療法士などを養成している学校では，学校としての国家試験合格率を上げるために，できない学生には国家試験を受けさせない，いわゆる「足切り」をしているところが多いと聞きます。中島博士はそのような考えには反対で，高い学費を払って入学していただいた以上，学生全員に国家試験を受けさせ，全員合格をめざさせるべきだと考えています。

中島博士の合理的で無駄のない授業スタイルは，フォーダム大学教育学大学院で経験し，ハーバード大学教育学大学院で研究した成果を生かしたものです。中島博士は朝の３時や４時に起きて，さまざまな国家試験の過去問題を自ら解き，入念な授業準備をした上で，各科目の重要ポイントを無駄なく合理的に指導します。授業では「ここがポイントだ。これさえしっかり覚えればいい」と指導し，むずかしい知識を長々と説明したり，余分なプリントや資料を配ったりは一切しません。教師は「教えてはならない」「教師が教えるのでなく，学生に学ばせるのだ」の原則を貫きます。もちろん，必要最低限の説明はしますが，余分なことを教えて学生の頭を混乱させるのではなく，大事なポイントを明瞭明快に指導し，徹底的に理解させてから覚えさせます。中島博士の授業は明快で迫力があり，学生に居眠りなどはさせません。学生全員を授業に

参加させ，勉強の苦手だった学生の頭を優秀な「できる子」の脳につくり変えてしまいます。中島博士が1時限授業をして，最後に国家試験問題をそのまま使った小テストを実施すると，ほとんどの学生が満点を取ります。他の専門家（のはず）の先生方が「こんなだめな学生は見たことがない。教える価値がない」と言っていた，全く同じ学生が，学校で作った小テストではなく，国家試験問題そのものを使ったテストで満点を取れるような賢い学生に生まれ変わるのです。

こうした学生たちの変化を見て，当初は中島博士の教育方法に懐疑的だった医療系の専門家の先生方も反省し，考えを変え，中島博士のメソッドを取り入れるようになってきています。現在，東京福祉大学グループ各校の国家試験対策授業は，最初の授業時間に中島博士が授業をして「このようなメソッドで教える」という見本を示し，その次の授業からは専任教員たちが同じメソッドで教えるという形で，高い「教育力」を保っています。

入学したら，あとは学生が自主的に独力で勉強する，あるいは大学以外の国家試験予備校のようなところに通って勉強する。それでは大学の教育ではないと中島博士は考えています。教室での毎日の授業を通して，学生を優秀につくり変えてしまう。それが大学における教育者の本当の使命だと考えています。

「入学したらわかる教育力の違い。あなたも“輝くとき”が来る！」東京福祉大学ではこの言葉を実践するため，これからも教職員一丸となってがんばってまいります。

8. 毎日の学びの中で

現在，中島恒雄博士はほとんど毎朝4時頃に起きて，勉強や執筆の時間を取るようにしています。高齢者福祉，保育児童福祉（『保育児童福祉要説』中央法規出版，2004年刊行）など，福祉に関するテーマについ

文部科学省による大学設置の内示があった頃の喜びを表している。(東京福祉大学メイングラウンドにて)

ては，学生，そして一般の人にわかりやすい本を作るために自ら勉強して次々に執筆しているのです。現在刊行されている主な著作には，『二十一世紀の高齢者福祉と医療―日本とアメリカ―』，社会福祉の総論として『新・社会福祉要説』(共にミネルヴァ書房刊)が挙げられます。

元をたどれば中島博士は，中学時代に朝のラジオ英会話を聴き続けたことから始まり，37歳で米国大学院留学，そして現在は著述と学校運営の両方に邁進(まいしん)するなど，50代後半の現在に至るまで学び続ける毎日を送っています。中島博士はその原動力について，先祖が名門であるというプライドだけで生きていくことは自分は決してしたくなかったので，と話しています。さらに，一つの難関を突破したから，たとえば「良い大学に合格したから」，「博士号を取得したから」人生すべてが良くなるわけではないと信じているので，絶えず新たな目標と努力が大切なのではないかと自分に言い聞かせていたそうです。そして，実は人一倍劣等感を抱えていたこともあったからといいます。しかし，財産のない名門という背景も，自分は要領が良くない，他人が優秀でよく見える等，人一倍抱えていた様々なコンプレックスさえも，失敗を繰り返しながらの「汗と涙」の努力でプラスに変え，結果的には大きな仕事を成し遂げていったのです。

中島博士は，常々，学問はスポーツの訓練と同じと話し，自らの実績を培(つちか)いそれを支えた地道な一歩一歩の日頃の努力のみを誇りに思ってい

ます。そして，日本を明るく良くする道は，時代の変化に対応できるこのような21世紀型の教育だけしかないと信じており，これからもわかりやすい効果的な教育を通じて優秀な人材を養成するという社会貢献への努力を，惜しまずに続けることでしょう。

また，今年（令和５年）は日本とベトナムの外交関係樹立50周年記念の年であり，中日新聞（23年９月26日付）は，中島恒雄博士の祖先である茶屋家を紹介するとともに，秋篠宮ご夫妻がベトナムに招かれたことを報道しました。

秋篠宮ご夫妻は，令和５年９月23日午後（現地時間）ベトナムのホイアンを訪問され，木でつくられた全長およそ10メートルの御朱印船のレプリカをご覧になられました。

当時の朱印船貿易は，現代で言えば宇宙旅行のようなもので，命懸けの仕事でした。命懸けで日本のために海外と交流をしてきた先祖の魂を中島博士も受け継ぎたいと思い，自身が創立した東京福祉大学のスクールマークに朱印船を採用しています。中島博士は「ご先祖様に負けないよう，遺志を継いで，懸命に教育に携わり，日本の将来の発展と若者のために貢献したい」と語ります。

参考資料

This is an authorized facsimile, made form the microfilm master copy of the original dissertation or masters thesis published by UMI.

The bibliographic information for this thesis is contained in UMI's Dissertation Abstracts database, the only central source for accessing almost every doctoral dissertation accepted in North America since 1861.

U·M·I Dissertation Information Service

University Microfilms International
A Bell & Howell Information Company
300 N. Zeeb Road, Ann Arbor, Michigan 48106
800-521-0600 OR 311/761-4700

Printed in 1992 by xerographic process on acid-free paper

3266

※ 北米で発売される全ての博士論文は，上の“UMI Dissertation Information Service”で購入できます（送り先に代金引き落としのクレジットカードの番号を添えて注文すると，すぐ送ってきます）。

Order Number 8918454

A CASE STUDY OF SUNSHINE COLLEGE'S POLICY AND

ADMINISTRATIVE DIMENSIONS FOR TEACHING

CONVERSATIONAL ENGLISH TO

JAPANESE STUDENTS

Dr.Tsuneo Nakajima
BA, Gakushuin University, 1973
MS, Fordham University, 1985
EdD, Fordham University, 1989

Mentor
Anthony N. Baratta, EdD

Readers
Rita Brause, EdD
Thomas Mulkeen, PhD

DISSERTATION

SUBMITTED IN PARTIAL FULFILLMENT OF THE REQUIREMENTS
FOR THE DEGREE OF DOCTOR OF EDUCATION
IN THE GRADUATE SCHOOL OF EDUCATION OF
FORDHAM UNIVERSITY

NEW YORK
1989

注：中島博士の博士論文を購入する場合，左肩のオーダーナンバーがつけられています。

社会福祉法人茶屋福祉記念会　茶屋とくしげ保育園

連絡先　東京福祉大学・大学院　池袋キャンパス
〒170-8426　東京都豊島区東池袋4-23-1
Tel　03-3987-6602（代表）　Fax　03-3987-8403
東京福祉大学・大学院　伊勢崎キャンパス
〒372-0831　群馬県伊勢崎市山王町2020-1
Tel　0270-20-3671（代表）　Fax　0270-20-3677
東京福祉大学・大学院　名古屋キャンパス
〒460-0002　愛知県名古屋市中区丸の内2-13-32
Tel　052-203-0576（代表）　Fax　052-203-0578
社会福祉法人茶屋の園　特別養護老人ホームたちばなの園白糸台
〒183-0011　東京都府中市白糸台6-2-17
Tel　042-358-0211（代表）　Fax　042-335-7717
社会福祉法人茶屋福祉記念会　茶屋とくしげ保育園
〒458-0811　愛知県名古屋市緑区鳴海町字神ノ倉3-4
Tel　052-203-0576（代表）

著書紹介①A Case Study of Sunshine College's Policy and Administrative Dimentions for Teaching Conversational English to Japanese Students, 1989. フォーダム大学教育学大学院，1989年２月
②『社会福祉士･介護福祉士になる法』日本実業出版社，1996年３月
③『できなかった子をできる子にするのが教育』ミネルヴァ書房，1997年10月
④『らくらくクリア保育士試験』（監修）梧桐書院，1998年12月
⑤『福祉の仕事がわかる本』日本実業出版社，1999年５月
⑥『二十一世紀の大学教育改革』ミネルヴァ書房，2000年１月
⑦『二十一世紀の高齢者福祉［第３版］』ミネルヴァ書房，2001年11月
⑧『［改訂版］レポート・試験はこう書く 社会福祉要説』ミネルヴァ書房，2001年12月
⑨『二十一世紀の高齢者福祉と医療』ミネルヴァ書房，2003年３月
⑩『保育児童福祉要説』（編著）中央法規出版，2004年２月
⑪『教職科目要説 中等教育編』（編著）ミネルヴァ書房，2007年５月
⑫『教職科目要説 初等教育編』（編著）ミネルヴァ書房，2007年６月

〈著者紹介〉

教育学博士　中島　恒雄（なかじま　つねお・Dr. Tsuneo Nakajima）

1947年　6月26日　愛知県名古屋市中区茶屋町（現　丸の内）に生まれる。
清和天皇の流れを汲む小笠原源氏の末裔。
御朱印船貿易家　茶屋四郎次郎清延の第17代直孫

1974年　学習院大学法学部法学科卒業　法学士
（B. A. in Law　Gakushuin University / Tokyo, Japan）

1985年　フォーダム大学教育学大学院教育行政管理学科修士課程修了
教育学修士
（Master of Science in Education, Graduate School of Education, Fordham University / New York, NY USA）

1988年　教育行政管理学専門家学位取得
(Professional Diploma in Administration And Supervision, Graduate School of Education, Fordham University）

1989年　フォーダム大学教育学大学院教育行政管理学科博士課程修了
教育学博士
（Doctor of Education, Graduate School of Education, Fordham University）

1989～90年　フォーダム大学教育学大学院博士研究員
（Postdoctoral Study, Graduate School of Education, Fordham University）

1995～96年　ハーバード大学教育学大学院招聘学者
（Visiting Scholar, Graduate School of Education, Harvard University / Cambridge, MA　USA）

1996～98年　フォーダム大学社会福祉学大学院特別高等客員教授
（Distinguished Visiting Professor, Graduate School of Social Service, Fordham University）

現在までに東京福祉大学・大学院及び下記の系列研究施設を創設している。
学校法人茶屋四郎次郎記念学園　東京福祉大学・大学院
（Tokyo University and Graduate School of Social Welfare）

（系列研究施設）
学校法人サンシャイン学園　東京福祉保育専門学校
学校法人たちばな学園　理学・作業名古屋専門学校
学校法人たちばな学園　公務員・保育・介護・ビジネス専門学校
日米高齢者保健福祉学会（日本学術会議登録学術研究団体）
社会福祉法人茶屋の園　特別養護老人ホームたちばなの園白糸台

新・二十一世紀の大学教育改革
創立者が語る東京福祉大学・大学院の挑戦

2000年１月20日　初版第１刷発行　　　<検印廃止>
2006年７月10日　初版第11刷発行
2007年４月20日　改訂版第１刷発行
2011年９月20日　改訂版第４刷発行
2022年５月20日　最新版第１刷発行
2023年３月31日　(新)初版第１刷発行
2023年12月10日　(新)初版第２刷発行

定価はカバーに
表示しています

教育学博士
著　者　中 島 恒 雄
発行者　杉 田 啓 三
印刷者　坂 本 喜 杏

発行所　株式会社　ミネルヴァ書房
607-8494 京都市山科区日ノ岡堤谷町１
電　話 (075) 581-5191 (代表)
振替口座・01020-0-8076

冨山房インターナショナル・坂井製本

ISBN 978-4-623-09558-2

Printed in Japan

中島恒雄著

最新 できなかった子(生徒)をできる子(学生)にするのが教育

私の体験的教育論

四六判・378頁・本体価格1500円

二十一世紀は福祉の時代になります。東京福祉大学創立者である著者が，福祉の世界でこそ問題解決能力を身に付けた優秀な人材が必要であることを検証し，それを養成するための新たな教育の方法を提示します。

ミネルヴァ書房
https://www.minervashobo.co.jp/